LE PRINCE EUGÈNE DE BEAUHARNAIS

A LA TÊTE DE LA GRANDE ARMÉE

(16 janvier - 15 avril 1813)

PAR

Le Duc GEORGES DE LEUCHTENBERG

Préface de M. Frédéric MASSON, de l'Académie française

PARIS
LIBRAIRIE CHAPELOT
MARC IMHAUS & RENÉ CHAPELOT, ÉDITEURS
30, Rue Dauphine, VI• (Même Maison à Nancy)
1915

LE PRINCE EUGÈNE DE BEAUHARNAIS

A LA TÊTE DE LA GRANDE ARMÉE

(16 janvier - 15 avril 1813)

Le Prince Eugène-Napoléon Beauharnais

LE PRINCE EUGÈNE DE BEAUHARNAIS

A LA TÊTE DE LA GRANDE ARMÉE

(16 janvier - 15 avril 1813)

PAR

Le Duc Georges de Leuchtenberg

Préface de M. Frédéric Masson, de l'Académie française

PARIS
LIBRAIRIE CHAPELOT
MARC IMHAUS & RENÉ CHAPELOT, ÉDITEURS
30, Rue Dauphine, VIe (Même Maison à Nancy)
1915

PRÉFACE

La terminaison de la campagne de 1812, les débuts de la campagne de 1813 étaient, jusqu'à ces dernières années, une matière presque inconnue. On attribuait une importance aux appréciations de M. Thiers et de M. le lieutenant-colonel Charras. On reculait devant l'obligation où l'on se fût trouvé de porter sur quelques hommes des jugements sévères, en même temps que de rendre à d'autres la justice qui leur était due. On trouvait bien plus aisé de suivre l'Empereur, le 5 décembre 1812, de Smorgoni à Paris, d'y arriver avec lui le 18, de s'attacher à ce qu'il y fit et, le 15 avril 1813, de monter derrière sa voiture pour l'accompagner à Mayence. C'est d'ailleurs ce qu'ont fait aussi la plupart des historiens qui se sont occupés de la campagne de 1814. Sans s'inquiéter des mouvements réciproques des Alliés et des troupes françaises, depuis le 7 novembre 1813 où l'Empereur quitta l'armée, jusqu'au 25 janvier 1814 où il alla la retrouver, ils laissent le lecteur consciencieux et désireux de s'instruire dans une incertitude absolue sur les mouvements et même l'existence des troupes durant ce temps et lui rendent ainsi incompréhensible la succession des événements.

Ayant eu à sa disposition tous les papiers du prince Eugène, M. Du Casse eût pu, en ce qui touchait le commandement de celui-ci à la Grande Armée, combler cette lacune; il ne s'en soucia point, ou il ne le trouva point opportun : on ne pouvait parler utilement des opérations du prince Eugène, sans avoir raconté les opérations du roi de Naples. Il y avait là des responsabilités à prendre dont M. Du Casse ne se souciait pas. Depuis lors, une précieuse publication du capitaine Fabry, les premiers volumes de l'ouvrage du lieutenant-colonel Reboul, *La Campagne de 1813*, ont singulièrement éclairci la question au point de vue militaire. Ajouterai-je que, au point de vue politique et au point de vue moral, j'avais dès 1904, dans le tome VII de *Napoléon et sa famille*, établi non sans netteté les rôles respectifs du roi de Naples et du vice-roi d'Italie?

On sait, à présent, à quel prix Murat avait mis son concours et comment, sans oublier le moindre de ses intérêts, il avait exigé que l'Empereur le rémunérât; en échange, il n'exécuta aucune des instructions qu'il avait reçues de Napoléon. Celui-ci avait précisé ses plans dans deux lettres au major général et dans une instruction formelle : « Rallier l'armée à Wilna, tenir cette ville et prendre ses quartiers d'hiver, les Autrichiens sur le Niémen... l'armée vers Wilna et Kowno ». On devait garder, en cas que l'ennemi marchât, la ligne du Niémen, couvrir Varsovie et Grodno et maintenir Kowno pour tête de pont.

Murat arrive le 8 à Wilna sans avoir donné aucun ordre. Il n'a aucune idée d'y tenir; Maret lui expose les ressources immenses qui y sont accumulées et qui peuvent entièrement ravitailler l'armée; il répond : « Non! Non! je ne me ferai pas prendre dans ce pot de chambre. » Il renvoie Berthier qui lui demande des ordres : « Vous savez mieux que moi ce qu'il faut faire; donnez les ordres vous-même. » Et il se chauffe, mange et dort. Le lendemain, des Cosaques paraissent; on bat la grenadière; Murat s'échappe de son palais; fend la foule, s'esquive à pied, s'arrête seulement à une portée de fusil du faubourg, dans un café, sur la route de Kowno.

A présent, dans cette fuite où il tient la tête, dans cette déroute dont il est l'entraîneur, Murat, frappé de vertige, semble emporté par une de ces paniques, au-dessus desquelles devrait le placer son admirable bravoure; mais s'il a l'audace de l'attaque, il n'eut jamais l'impassibilité de la retraite. Son cœur s'abat avec la même rapidité qu'il s'exalte. A présent, il est déprimé au point que, s'il n'était retenu quelque peu par la crainte qu'il a encore de l'Empereur, il fuirait jusqu'à Naples. Devançant toujours l'armée, lui fixant des points de ralliement de plus en plus éloignés, de Kowno à Tilsit, à Gumbinen, à Wierballen, il écrit à l'Empereur le 16 décembre, dès qu'il arrive, que tout va de plus en plus mal, qu'il est dans l'impossibilité de conserver son commandement, « qu'il le passera au vice-roi plus exercé que lui dans l'administration », que, s'il n'a pas de réponse dans quinze jours, il se mettra en route.

Par le même courrier, Berthier envoie à l'Empereur cette note chiffrée qui résume tout : « Le roi de Naples est le premier homme sur le champ de bataille pour exécuter les ordres du général en chef. Le roi de Naples est l'homme le plus incapable de commander en chef sous tous les rapports. Il faut le remplacer de suite... »

Le 17, de Stallupönen, nouvelle lettre de Murat à l'Empereur et de quel ton, dans quel découragement, dans quel désespoir! Le 18, c'est l'étonnant discours qu'il tient aux commandants de corps d'armée; la révolte de Davout, les nouvelles lettres de Berthier à l'Empereur pour presser la nomination du vice-roi; ce sont les intrigues poussées avec l'Autriche si loin qu'on doit se demander, après la publication des papiers Lebzeltern, par S. A. I. le grand-duc Nicolas Mikhaïlovitch, si, en se mettant d'accord avec Schwarzenberg et avec Metternich, Murat n'essayait pas du même coup de se concilier la Russie.

Et, le 19, il arrive en poste à Königsberg. Mener une retraite en avant de quelques marches, dans une bonne calèche, c'est inusité, mais cela permet d'aller vite; aussi le voici le 2 janvier à Elbing d'où il écrit le 4 à l'Empereur : « Il ne me convient de rester à l'armée que lorsque vous commandez. » Il lui faut la plénitude de liberté et de pouvoir indispensables à tout général en chef. En vérité ne l'a-t-il pas? En quarante jours, n'a-t-il pas perdu un royaume, reculé de deux cent cinquante lieues sans combattre, sans prendre position, sans donner un ordre, de Smorgoni à Posen!

Mais, le 15, ce n'est plus sa dignité qui l'oblige à quitter l'armée, c'est la jaunisse. « Le roi, c'est lui qui l'affirme, a la fièvre et un commencement de jaunisse bien prononcé. » Sur quoi, il annonce au major général qu'il remet le commandement au prince Eugène, et il écrit au prince Eugène qu'il est certain d'avoir rempli les intentions de l'Empereur et justifié l'attente de l'armée en lui remettant le commandement.

Dans la soirée du 17, « le pauvre homme » monte en voiture : il a dit qu'il allait se reposer à Cassel chez le roi Jérôme. Il va d'une traite jusqu'à Naples. « Ce n'est pas mal, pour un malade », dit Eugène.

Tels sont brièvement énoncés, en vue, si l'on peut dire, d'un *itinéraire psychologique*, les éléments qui peuvent servir à former une conviction sur la période du commandement du roi de Naples. On ne saurait douter qu'ils ne se trouvent bientôt complétés par la publication de prochains volumes qu'éditera M. Le Brethon. Il ne manquera point de donner les lettres qu'a échangées le roi de Naples avec le prince Schwarzenberg, celles que Cariati a portées à Vienne, celles que Murat a adressées à cet agent principal de sa politique et tant d'autres qu'on soupçonne. Pourvu que, sur ce point, comme sur l'affaire des diamants d'Espagne, comme d'ailleurs sur toutes les questions embarrassantes, M. Le Brethon ne se trouve pas brusquement atteint d'un désespérant mutisme!

A partir du jour où le prince Eugène, refusant de recevoir le commandement des mains du roi de Naples, l'a assumé sur les instances de Berthier et des divers commandants de corps, en sa qualité de lieutenant de l'Empereur, et du seul qui se trouvât à l'armée, tout a changé de face. On a vu que le lieutenant-colonel Blot a rendu pleine justice à ses efforts, mais il restait mieux à faire : livrer à l'histoire tous les documents intéressants conservés dans les Archives du prince Eugène.

On sait que le prince vice-roi, auquel un *établissement convenable en Europe* avait été garanti par le traité de Fontainebleau, se retira, après la capitulation de Mantoue, en Bavière, dans le pays de la princesse Auguste, sa femme. Leurré durant plus d'une année de promesses vaines, il reçut à la fin, avec de grands biens et des privilèges politiques, les titres bavarois de duc de Leuchtenberg et de prince d'Eichstaedt. Il y joignit, après la mort de l'impératrice Joséphine, le titre français de duc de Navarre, avec la dotation qui y était attachée. Prince de Venise du fait de Napoléon, il réunissait ainsi sur sa tête les titres les plus élevés de trois grands états. Après sa mort prématurée (21 février 1824 — il n'avait pas quarante-trois ans) sa veuve, religieusement attachée à sa mémoire, entourée de serviteurs qui y étaient passionnément dévoués (Darnay, Hennin, Planat, Tascher), ne laissa point sans réponse une seule des attaques qu'on tenta contre lui et entretint pieusement la gloire légendaire qui s'attachait au fils de l'impératrice Joséphine. Pour cela même, ses archives étaient tenues dans un ordre admirable. La princesse mourut le 13 mai 1851, laissant six enfants : Joséphine, reine de Suède; Eugénie, princesse régnante de Hohenzollern-Hechingen; Amélie, impératrice du Brésil; Theodelinde, comtesse de Wurtemberg, duchesse d'Urach; enfin Maximilien, qui, par suite de la mort de son frère aîné Auguste, marié à Maria II da Gloria, reine de Portugal, enlevé par une mort prématurée cinq mois après son mariage, le 28 mars 1835, hérita des titres et possessions bavaroises et françaises. Il épousa à Saint-Pétersbourg, le 14 juillet 1839, S. A. I. la grande-duchesse Marie Nicolaïevna, fille de l'empereur Nicolas Ier. L'aîné des fils qu'il eut de ce mariage, Nicolas Maximilianovitch prince Romanovski (1843-1891), a laissé lui-même deux fils, titrés ducs de Leuchtenberg, avec qualification d'Altesse Sérénissime (par ukase impérial du 11/23 novembre); le cadet, le duc Georges Nicolaïevitch, colonel dans l'armée russe, dépositaire des Archives de sa maison, a voulu seconder le grand mouvement d'enquête historique qui se produit aujourd'hui, par la publication intégrale des pièces inédites relatives à la période du commandement de son aïeul. Il me demanda de lui servir d'introducteur près du public français lorsqu'il se détermina à publier, en la remettant dans notre langue, l'étude qu'il avait donnée en 1904 à la revue militaire russe *Woénny Sbornïk*.

Il ne m'appartient point d'en louer la partie technique. Pour parler d'un art, il faut en avoir étudié et en connaître les règles : mais ce qu'il m'est permis de constater, c'est l'esprit de haute impartialité, c'est la modération dans l'apologie, c'est le sentiment historique. Les descendants qui entreprennent d'écrire ou de faire écrire la vie de leurs ancêtres trouveraient là un parfait modèle de sagesse, de loyauté et de bonne foi. Le duc de Leuchtenberg n'essaie point de donner au commandant en chef de l'armée française d'autres qualités que celles qu'il avait au premier rang : subordination, dévouement, bon sens, application. Il ne faut point parler de la bravoure. Il marque fort justement qu'Eugène a acquis tout ce qu'il lui était matériellement possible d'acquérir par le travail et la volonté. A propos de l'évacuation de Posen si fort reprochée à Eugène par M. le lieutenant-colonel Charras, il écrit : « Certes, si, à la place (d'Eugène), s'était trouvé un génie tel que Napoléon, ou un général plus entreprenant et fougueux, plus avide de gloire que froidement raisonnable, celui-là serait peut-être resté à Posen et, avec de la chance, eût peut-être infligé un échec, ne fût-ce que partiel, aux troupes russes. Le prince Eugène n'était ni l'un ni l'autre et agit selon ses capacités et sa conviction, se contentant de se dire qu'il avait été le premier à enrayer le mouvement de l'armée plus semblable à une fuite qu'à une retraite; qu'il avait remis un peu d'ordre, qu'il avait donné l'exemple de sa force d'âme dans des circonstances pénibles, pris vis-à-vis de l'armée russe une attitude quelque peu plus digne et montré en général comment il faut faire son devoir selon ses forces et sa capacité. »

Tel sera, je crois bien, le jugement de l'histoire. Telle était l'opinion à laquelle j'étais arrivé il y a huit ans et à laquelle je demeure fixé. *Faire son devoir selon ses forces et sa capacité.* C'est une belle devise; cela prépare de nobles actions; cela doit être le but suprême. Il me paraît que le prince Eugène l'a rempli et que l'immense popularité qui s'est attachée à son nom, dans l'armée et dans la nation, vient de ce qu'il a *fait son devoir*. Cela n'est ni si simple, ni si commun.

Frédéric MASSON,
de l'Académie française.

18 mai 1914.

AVANT-PROPOS

C'était en 1903. Parcourant les documents originaux qui composent la correspondance du Prince Eugène, j'étais tombé sur une liasse de lettres des généraux qui furent ses lieutenants en 1813. Lecture faite, je m'aperçus qu'ils devaient être restés ignorés de Du Casse, auquel cependant l'accès aux archives familiales avait été largement ouvert par la vice-reine.

L'étude de ces documents, inédits, me semble-t-il, à cette époque, me fit voir le rôle joué par le Prince Eugène au commencement de 1813, sous un jour assez différent de celui qui est admis généralement. Pour la Russie, en tout cas, où le Prince Eugène est relativement peu connu, ce devait être un sujet nouveau.

Je me décidai donc à faire un essai sur le commandement de ce Prince en 1813, basé sur ces lettres originales, que je donnai dans le texte original en annexes. Ce travail parut dans la revue militaire russe *Woénny Sbornïk* dans le courant de l'année 1904 avec la traduction russe accompagnant le texte original des lettres, et était signé de mes initiales.

L'approche du centenaire de 1813 me fit penser que

ce travail, qui alors avait dû passer inaperçu en France, pouvait présenter un intérêt d'actualité. Je le refis donc en français et étais sur le point de le publier, lorsque j'eus connaissance de l'admirable ouvrage du lieutenant-colonel Reboul *La campagne de 1813*, dans lequel il analyse minutieusement et jour pour jour les faits et gestes des belligérants et en donne une appréciation aussi intéressante qu'impartiale.

En lisant ce travail qui embrasse la période du commandement de Murat et celle du Prince Eugène jusqu'à sa retraite sur Berlin, j'ai constaté que les lettres publiées dans la revue militaire russe n'étaient pas restées ignorées de l'auteur, qui, cependant, paraît ne pas en avoir connu la provenance, que je n'indiquais d'ailleurs pas, désirant à cette époque garder l'anonymat.

D'un autre côté, je me suis aperçu avec le plus grand plaisir, que les conclusions auxquelles j'étais arrivé, il y a 10 ans, sur l'examen seul de ces lettres et de quelques ouvrages connus, consultés par moi, coïncident dans leurs grandes lignes avec les appréciations du lieutenant-colonel Reboul sur la personne du vice-roi et sur son commandement, qui a été, il nous paraît, trop sévèrement jugé par les contemporains du Prince et par les historiens les plus connus de l'Empire, comme Thiers et Charras par exemple.

Je crois donc pouvoir présenter au public français mon essai sans grand risque d'être accusé de trop de partialité pour mon ancêtre, d'autant plus que M. Reboul n'a publié son travail si minutieux et complet que jusqu'à la retraite sur Berlin, tandis que les lecteurs trouveront dans les pages qui suivent le récit et les documents pour toute la période depuis janvier jusqu'au départ du Prince Eugène pour l'Italie après la bataille de Lützen.

Ce travail n'a été dans ma pensée qu'une espèce d'étude, psychologique serais-je tenté de dire, sur la personne du Prince Eugène en particulier. Il ne prétend pas à l'infaillibilité; mais son but serait atteint s'il concourait à aider des historiens plus compétents et plus laborieux que moi à établir ce qui est et doit être notre but commun — la vérité historique.

Duc Georges de LEUCHTENBERG.

Paris, mars 1913.

INTRODUCTION

Smolensk, la Moskova, l'incendie de Moscou, Malojaroslavetz, la Bérésina — voilà des noms célèbres, marquant les étapes de la Grande Armée de Napoléon en 1812, noms familiers à tous ceux, grands et petits, qui étudient l'histoire en général et celle de l'épopée de 1812 en particulier.

Après on lit peut-être chez les historiens quelques lignes dans le genre des suivantes : « Les faibles restes de la Grande Armée, en haillons, affamés, à moitié gelés, à peine dignes encore du nom de troupes, continuèrent non plus à se retirer, mais à fuir jusqu'à Wilna. A Smorgoni, Napoléon abandonna l'armée dont il remit le commandement à Murat et partit en poste pour Paris. » Puis, quelques mots encore sur les épisodes de Kowno et la bravoure de Ney, les débris de l'armée repassant le Niémen — après plus rien, ou à peu près. Suivent des considérations sur la situation politique, l'exposé du travail de l'Empereur pour la reconstitution de son armée, et, après un laps de quatre mois, les historiens (je parle de ceux qui écrivent pour la masse du public, pour les éditions populaires, non pas, évidemment, de ceux qui ont fait de ces campagnes l'objet d'études spéciales) nous transportent d'un coup sur les champs de bataille de Lutzen, sous les murs de Dresde et de Leipzig, où les armées alliées se rencontrèrent de nouveau avec la nouvelle Grande Armée, commandée par Napoléon en personne.

Mais que s'était-il passé durant ces quatre mois parmi « les tristes débris de la Grande Armée » ? Comment avaient-ils pu arrêter pendant si longtemps la marche des troupes russes, évidemment victorieuses ? A qui échut l'ingrate et difficile mission de ramener et de réorganiser ces restes de troupes — mission aussi peu prometteuse de lauriers guerriers que pleine de journalières courses fatigantes, aux lieux de formations des nouveaux corps, d'inspections de revue, etc., et d'un inlassable travail de bureau pendant la nuit ? Quel fut enfin celui, qui, malgré les épreuves constantes imposées à sa force d'âme et à sa foi dans l'avenir, ne recula pas devant ce travail pénible, mais obscur, ne se laissa point troubler par l'énorme responsabilité qui pesait sur ses épaules, et qui, autant que le permirent ses forces, accomplit dignement son devoir de soldat et de parent de l'Empereur ?

Ce fut le Prince Eugène Beauharnais, fils adoptif de Napoléon, qui eut à accomplir cette tâche.

Murat, roi de Naples, n'en fut pas capable. Brillant général de cavalerie, brave comme son épée, il était fait pour mener au combat, sur le champ de bataille, les corps de cavalerie de réserve, pour enfoncer, vêtu d'un caftan bleu, d'une culotte écarlate, coiffé d'un chapeau à plumage énorme (comme nous le montre un tableau d'Albert Adam) les carrés troublés de l'ennemi et pour lui arracher une victoire presque certaine.

Mais, quand les circonstances exigèrent de lui des combinaisons stratégiques, des occupations administratives surtout, et, plus encore, de la fermeté, du dévouement à son souverain, de la foi en son étoile, et peut-être le renoncement à ses propres intérêts, même à son trône — là son caractère ne se trouva pas à la hauteur. Et nous le voyons, arrivé à Posen, faire venir de Marienwerder le Prince Eugène, sans lui expliquer la raison de cet appel, lui faire part de sa décision de quitter l'armée, ne faire aucun cas des exhortations ni de celui-ci, ni du maréchal Berthier, et partir pour son royaume de Naples.

Le Prince Eugène se trouvant le plus ancien en grade dans l'armée, force lui fut de prendre, bien malgré lui, le commandement et d'informer l'Empereur de l'événement. Mais, placé dans cette position où il avait la responsabilité, il ne se laissa pas abattre par le poids de cette tâche inattendue, se voua énergiquement à la réorganisation de l'armée, tâchant, autant que possible, de corriger ce qui avait été embrouillé par Murat, s'efforçant de ralentir la retraite et de concentrer ce qui restait de troupes.

L'histoire militaire, certes, dit ce qu'il fit dans ce but, et on peut considérer ces faits comme suffisamment éclaircis. Mais, ce qui, pour celui qui étudie l'histoire militaire, reste souvent peu clair, parfois complètement ignoré — c'est le côté moral, c'est-à-dire la somme des circonstances, des rapports, des ordres, des plans, des conversations, etc., qui, à un moment donné, ont influé sur l'état d'âme du général et l'ont poussé à telle ou telle solution du problème. Cent ans se sont écoulés depuis ces événements; nous avons en mains les plans des deux côtés, nous connaissons assez certainement les forces et les dispositions des deux armées ennemies, ainsi que leurs mouvements; avec ces données, la critique n'a pas grand'peine à indiquer les fautes ou les erreurs de l'un ou de l'autre général; mais bien rares sont les historiens qui se donnent la peine de réfléchir à l'état d'âme d'un chef, tel qu'il avait dû être en réalité après réception des renseignements et rapports qu'il *a reçus réellement* et non pas *qu'il aurait dû recevoir*. A la décharge de ces historiens il faut avouer qu'on ne dispose pas toujours de documents qui nous permettraient de nous reporter mentalement dans la situation d'un personnage, mort depuis longtemps, et qui, trait par trait, nous peignent le tableau du passé, tel qu'il fut en réalité.

J'ai en main un gros paquet de lettres originales, rapports, etc., composant la correspondance du Prince Eugène avec ses subordonnés en 1813 et qui n'ont pas, que je sache, été publiés en France, quoiqu'ils présentent un riche fonds pour la connaissance de l'état et de l'esprit des restes de la Grande Armée et de ses chefs, après leur tragique retour de Russie. Ces documents m'ont donné l'idée d'écrire un essai sur l'activité du Prince Eugène à la tête de la Grande Armée, en approfondissant surtout le côté moral de cette époque de sa vie, me fondant principalement sur ces documents originaux, dont je joins les plus intéressants comme annexes, et pour le côté historique général, sur les ouvrages de Bogdanovitch, Charras, du baron Fain, de Du Casse, la correspondance de Napoléon, etc.

Le Prince Eugène-Napoléon de Beauharnais

à la tête de la Grande Armée

(16 janvier - 15 avril 1813)

CHAPITRE I

Situation de la Grande Armée après le départ de Napoléon. — Disposition et force de l'armée russe. — Défection du général York. — Retraite de Macdonald sur Kœnigsberg et Danzig. — Murat quitte l'armée. — Il en remet le commandement au Prince Eugène.

Le 5 décembre 1812, Napoléon quittait, à Smorgoni, l'armée, et, accompagné de Caulaincourt seulement, traversait incognito, en poste, toute l'Allemagne pour se rendre à Paris. Avant de partir, il remettait le commandement de ce qui fut la « Grande Armée » à Murat, roi de Naples, le chargeant de ramener ces débris hors des frontières russes.

Ce dernier ne sut pas, comme l'Empereur l'aurait voulu, se maintenir tant soit peu à Wilna, pour donner quelque repos aux troupes et pouvoir profiter des dépôts accumulés dans cette ville; avec une faible escorte, il arrivait dès le 19 à Kœnigsberg. Là enfin, le désespoir, qui seul paraissait le guider jusqu'alors, commençait à se calmer et il se prit énergiquement à définir le nombre des troupes et à donner des ordres pour la marche des renforts. Le 20 décembre on donna des ordres pour réunir les débris de la Grande Armée dans différentes villes, soit : la Garde à Kœnigsberg; les cavaliers démontés à Elbing; les 2e et 3e corps à Marienburg; les 4e et 9e à Marienwerder; les 1er et 8e à Thorn; le 6e à Plock et le 5e à Varsovie. On estimait le nombre des troupes retraversant le Niémen de 35.000 à 50.000 hommes; mais le changement de régime après la retraite, le dégel après de longs froids et l'abondance des vivres après de longues semaines d'abstinence, accrurent la décomposition des troupes et augmentèrent considérablement le nombre des malades et des morts, en sorte qu'au 31 décembre 1812 on ne put réunir que 20.000 hommes vraiment valides, et 6 ou 7.000 traînards; il était possible de renforcer immédiatement ces forces des 17.000 de la division Heudelet, en ce moment à Danzig, de 1.500 chevaux de la division du Hanovre, et de 2.000 Français avec 6.000 Bavarois et Wetsphaliens, réunis à Thorn.

Devant Riga se trouvait le 10e corps, maréchal Macdonald, composé du corps prussien du général York et de la division Grandjean — Polonais, Bavarois, Westphaliens — en tout 25.000 hommes. L'ordre de se retirer derrière la Prégel ne parvint à Macdonald que fort tard et le 26 décembre il arrivait à Tilsitt avec la division Grandjean, rapportant qu'il attendait le corps d'York le lendemain.

L'aile droite du déploiement stratégique de l'armée était couverte par les troupes saxonnes du général Reynier et le corps auxiliaire autrichien du prince Schwarzenberg (50.000 hommes en tout) qui, durant la campagne de 1812, avaient opéré, mais fort mollement, en Volhynie et en Lithuanie, n'étaient pas arrivés à temps pour la Bérésina et qui maintenant se retiraient sur Bialyskok et Varsovie, et étaient, par suite, encore assez bien organisés. Plus tard le prince Schwarzenberg conclut avec le général russe Wassiltchikoff un armistice secret, lui accordant le droit de prendre en toute sécurité ses quartiers d'hiver dans le grand-duché de Varsovie.

Les forces russes étaient, au commencement de l'année 1813, réparties de la manière suivante : l'ancienne armée du Danube de l'amiral Tchitchagoff, réunie aux troupes de Wittgenstein et aux cosaques de Platoff, se dirigeait sur Elbing et Thorn, forte de 55.000 hommes environ; le reste marchait sur Plock et Varsovie, au nombre d'environ 45.000; on pouvait donc estimer l'armée russe à 100.000 hommes.

A ces forces, Murat pouvait opposer le 1er janvier 1813, outre les 20.000 hommes valides, mais désarmés, à Kœnigsberg, 25.000 hommes venant de Danzig et approchant de Kœnigsberg; plus à gauche, les 22.000 hommes de Macdonald près de Tilsitt et, échelonnés à droite en avant (à une distance d'environ 200 kilomètres), les 15.000 bien organisés de Schwarzenberg; c'était donc un total de plus de 90.000 hommes immédiatement disponibles contre l'ennemi. De plus il pouvait espérer, dans un mois, les renforcer des 20.000 qu'on armait à Kœnigsberg et dans les forteresses de la Vistule, des 15.000 que devait livrer le grand-duché de Varsovie, et d'une magnifique division venant d'Italie sous les ordres du général Grenier, arrivée déjà à Bamberg en Bavière, forte de 20.000 hommes et des 10.000 réclamés par écrit au roi de Prusse par l'Empereur à son passage à Dresde. C'était donc 160.000 hommes que Murat pouvait espérer opposer aux Russes dans un mois, s'ils tentaient de forcer la ligne du Niémen, c'est-à-dire un nombre parfaitement suffisant; pour le moment l'armée russe, fort éprouvée aussi par la rude campagne d'hiver, se reposait et se reformait, l'envahisseur une fois chassé de ses frontières, et n'avançait que fort lentement. Les calculs de Murat et de son état-major ne devaient cependant pas se réaliser.

Le 10e corps était, comme nous l'avons dit plus haut, composé tout entier de troupes non françaises; on pouvait parfaitement compter sur la division Grandjean, composée en grande partie de Polonais dévoués à l'Empereur, mais elle ne formait que le tiers du corps; le reste se composait de Prussiens, divisés en une division d'infanterie et une de cavalerie (général Massenbach). Les troupes prussiennes étaient commandées par le général York, issu d'une petite famille noble et qui dut sa carrière à ses propres mérites, son caractère, ses capacités militaires et son courage, dont il fit preuve pendant la panique qui suivit les journées, si désastreuses pour la Prusse, d'Iéna et d'Auerstædt. Témoin de ces défaites et ardent patriote, il détestait du fond du cœur le vainqueur et l'oppresseur de son pays et ce n'avait été qu'à son corps défendant qu'il avait accepté le commandement des troupes qui devaient aider ce même oppresseur à vaincre les Russes. Ses officiers étaient animés de sentiments semblables; il n'est donc pas étonnant qu'ils aient fait la guerre sans entrain et aient préféré mille fois se joindre aux Russes contre les Français. C'est ce qui arriva à la première occasion.

Le 10ᵉ corps opérait en Courlande et bloquait Riga; vers la fin de l'année 1812 les rapports entre York et Macdonald étaient devenus extrêmement tendus, et avaient, au fond, complètement cessé, se bornant à la correspondance la plus indispensable. Les causes de cet état de choses furent nombreuses, mais il n'entre pas dans le cadre de notre travail de les approfondir. Elles finirent par là, que, ne se voyant plus, l'un eut tout le loisir d'entrer en relations avec l'ennemi, et l'autre ne put pas personnellement le surveiller et prévenir à temps sa défection, ou sa trahison (selon le point de vue duquel on regarde la conduite d'York).

Pendant la retraite sur la Bérésina, Napoléon paraît avoir oublié Macdonald, dont le corps aurait pu, cependant, lui être d'une inappréciable utilité en allant à la rencontre des débris de la Grande Armée, les soutenant, leur donnant le temps de se remettre et de se réorganiser. Murat aussi l'oublia, et ce n'est que de Wilna qu'il lui fit connaître les malheurs de la Grande Armée, ses mouvements ultérieurs, et lui transmit l'ordre de se retirer sur Tilsitt et Kœnigsberg. Cet ordre ne parvint à Macdonald que la veille même du jour où Murat arrivait à Kœnigsberg, c'est-à-dire le 18 décembre; il l'exécuta le même jour, commençant la levée du blocus de Riga

Sa situation n'était pas facile. Si les Russes s'étaient avancés plus vite qu'ils ne le firent en réalité, il pouvait facilement être coupé de sa ligne de retraite. Obligé de marcher rapidement, il partagea ses forces en deux échelons : le premier, sous son propre commandement, se composait de la division Grandjean et de la cavalerie prussienne de Massenbach; le second comprenait les autres corps prussiens sous les ordres d'York. Ces dispositions facilitèrent la défection de ce général. Arrivant devant Tilsitt le 26 décembre, le premier échelon rencontra un faible détachement russe qu'il culbuta, et entra dans la ville; c'est de là que Macdonald fit son rapport à Murat, ajoutant qu'il attendait York le lendemain, avec l'autre moitié de ses troupes. Mais un, deux jours se passèrent, sans aucune nouvelle d'York. Macdonald commençait à être d'autant plus alarmé, qu'il s'était pour ainsi dire porté garant de l'arrivée d'York, alors que depuis cinq jours il était privé de ses nouvelles. Il lui avait indiqué d'abord Tilsitt comme point de réunion des deux échelons, et plus tard Tauroggen; mais ni ces ordres, ni aucun autre courrier ne parvinrent à York : ils durent tous rebrousser chemin ou furent pris par les Cosaques. Mais si même des ordres lui étaient parvenus, il n'en aurait pourtant exécuté aucun. Depuis longtemps déjà il était entré en relations avec les Russes, comprenant que c'était le moment ou jamais de secouer le joug de Napoléon; souvent il avait conseillé à son souverain d'abandonner l'Empereur et de faire cause commune avec Alexandre Ier. Mais Frédéric-Guillaume n'osait pas se décider : les chances de succès lui paraissaient encore trop douteuses, et les risques à courir trop grands, en cas d'insuccès pour lui, comme pour son pays, et il tergiversait.

York, cependant, était parfaitement décidé, si ce n'est à faire cause commune avec les Russes, du moins à ne plus aider les Français. Pour atteindre ce but sans compromettre personne, il devait agir à ses propres risques et périls, assumant tout seul la responsabilité, risquant en cas d'insuccès de devenir le bouc émissaire; d'un autre côté, pour faire gagner du temps à son pays et donner à sa défection l'apparence d'une nécessité militaire, il avançait lentement, espérant qu'un prétexte plausible finirait par se présenter. Ses prévisions ne furent pas trompées et non loin de Tauroggen, il rencontra un corps détaché russe commandé par le général Diebitch, qui lui barra le chemin.

Ce corps était faible, et York en aurait eu bon marché, mais il préféra faire semblant de se laisser intimider par le langage décidé de Diebitch et profiter de cette occasion tant attendue, pour engager des pourparlers, qui se terminèrent par la « capitulation de Tauroggen », par laquelle le corps prussien était déclaré neutre, ainsi qu'une large bande de pays entre Memel, Tilsitt et Labiau; dans le cas où l'un ou l'autre des deux souverains ne confirmerait pas la convention, ce corps était libre de se porter là où l'ordonnerait son roi, à la seule condition de ne point porter les armes contre la Russie durant deux mois. Maintenant la fiction qu'il n'avait pas pu percer à travers les Russes, York fit part de sa capitulation à Macdonald et à Frédéric-Guillaume, ajoutant pour ce dernier que « le moment était arrivé de se libérer des extraordinaires exigences d'un allié (Napoléon) dont les intentions sur la Prusse étaient, en cas de succès, peu claires et causaient, non sans fondements, une vive appréhension. Voici, concluait-il, les considérations qui m'ont guidé. Fasse le Ciel qu'elles tournent pour le bien de ma patrie ».

Secrètement prévenu par York, Massenbach quitta Tilsitt au petit jour le 31 décembre et amena sa brigade à York, affaiblissant d'autant plus Macdonald que celui-ci manquait principalement de cavalerie. L'exemple de la défection était ainsi donné, et fut bientôt suivi officiellement de toute la Prusse, plus tard par les autres pays allemands, et enfin par l'Autriche.

La nouvelle de la défection d'York parvint à Murat le 1er janvier 1813 à Kœnigsberg, et paraît l'avoir tellement décontenancé, qu'il quitta le même jour cette ville, se dirigeant avec ses troupes sur Posen; bientôt, abandonnant ses troupes, il partit en poste avec son état-major et arriva le 16 en cette ville. Pendant ce temps Macdonald continuait sa retraite sur Kœnigsberg, pressé de front par Wittgenstein, qui l'avait rattrapé, et entouré de cosaques. Il atteignit cette ancienne capitale de la Prusse le 13 janvier, avec 7.000 hommes qui lui restaient et fut recueilli par Ney, sorti à sa rencontre, sur l'ordre de Murat, avec 15.000 hommes tirés de Danzig et Wehlau. Remettant le commandement à Macdonald, Ney alla rejoindre le roi de Naples, ainsi qu'il en avait reçu l'ordre, laissant son collègue se débrouiller dans sa situation difficile.

Et elle n'était, vraiment, rien moins que facile : Macdonald pouvait disposer des divisions Grandjean, 7.000; Marchand, 3.000; Heudelet et Cavaignac, 11.000; ces forces étaient, évidemment, suffisantes pour lui permettre de se retirer lentement, sans se presser, mais elles étaient bien trop faibles pour lui permettre de tenir la ligne du Prégel et de la Passarge, à cette époque encore couverte d'une couche épaisse de glace. De plus Wittgenstein, laissant l'avant-garde de Chépéleff poursuivre Macdonald de Kœnigsberg sur Elbing, dirigeait le gros de ses troupes sur Friedland, Heilsberg et Preussisch-Holland; Platoff le précédait dans cette direction, et Tchitchagoff, prévenu à Gumbinnen de l'évacuation de Kœnigsberg par les Français, prit aussi à gauche et se dirigea sur Elbing parallèlement à Platoff et Wittgenstein, de sorte que Macdonald dut se dépêcher pour ne pas être coupé de Danzig par ces colonnes tournantes. Il pressa sa mache et parvint à s'échapper, mais au prix de quels sacrifices! La division Heudelet, près de la moitié de son corps, se composait de tout jeunes gens, supportant mal les privations d'une campagne d'hiver dans un pays pauvre et dévasté par la guerre. « Nous sommes sans vivres, sans fourrage et n'avons pas de moyens pour le transporter », écrivait Macdonald à Murat; à bout de forces, ses jeunes gens restaient en arrière et tous les jours un certain nombre tombaient aux mains des Cosaques ou mouraient de faiblesse. Les soldats de Marchand ne valaient pas mieux; en partie Français, en partie Allemands, tous à peine conscrits, ils avaient éprouvé toutes les horreurs des derniers jours de la retraite de Russie, lorsqu'ils étaient sortis de Wilna au-devant de l'armée, dans les cinq ou six jours les plus froids de cet hiver rigoureux, et avaient dans cette marche perdu, par le froid et la faim, les 4/5 de leur effectif ! Quelque peu réorganisés et disciplinés à Kœnigsberg, durant leur bref séjour, ils se relâchèrent rapidement en marche, oublièrent toute discipline et, au bout de quatre jours, il en restait à peine 1.000 présents sous les armes : « Désobéissants, voleurs, répandant toutes sortes de bruits démoralisants, ils ont perdu toute apparence militaire et sont devenus l'opprobre de l'armée et le fléau du pays qu'ils traversent », écrivait Macdonald à Berthier. Il ajoutait qu'en cas de bataille il ne pouvait guère compter que sur la division Grandjean, d'ailleurs complètement insuffisante pour résister aux Russes et que, par suite, il ne voyait aucune possibilité d'exécuter le désir du roi de Naples de livrer bataille. Quant à ce dernier, tandis qu'il exhortait Macdonald à s'arrêter et à se battre, lui-même ne pensait qu'à la retraite sur la Vistule et ordonnait, selon un nouveau plan, de porter les restes des 2ᵉ et 3ᵉ corps à Cüstrin, du 4ᵉ de Marienwerder, par Posen, à Glogau, du 1ᵉʳ de Thorn à Stettin, du 8ᵉ de Thorn à Posen, du 9ᵉ de Marienwerder à Posen; le 6ᵉ devait se retirer sur Plock et Gnesen, fournissant avec le 1ᵉʳ une garnison pour Thorn; les restes de la garde enfin devaient se réunir à Posen. Macdonald recevait l'ordre de traverser la Vistule à Dirschau et d'entrer à Danzig, où ses troupes passeraient aux ordres du général Rapp, se réunissant aux 10.000 hommes de la garnison de cette place forte. Passé Dirschau, il rencontra Rapp le 13 janvier, lui remit le commandement et partit pour la France, tandis que Rapp continuait à se retirer, en combattant, sur Danzig, dont il ne devait sortir que prisonnier.

Ce même jour, comme nous l'avons vu plus haut, Murat arrivait à Posen, appelant en route, par lettre, le Prince Eugène, vice-roi d'Italie, sans lui expliquer cependant les raisons de ce pressant appel.... Mais passons plutôt la parole à Charras, dont la plume impartiale, quoique parfois sévère, a si bien dépeint à grands traits le poignant drame moral qui se joua à Posen : « Des renégats de la Révolution, des parvenus de l'Empire, Murat était l'un des plus corrompus. Souverain imposé par la force des armes à un peuple qui le détestait, esprit vif, alerte mais sans rectitude, sans élévation, caractère faux sous l'apparence de la franchise, pusillanime partout ailleurs qu'en face de l'ennemi, il avait perdu dans sa royauté d'aventure le respect, le souvenir de la patrie. Infatué de lui-même et de son pouvoir, dévoré de la passion de régner, il était prêt à renoncer Napoléon et, s'il le fallait, la France même, pour sauver sa couronne.

« Croyant déjà voir s'écrouler la fortune de Napoléon tout entière, il était venu tout à coup à croire que, pour se maintenir sur le trône, il devait ne compter que sur lui-même et se rendre, au plus tôt, dans son royaume. Sa présence, pensait-il en effet, y était indispensable pour comprimer les patriotes napolitains que les nouvelles de Russie ne pouvaient manquer d'exciter, et qui étaient toujours prêts à se soulever contre lui et à appeler à leur aide les Anglais, maîtres de la mer et campés en Sicile. Il fallait absolument aussi qu'il se trouvât à Naples pour être bien en position de séparer peu à peu sa cause de celle de Napoléon, pour préparer, négocier, accomplir une défection, au-devant de laquelle allait son égoïsme inintelligent. »

Il s'était donc résolu *à ne pas même attendre* l'arrivée des débris de l'armée qui se dirigeaient vers Posen, et de gagner aussitôt l'Italie.... « Il s'ouvrit à Berthier, mais non complètement, de sa résolution, il lui dit qu'il se sentait fatigué, malade, qu'il avait besoin de quelque repos et que ce repos momentané, il voulait aller le prendre chez son beau-frère Jérôme Bonaparte, roi de Westphalie. En vain, Berthier lui rappela le détestable effet produit sur les officiers et les soldats par le départ de Napoléon et lui affirma, ce qui était de soi-même assez évident, que le départ de leur nouveau chef augmenterait le mal; en vain il lui représenta l'immanquable colère de Napoléon, Murat ne voulut rien entendre.

« Berthier appela alors à son aide Daru, qui en sa qualité d'ancien commissaire des guerres, cumulait les fonctions de directeur général de l'administration de l'armée et celle de ministre secrétaire d'Etat.... Conseiller souvent consulté par le maître et parfois écouté, Daru portait dans la pratique des affaires un sens et une fermeté très vantés. En toute autre circonstance son avis aurait sans doute été d'un grand poids pour Murat; mais cette fois il resta sans aucune influence. Murat y opposa l'inflexible entêtement de la sottise et de l'égoïsme.

« A bout d'instances, Berthier et Daru lui objectèrent la difficulté qu'il aurait à se désigner un successeur, mais il leur répondit qu'il avait déjà mandé à Eugène Beauharnais de venir promptement de sa personne à Posen, qu'il l'attendait dans la soirée et comptait l'investir des fonctions de général en chef à sa place.

« Dans la soirée même du 16 janvier, Eugène arriva à Posen, répondant à l'appel qui lui avait été fait. Il en ignorait le motif. Murat le lui apprit sur-le-champ.

« Beaucoup plus jeune d'âge et de services que les maréchaux de l'Empire, Eugène avait commandé en Russie avec beaucoup de courage et de fermeté le 4e corps d'armée. Général médiocre, il avait assez d'intelligence pour reconnaître sa médiocrité et, chose rare dans le monde de l'Empire, assez de modestie pour l'avouer. Il refusa tout d'abord, le sentant au-dessus de ses forces, le fardeau dont Murat voulait se débarrasser; et il insista pour que celui-ci ne s'éloignât pas ou du moins pour qu'il demandât et attendît, avant de s'éloigner, les ordres de Napoléon. Mais, non plus que Daru et Berthier, il ne parvint à le faire revenir sur sa résolution. Cédant alors aux instances mêmes de Berthier, il consentit à remplacer Murat à titre provisoire et se hâta d'en informer Napoléon. »

« Le lendemain, avant le jour, Murat partit. Il avait dit

à Eugène qu'il se rendait à Cassel, il n'en prit pas moins la route de Naples. »

Le Prince Eugène n'aimait pas Murat. Les causes en étaient des démêlés de famille, car Murat et sa femme, la reine Caroline, détestaient l'impératrice Joséphine, mère d'Eugène, et toute sa famille, tâchant constamment d'en supplanter les membres dans la faveur de l'Empereur et de séparer ce dernier de sa femme, but qu'ils avaient fini par atteindre : Napoléon divorça et épousa la fille de l'empereur d'Autriche. Mais la France entière désapprouva cet acte et n'accueillit que fort mal la nouvelle impératrice : elle gardait encore trop de sympathie pour la dépensière mais accueillante et bonne Joséphine, pour pouvoir aimer l'altière Marie-Louise, qui lui ravivait par trop le souvenir encore frais de l'autre « Autrichienne », Marie-Antoinette. Le peuple tenait Joséphine pour le bon génie de Napoléon et le fait est que, depuis son divorce, son étoile commença à pâlir et les revers à se succéder.

Mais la cause principale de l'antipathie d'Eugène pour Murat se trouvait dans la contradiction complète de leurs caractères, et si le vice-roi, en vrai soldat discipliné et en serviteur fidèle de l'Empereur, se soumettait sans restrictions au roi de Naples en affaires militaires et, réprimant ses sentiments d'inimitié, travaillait souvent de concert avec lui sur les champs de bataille, à la gloire et au bien de Napoléon, comme il le fit dans les trois journées d'Ostrowno, sous les murs de Smolensk et de Vitebsk; s'il accueillit sans sourciller sa subordination à Murat, après le départ de l'Empereur, et, accomplissant honnêtement son devoir, resta jusqu'à la fin avec les restes de son corps d'armée, qui n'existait plus que sur le papier, au lieu de suivre l'exemple de Murat et de filer en poste de Wilna à Kœnigsberg et de Kœnigsberg à Posen — en dehors des affaires de service, dans ses conversations et sa correspondance avec les siens, il ne se retenait pas, donnant libre cours à ses sentiments comprimés de critiquer sévèrement la conduite de Murat; ainsi, écrivant à sa femme, le 16 janvier, pour lui annoncer le départ du roi de Naples, il disait : « Je m'empresse de t'expédier Provari pour t'annoncer une inconcevable nouvelle. Depuis mon départ de Marienwerder, le roi m'écrivit de le venir joindre en poste à Posen. A peine arrivé, j'apprends qu'il allait abandonner l'armée. Il est malade et ne veut plus conserver le commandement; il part, même sans attendre aucune détermination de l'Empereur. Il a voulu me donner le commandement de l'armée, mais je n'ai pas voulu le recevoir de lui; il a persisté à s'en aller et alors j'ai pris provisoirement le commandement, tant difficile qu'il soit, pour donner une dernière preuve de mon dévouement à l'Empereur. Toutes les affaires ont été laissées ici en grande confusion et je t'assure, ma chère Auguste, que j'aurai une terrible besogne; je n'ose pas espérer en sortir avec gloire, mais j'aurai eu au moins le courage de l'avoir entreprise, et j'aurai, certes, celui de ne pas l'abandonner ».

Et le 20, il écrivait à la même : « Je me porte bien, mais je trouve furieusement lourd le poids du commandement en chef. J'ai trouvé dans toutes les affaires le plus grand désordre; chacun ne pensait qu'à se sauver, et on ne savait même plus où trouver les troupes. Je crois que j'aurai déjà beaucoup fait si je parviens à tranquilliser les esprits et à mettre un peu d'ensemble dans les mouvements. On ne pourra pas dire, j'espère, que c'est l'ambition de la gloire qui m'aura fait prendre le commandement en chef, car c'est bien par dévouement à l'Empereur, et il est impossible d'accepter une tâche plus difficile et plus épineuse à remplir. Je n'ai pas encore de nouvelles de Sa Majesté l'Empereur. Informe-toi bien s'il est vrai que le roi soit passé pour se rendre à Naples, car il nous avait dit qu'il allait se reposer chez le roi de Westphalie et, pour un malade, ce ne serait pas mal d'aller d'une course jusqu'à Naples. Il faut avouer que l'Empereur est bien mal servi par sa propre famille.... J'espère que cela lui ouvrira les yeux.... » Précédemment, d'Ochmiany, il écrivait à son beau-père, le roi de Bavière : « Ma santé a supporté l'épreuve on ne peut mieux, mais je dois avouer que la vigueur d'esprit, qui m'a soutenu jusqu'ici, disparaîtra inévitablement, si je suis obligé de rester encore longtemps sous les ordres de Sa Majesté Napolitaine. Vous, mon bon père, connaissez ses sentiments à mon égard; c'est donc uniquement sur ma bonne étoile que je compte.... »; dans une autre lettre, parlant de Murat, il dit : « Il a complètement perdu la tête ».

L'Empereur lui-même ne s'exprimait pas avec plus de douceur sur son compte. Le 23 janvier, il écrivait au vice-roi : « Je trouve la conduite du roi fort extravagante, et telle qu'il ne s'en faut de rien que je le fasse arrêter pour l'exemple. C'est un brave homme sur le champ de bataille, mais il manque de combinaison et de courage moral. » A sa sœur, épouse de Murat, il écrit : « Votre mari est un fort brave homme sur le champ de bataille, mais il est plus faible qu'une femme ou qu'un moine quand il ne voit pas l'ennemi. Il n'a aucun courage moral.... » Ecrivant à Murat lui-même, il dit : « Je ne vous parle pas de mon mécontentement de votre conduite après mon départ de l'armée : cela provient de votre faiblesse de caractère. Vous êtes un bon soldat sur le champ de bataille, mais en dehors de là, vous n'avez ni vigueur, ni caractère. Le titre de roi vous a tourné la tête; si vous désirez le conserver, conduisez-vous bien.... »

A l'Empereur, Eugène annonça le départ de Murat en ces termes : « Sire, jai l'honneur de prévenir Votre Majesté que le roi est décidément parti ce matin, à 4 heures. Nous avons inutilement fait, hier soir, le prince de Neufchâtel et moi, toutes les instances possibles pour le retenir. N'ayant ici aucun maréchal d'Empire et me trouvant seul lieutenant de Votre Majesté, j'ai pris provisoirement le centre du commandement, jusqu'à ce que Votre Majesté ait bien voulu nommer un général en chef.... »

Napoléon fit publier dans le *Moniteur* : « Le roi de Naples, malade, a quitté le commandement de l'armée qu'il a remis aux mains du vice-roi. Celui-ci a plus de pratique dans le maniement des organes compliqués de l'administration; il jouit de la pleine confiance de l'Empereur », et il confirma le Prince Eugène dans son commandement en ces termes : « Mon fils, prenez le commandement de la Grande Armée : je suis fâché de ne pas vous l'avoir laissé à mon départ (1); je me flatte que vous seriez revenu plus doucement et que je n'aurais pas éprouvé d'aussi immenses pertes. Le mal passé est sans remède.... »

(1) Dans un ouvrage récent nous avons trouvé la version suivante : l'Empereur aurait eu d'abord l'intention de laisser le commandement au vice-roi et non pas à Murat; mais aurait changé son projet sur les instances de Berthier, qui, en qualité de prince régnant de Neufchâtel, ne voulait pas être subordonné à une personne non couronnée. Cette phrase de Napoléon rend cette supposition assez vraisemblable.

CHAPITRE II

Le Prince Eugène met de l'ordre parmi les restes de la Grande Armée. — Leur état déplorable. — Dispositions et plans du Prince Eugène et de Napoléon. — Le corps autrichien dans le grand-duché de Varsovie. — Etat des troupes polonaises. — Poniatowsky, Reynier, Schwarzenberg et leurs relations réciproques. — Rapports sur les Russes et leurs mouvements. — Schwarzenberg et ses troupes quittent Varsovie et se retirent sur Petricau et Radom. — Il part pour Vienne. — Reynier se retire sur Kalisch. — Offensive des Russes. — Situation du Prince Eugène à Posen. Il recule sur l'Oder. — Causes de ce mouvement.

Placé bien malgré lui à la tête de la Grande Armée et en face de la pénible tâche de la réorganiser et de contenir avec elle les forces ennemies jusqu'à l'arrivée des renforts, avec lesquels Napoléon comptait encore rouvrir une campagne au printemps et envahir de nouveau la Russie, le prince Eugène ne se laissa pas abattre, comme Murat, mais se mit énergiquement au travail, encouragé par la susdite lettre de son Empereur, suivie bientôt d'autres lettres exprimant le contentement des maréchaux et généraux, placés ainsi sous ses ordres; ainsi, le général Reynier lui écrivait le 20 janvier de Varsovie :

« Monseigneur, je viens d'apprendre par l'ordre du jour du 16 que V. A. I. a pris le commandement de l'armée après le départ de S. M. le roi de Naples et la prie d'agréer l'expression de ma satisfaction de me trouver dans ce moment sous les ordres de V. A.... »

De la même ville, le prince Poniatowski lui écrivait le lendemain (annexe 15) « Monseigneur, je viens de recevoir la lettre que Votre Altesse Impériale m'a fait l'honneur de m'adresser le 19 de ce mois pour m'annoncer qu'Elle s'était chargée du commandement que Sa Majesté l'Empereur avait confié à Sa Majesté le roi de Naples. J'en augure les effets les plus favorables pour les résultats d'une époque d'autant plus faite pour mettre au jour ses grandes qualités, qu'elle offre plus d'obstacles à surmonter. Je prie Votre Altesse Impériale d'agréer toute ma reconnaissance de la confiance qu'Elle a la bonté de mettre en moi dans ces circonstances difficiles. Je ne l'ai méritée jusqu'ici que par mon entier et sincère dévouement envers Sa Majesté l'Empereur; je la mériterai encore par la franchise avec laquelle je mettrai toujours sous les yeux de Votre Altesse Impériale tout ce que je croirai utile à la cause que je sers. »

La lettre, datée de Pultusk, le 22, par Schwarzenberg, a un ton officiel et diplomatique: « Monseigneur, M. de La Bédoyère m'a remis ce matin les lettres que Votre Altesse Impériale lui avait confiées.

« J'ose me flatter, Monseigneur, que Vous voudrez bien ne pas douter du souvenir précieux que j'attache à l'époque importante qui m'a procuré le bonheur d'entrer en relation directe avec Votre Altesse Impériale. Il est si profondément gravé dans mon cœur que dans toutes les circonstances, telles qu'elles soient, je me féliciterai toujours de me trouver rapproché d'Elle. »

Le brave soldat qu'était Davout s'exprime avec droiture et clarté dans sa lettre (annexe 10) de Thorn le 18 janvier : « Monseigneur, je reçois à l'instant une lettre du major-général, contenant un ordre du jour qui annonce que vous prenez le commandement de l'armée, à cause de la maladie du Roi de Naples, ou pour mieux dire, de son départ. Je regarde cette nouvelle comme très heureuse pour les intérêts de l'Empereur, puisque les causes qui ont fait tant de mal à l'armée depuis son départ de Wilna vont enfin cesser. J'ose me flatter que Votre Altesse sait assez apprécier mon dévouement à l'Empereur pour être persuadée du zèle que j'apporterai à exécuter ses ordres, et à la seconder.... »

Dans une autre lettre, du 20 (annexe 12), il dit encore : « ...Il eût été à désirer pour le service de l'Empereur qu'à son départ il nous eût mis entre vos mains, mais comme toutes les réflexions qu'on pourrait faire ne remédieraient pas au mal présent, je les supprime.... »

En faisant la part de politesse, et même de flatterie dans ces lettres, il y restait cependant encore de quoi encourager le prince, dans les premiers moments de son commandement : il pouvait au moins être sûr du concours sincère de ses subordonnés.

La première troupe qui arriva à Posen fut deux bataillons de la jeune Garde; ils n'avaient pas pris part à la campagne de Russie et arrivaient de la France, par Stettin, au nombre de 1.800 hommes, avec huit canons. Ils furent suivis bientôt par les maréchaux Lefèvre, Mortier, Bessières, amenant les restes de la Garde impériale.

Eugène fit choisir parmi eux les soldats d'infanterie valides, dont il se trouva 800 dans la vieille et seulement 100 dans la jeune Garde. Ces derniers furent incorporés dans les susdits deux bataillons, tandis que des premiers on formait sur place deux autres bataillons. Cela donna donc en tout quatre bataillons qu'on érigea en division sous les ordres du général Roguet et à laquelle vinrent bientôt se joindre un bataillon de la Garde royale italienne et deux bataillons de vélites toscans et piémontais rappelés de Varsovie et qui n'avaient pas fait la campagne.

La principale besogne du vice-roi fut ensuite de débarrasser l'armée des éléments inutiles; dans ce but, il choisit parmi l'infanterie de la Garde jusqu'à 800 officiers et soldats de cadres, qu'il expédia en poste à Paris; les 300 à 400 officiers et soldats de cadres, restant de la cavalerie, et 1.000 cavaliers démontés furent envoyés à Fulda, où on devait en former quatre escadrons; tout ce qui restait en plus fut dirigé sur Paris. Il en fut fait de même avec les débris de l'artillerie de la Garde, ce qui donna seulement une compagnie. Les faibles restes en officiers et sous-officiers furent envoyés sur Fulda et Paris.

Tandis que ces transformations s'effectuaient sous les yeux du prince Eugène à Posen, des mesures semblables étaient prises, sur ses ordres, pour les restes des quatre premiers corps d'armée, à mesure qu'ils arrivaient à Stettin, Cüstrin, Glogau et Spandau.

Le 1er corps, qui avait déjà livré 400 hommes pour la garnison de Thorn, donna avec peine trois bataillons avec, en tout, 1.600 hommes; du 2e corps on forma trois bataillons aussi, forts de 1.900 hommes; du 3e, deux bataillons, forts seulement ensemble de 1.000 hommes et du 4e enfin, trois bataillons avec 1.900 hommes. Ces troupes, ainsi formées, composèrent les garnisons des susdites quatre forteresses qu'elles occupaient. Il restait encore 6.000 à 7.000 officiers et soldats : on les dirigea en partie sur Erfurt, en partie sur Vérone, par Augsbourg; ils entrèrent tous bientôt dans les corps nouvellement formés.

Il restait encore des quatre premiers corps quelques petits groupes de Suisses, de Würtembergeois, de Hessois, d'Illyriens, de Croates, d'Espagnols, de Portugais; on les expédia sur l'Elbe à la disposition de leurs souverains respectifs, mais 1.200 Bavarois nouvellement arrivés restèrent à Glogau pour en renforcer la garnison.

Du 6e corps, composé uniquement de Bavarois, il ne restait, après la campagne, que 2.000 hommes. Derrière le Niémen, ils furent rejoints par 4.500 hommes, avec 12 canons, ce qui leur permit de détacher 3.500 hommes comme garnison de Thorn. Il resta ensuite environ 3.000 hommes, dont on forma une division d'infanterie avec un faible régiment de cavalerie et deux batteries, le tout aux ordres du général-major Rechberg.

Le 8e corps, formé tout entier de Westphaliens, avait presque entièrement péri en Russie et Napoléon écrivait, le 23 décembre, au roi Jérôme : « Il ne reste plus rien de l'armée de Westphalie dans la Grande Armée ». Mais derrière la Vistule ses débris rencontrèrent un régiment de marche de 1.500 hommes venant de Westphalie. Tout cela donna deux régiments; on renvoya le surplus.

Il y avait encore à Posen 1.200 hommes de la Garde napolitaine, prudemment retirés de Danzig par l'ordre de Murat, et trois bataillons français, récemment venus de

France pour compléter le 1er corps. De tous ces Westphaliens, Napolitains, Français, Eugène forma une division, qu'il remit aux mains du général Gérard — un homme qui s'était distingué aux côtés du maréchal Ney dans les journées les plus dures de la retraite de Russie.

Les restes de toutes sortes de troupes polonaises à la solde de la France donnèrent une division d'infanterie, que le vice-roi confia au général Girard, homme énergique aussi; enfin 400 chevaux, débris de deux régiments lithuaniens, formèrent une faible brigade de cavalerie, aux ordre du prince Guédroyz.

Les restes de la cavalerie de ligne furent hors d'état de donnér un seul escadron. Réunis d'abord à Elbing, ces cavaliers démontés avaient été par l'ordre de Murat dirigés, en partie sur Glogau, en partie sur Magdebourg, en partie même sur Hanovre. Les étrangers furent renvoyés à leurs cadres, et les Français concentrés à Hanovre et à Brunswick. On en avait compté 6.000 au passage de la Vistule, mais on pensait qu'ils seraient rejoints par beaucoup de traînards.

Tout ce qui restait de l'artillerie à pied fut réuni à Magdebourg, celle à cheval alla à Berlin; revision faite il se trouva qu'on pourrait en officiers, former les cadres pour 5 à 6 compagnies, et, en soldats, pour 7 à 8 seulement. Les autres corps d'artillerie, revenus de Russie, ne valaient guère mieux.

Du 9e corps, il ne restait rien, sauf la division Marchand, restée à Danzig. Quelques centaines d'Allemands de toutes nationalités ne purent qu'être renvoyés dans leurs foyers.

Le 7ᵉ corps, général Reynier, était encore subordonné au prince Schwarzenberg, et se trouvait avec les Autrichiens dans le grand-duché de Varsovie. Le 5ᵉ corps, polonais, tâchait de se compléter à l'aide d'une nouvelle conscription de 25.000 hommes, déjà décrétée, mais pas encore incorporée dans ses rangs; à son chef, le prince Poniatowski, Eugène avait, dès les premiers jours de son commandement, conseillé de ne pas disperser ses troupes, mais de tenir autant que possible concentrées toutes ses ressources en hommes et en armements, afin de ne pas être pris au dépourvu et entraîné par Schwarzenberg et le 7ᵉ corps, dans le cas d'un mouvement rétrograde de leurs forces.

Au dire du gouvernement prussien, le prince Eugène allait pouvoir disposer encore d'environ 10.000 hommes du général Bülow, qui s'armèrent d'abord à Kœnigsberg, passèrent ensuite à Graudenz, et, après la nouvelle de la défection d'York s'étaient retirés à Stettin; mais lorsque Eugène, informé que Bülow lui était soumis, lui envoya quelques ordres, ce général refusa de les exécuter, prétendant que « ses troupes étaient loin d'être prêtes à marcher, qu'on ne pourrait guère compter sur elles avant cinq ou six semaines, et qu'il ne disposait que de 300 chevaux à peine ».

Au bout de ce travail d'organisation, accompli en quinze jours environ, en partie sur de nombreuses et incessantes indications de l'Empereur, en partie par des décisions spontanées du vice-roi, celui-ci se trouvait avoir dans Spandau et dans trois places fortes sur l'Oder des garnisons suffisantes, et, réunis dans sa main, 14.000 à 15.000 hommes d'infanterie, plus de 1.500 chevaux et 20 bouches à feu, prêts à marcher à l'ennemi. Si, numériquement ce résultat pouvait paraître maigre, il eut au moins une excellente influence sur l'armée, en ce qu'elle reprit un certain ordre d'un côté et, d'un autre, qu'elle se trouva délivrée d'une masse de militaires de tous rangs qui encombraient inutilement tous les chemins et tous les cantonnements, et qu'enfin il remonta l'esprit de l'armée, en donnant à tous le sentiment de l'action d'une main ferme et d'une volonté unique, décidée d'une façon absolue à faire cesser une retraite sans objet, pour ne point dire une fuite, qui influait d'une manière aussi néfaste sur la marche des opérations militaires.

Les témoignages des contemporains nous montrent dans quel affreux état de dénuement se trouvaient les troupes après la retraite de Russie. Ainsi le Prince Eugène lui-même écrivait à sa femme le 28 décembre, de Marienwerder : « Croirais-tu, ma chère amie, que de tout mon beau corps d'armée, il ne me reste pas 2.000 hommes, dont la moitié encore sont blessés : ceci est *pour toi seule, je t'en conjure* ».... A l'Empereur il apprenait en même temps que le corps des Gardes d'honneur (Italiens), « parti pour la campagne fort de 300 hommes », était réduit à ce moment à 28 hommes. « Sur les trois capitaines des gardes qui ont commencé, deux sont morts, et le troisième est resté malade en Russie », continuait-il : « Les deux qui sont restés en Italie sont hors d'état de rendre aucun service. Il serait aujourd'hui plus que difficile, dans le royaume d'Italie, de réorganiser ce corps ». La division Marchand, partie de Kœnigsberg pour Danzig au nombre de 3.000 hommes, ne comptait plus, après trois marches, selon les rapports officiels, que 50 officiers et 347 hommes. « La force de cette division pourrait à peine former un bataillon », écrivait Eugène à l'Empereur.

Labaume, officier d'ordonnance du vice-roi et qui fit la campagne de Russie, rapporte dans ses mémoires, que dans un village, près de Kowno, lors de la retraite, tout le 4e corps de la Grande Armée avait eu place dans une seule chambre; il se réduisait à cette époque à la maison et à l'état-major du prince, presque uniquement. Nous trouvons une preuve de la terrible dissolution qui régnait dans l'esprit des troupes, dans ce fait, que la susdite division Marchand, arrivée à Danzig et rassemblée dans cette place, comptait, au bout de quelques jours dans ses rangs, 2.515 hommes présents sous les armes et 223 dans les hôpitaux, ce qui veut dire que si la nature, les privations et les Cosaques *la privèrent de 250 hommes, la démoralisation lui en avait ôté 2.200*, et cela dans l'espace de trois à quatre jours.

Cette démoralisation ne régnait pas sur les soldats et les jeunes officiers seulement; bien des généraux perdirent la tête. « Votre Majesté croirait-elle, par exemple, que le général Sorbier (1), qui est cependant un brave officier, ne s'est pas cru en sûreté à Cüstrin, s'est retiré jusqu'à Berlin? » mandait le vice-roi à Napoléon le 2 février. « Il n'est pas encore venu me voir malgré trois ordres qu'il a reçus. Je lui fais écrire pour la dernière fois, et si, dans quarante-huit heures, il n'a pas rejoint son poste, je le mettrai à l'ordre de l'armée; j'espère n'être point obligé d'en venir à ces extrémités; mais j'ai bien l'intention, parce que j'en sens la nécessité, de faire quelques exemples sévères pour établir un peu d'ordre ». A sa femme il disait le même jour : « Je suis obligé d'être bien sévère pour parvenir à rétablir un peu la discipline; tu ne saurais croire jusqu'à quel point elle est oubliée ».

Devant de telles dispositions de l'armée, le vice-roi prit un soin particulier à renvoyer en arrière dans d'autres villes et même en France une foule de maréchaux, de généraux, d'officiers d'état-major et d'autres personnes qui, malades, blessés ou simplement fatigués de la guerre, encombraient son quartier général et les places fortes, portant partout la confusion et la démoralisation, empêchant, au lieu de le faciliter, le fonctionnement de la machine militaire, déjà assez détraquée sans cela. Derrière, toutes ces personnes se trouvèrent à la disposition du ministre de la Guerre et entrèrent dans la nouvelle armée de Napoléon. Des hauts fonctionnaires de l'armée,

(1) Du Casse et avec lui Reboul cachent sous un X le nom du général. Actuellement il nous paraît qu'on peut lever cet incognito d'après la minute de la lettre du vice-roi à l'Empereur qui est restée.

le Prince Eugène ne garda auprès de lui que les maréchaux Berthier, comme major-général, Saint-Cyr, comme premier aide et conseiller, Davout et Victor, qui ne demandaient pas mieux que de rester auprès de lui, et auxquels il donna des missions dans les places fortes sur les derrières, après qu'ils eurent ramené les débris de leurs corps d'armée.

Dans les derniers jours du commandement de Murat le désarroi dans l'état-major de l'armée était extrême. La lettre de Davout du 20 janvier au vice-roi en est un frappant témoignage; nous renvoyons le lecteur à l'annexe 12, où il la trouvera *in extenso*.

Nous avons vu qu'en somme, après la réorganisation et l'épuration de ses troupes, le Prince Eugène pouvait disposer d'environ 15.000 hommes armés tant bien que mal, et capables d'entrer en campagne; ce nombre aurait peut-être pu être dépassé, si on n'avait pas perdu les énormes magasins de Kœnigsberg, abandonnés intacts grâce à la fuite précipitée de Murat, et les dépôts plus importants encore d'Elbing et de Bromberg, où les barques, chargées de toutes sortes de vivres et d'armements, restèrent à hiverner dans la glace de la Vistule et tombèrent aux mains des Russes, lorsqu'ils occupèrent ces places.

Maintenant il fallait se faire un plan de campagne. Les lettres de tous les généraux qui n'avaient pas perdu la tête au milieu de cette débâcle en témoignent unanimement. Davout déclare catégoriquement dans sa lettre du 20 janvier (probablement) (annexe 11) : « Il faut adopter un plan, c'est l'indécision du roi de Naples qui nous a mis dans cette position. En continuant son système on ne peut en calculer les suites ».

Deux jours plus tôt il s'exprimait en ces termes (annexe 10) : « Je ne connais pas assez la position de l'armée pour décider du plan à adopter, mais il me semble que, si le duc de Tarente est avec tout son corps à Danzig, si le général Grenier est à Berlin et que s'il reste dans ce pays une assez grande quantité de troupes pour en imposer aux Prussiens, je crois, dis-je, que l'on peut et que l'on doit conserver la rive gauche de la Vistule. Je suis entré avec le major-général dans le détail des dispositions à prendre. Porter de suite à Bromberg un corps de 8.000 à 10.000 hommes d'infanterie, quelque cavalerie, et une trentaine de bouches à feu. Je ne crois pas que les Russes marchent de Marienwerder sur Bromberg, en laissant Graudenz sur leurs derrières, à moins d'une trahison des Prussiens. Tout le pays entre Graudenz et Bromberg serait immanquablement évacué par les Russes, au premier mouvement que l'on ferait en avant, puisque la garnison de Danzig doit occuper une partie de leurs troupes.

« Le corps autrichien devrait recevoir l'ordre de se porter entre Varsovie et Wysogrod, laissant des avant-postes à Sierock et à Pultusk, suivant les mouvements de l'ennemi.

Le corps du général Reynier cantonné à droite de Varsovie, ayant des avant-postes sur la rive droite de la Vistule, dans la direction de Térespol, Lublin, etc.

« Les deux corps seraient en mesure, avec ce qu'il y

aurait de disponible dans le gouvernement, de déboucher sur l'ennemi par Modlin ou Praga, suivant les circonstances. Ainsi, un corps russe qui se porterait sur Plock, serait compromis par les troupes débouchant de Modlin. Il serait bon d'avoir du côté de Plock, pour maintenir la communication entre Thorn et Varsovie, un corps de 3.000 à 4.000 hommes, dont quelque cavalerie de nouvelle levée. »

Il disait encore plus loin : « Ce qui a fait notre mal depuis notre départ de Wilna, ainsi que nous l'avons plusieurs fois remarqué, c'est que l'on n'a jamais eu de plan. Il est donc nécessaire d'en adopter un, et Votre Altesse Impériale peut seule prononcer, par la connaissance qu'elle doit avoir de l'ensemble..... Je vous ai exposé, Monseigneur, toutes mes idées. Les ordres que je recevrai, y fussent-ils contraires, vous pouvez être certain du zèle que je mettrai à les exécuter ».

Nous venons de voir que ce plan n'était pas praticable, le vice-roi ne disposant pas de forces suffisantes pour prendre l'offensive. C'était cependant un noyau de troupes avec lesquelles il avait quelques chances de retarder la marche de l'ennemi. En plus, la ligne de la Vistule était à cette époque à peu près perdue pour lui. Sur cette ligne il possédait Danzig, où était enfermé le corps de Macdonald; à droite il s'appuyait sur Varsovie et Modlin; sur le front il tenait Thorn avec une garnison de 5.000 hommes. Mais Graudenz était évacué par Bülow, et Danzig investi. La « ligne de la Vistule » était ainsi de toutes façons une expression qui n'avait guère de sens, surtout parce que le fleuve était encore couvert d'une glace épaisse. Davout disait à ce propos : « Je sais bien que la Vistule n'est pas un obstacle dans cette saison; cependant elle n'est pas facile à passer pour la cavalerie, et surtout pour l'artillerie, à cause de l'escarpement des rives ».

Toutes ces considérations poussèrent le prince Eugène à rester à Posen et à tâcher de se maintenir sur la ligne de la Wartha, puisque celle de la Vistule était à peu près perdue. Ce fleuve, il est vrai, pouvait en cas de dégel se rouvrir, et présenterait alors une ligne autrement facile à défendre que celle de la Wartha, mais il était difficile de compter là-dessus, vu la rigueur de cet hiver exceptionnel.

Ensuite le prince se proposait de faire venir de Berlin la division Lagrange (10.000 hommes) qui s'y trouvait chez le maréchal Augereau, d'y joindre la division Grenier, qui approchait de Berlin (20.000 hommes) et de les diriger ensemble sur Thorn; lui-même, ses troupes définitivement organisées, marcherait au secours de Schwarzenberg et de Reynier, qui se retiraient lentement sur Varsovie. Si ce plan réussissait, et avec quelque lenteur de la part des Russes, il serait peut-être parvenu à ressaisir la ligne de la Vistule. Pour l'exécuter, il prescrivit aux Bavarois de rester à Gnesen, à une soixantaine de kilomètres en avant de Posen, où ils avaient été envoyés déjà par Murat; Girard prit position à Rogasen, Gérard un peu an avant de Posen et Roguet dans la ville même; la faible brigade de cavalerie de Guédroyz occupa Zirké, couvrant tant bien que mal les communications de l'armée avec Cüstrin et Francfort-sur-l'Oder. Mais, pour pouvoir disposer des troupes de Lagrange et de Grenier, il fallait avoir l'autorisation de l'Empereur. Eugène lui écrivit dans ce sens une lettre qui se croisa avec une lettre de l'Empereur, du 24 janvier, dans laquelle il prévenait les désirs du Prince, coïncidence rare des vues de deux généraux séparés par une énorme distance, et qui concourt à prouver que si ce plan, projeté en même temps par le Prince Eugène et une autorité telle que Napoléon, ne réussit pas, la cause de cet échec n'est pas en lui-même, mais provient de circonstances indépendantes de ses auteurs : ce furent la conduite de Schwarzenberg, les entreprises des troupes russes et, enfin, les dispositions hostiles des Prussiens.

Voici quelques extraits de cette lettre : « Vous pouvez former la division Grenier en deux divisions en lui donnant deux bons généraux de division. Elle est arrivée actuellement à Berlin : ainsi, dans les premiers jours de février, si elle est en bon état, elle pourra nous servir. Si les dépôts de l'armée sont suffisants pour tenir garnison à Glogau, Cüstrin et Stettin, où il y a d'ailleurs deux bataillons de la Garde, vous pourrez réunir toute la division Lagrange, qui est forte et a toute son artillerie, avec les deux divisions du général Grenier, ce qui fera trois divisions ou une trentaine de mille hommes, indépendamment des polonais et de ma Garde. Cela vous mettra à même de garder Posen, ce qui est d'une bien grande importance. Le roi de Prusse doit reformer son contingent et vous fournir de la cavalerie. J'ai mandé au roi de Saxe de réunir toutes les troupes dont il peut disposer, cavalerie, infanterie et artillerie, à Glogau, ce qui appuiera votre droite. Enfin je vous ai mandé de faire venir de Varsovie les bataillons toscans et piémontais pour renforcer la Garde. En formant ainsi des deux divisions du général Grenier et de la division Lagrange un corps que vous mettrez sous les ordres du duc d'Elchingen, vous serez en position de conserver Posen. Vous êtes maître d'y réunir tous les magasins qui vous paraîtront nécessaires, et d'employer des fonds à cet effet. En considérant la situation actuelle des affaires, je ne puis penser que les Russes s'avancent sur Posen, si ce n'est qu'avec quelques bataillons d'infanterie légère, quelques milliers de Cosaques et quelques pièces de canon. Il est impossible que devant masquer Danzig, Thorn et Graudenz, ayant sur le flanc gauche le prince Schwarzenberg et le général Reynier, et plus loin l'armée que l'Empereur d'Autriche rassemble en Galicie; au milieu de l'hiver, fatigués comme ils le sont et sachant les troupes qui nous arrivent, ils tentent une opération sérieuse; mais il faut enfin leur résister, et ne pas s'en aller par une terreur panique. Vous devez avoir avec l'artillerie du 11e corps 100 pièces de canon dans les mains.

« Le contingent prussien se rassemble sur votre gauche, entre vous et Stettin; les Saxons se réunissent à Glogau sur votre droite; vous êtes donc à Posen dans une bonne position si vous pouvez y rassembler un peu de cavalerie. 2.000 chevaux étaient déjà réunis à Varsovie; je vous ai mandé de les faire revenir. Il vous sera donc facile de rassembler 3 à 4.000 hommes de cavalerie légère, indépendamment des Prussiens et des Saxons. L'avantage de tenir Posen est sensible; par là l'ennemi ne peut approcher de l'Oder, et vous conservez à la fois Berlin et Dresde. Lorsque vous recevrez cette lettre, la 1re division du corps d'observation du Rhin sera déjà à Francfort. En résumé : vous mettrez deux bons généraux de division à la division Grenier. Vous changerez le général de division Lagrange, qui est un brave homme, mais qui a un bras de moins et peu d'habitude de manier l'infanterie. Vous réunirez ces trois divisions avec 3.000 à 4.000 hommes de cavalerie légère sur Posen. Ecrivez en Saxe pour que toutes les troupes disponibles viennent couvrir le royaume, en manœuvrant sur Glogau. Je crois que le roi de Saxe peut aisément rassembler 1.800 hommes de cavalerie et 4 à 5.000 hommes d'infanterie. Ecrivez en Prusse. pour que le contingent prussien se rassemble et qu'on vous envoye un millier de chevaux à Posen. Ce contingent appuiera votre gauche. Vous pourrez appeler les divisions Grenier et Lagrange, réunies sous les ordres du duc d'Elchingen, « corps d'avant-garde », ou bien leur conserver l'ancien nom de 11e corps. Tout ceci doit pouvoir se faire d'ici au 15 février. Ecrivez au prince Schwarzenberg et au général Reynier pour qu'ils gardent Varsovie aussi longtemps que possible. S'ils étaient obligés à évacuer, le prince Schwarzenberg et le général Reynier, ainsi que le prince Poniatowski, devraient marcher sur Kalisch. »

C'est ainsi que raisonnait Napoléon, qui voyait encore tout en rose: dans ses plans, il dispose et des Prussiens, qui étaient sur le point de suivre secrètement l'exemple d'York; et des Autrichiens de Schwarzenberg, qui remettait sa défection jusqu'au moment où on verrait de quel côté pencherait la balance du succès; et des Polonais de Poniatowski, personnellement tout dévoué à l'Empereur, en qui il voyait le sauveur de sa patrie, mais qui n'était pas en état de lever, dans le pays dévasté par une longue guerre, le nombre de recrues nécessaire.

Mais le Prince Eugène, sur le théâtre des opérations, voyait bien que l'Empereur se faisait des illusions, en comptant sur ses alliés d'hier; il n'a pas, à la vérité, de preuves de la duplicité des intentions de Schwarzenberg, mais il la sent dans ses lettres, dans ses agissements, et cela le tourmente. Les Prussiens aussi ne sont pas sûrs : officiellement, c'est pour l'Empereur qu'ils réunissent leurs troupes, amènent des chevaux, rassemblent des vivres et des munitions dans les magasins et les dépôts, mais dans l'air flotte un esprit de défection et de révolte; les soldats se réunissent dans les dépôts, mais quand le vice-roi les réclame, on lui répond qu'ils ne sont pas encore prêts à marcher; partout en Allemagne naissent des sociétés secrètes patriotiques; le pays s'agite sourdement, et cette fermentation, insensible pour Napoléon à Paris, est ressentie clairement par Eugène à Posen; elle agit nécessairement sur ses décisions et l'oblige à être circonspect; mais à Napoléon, cette circonspection paraît faiblesse.

Passons aux documents, dont les témoignages sont clairs et irrécusables. Nous avons devant nous une grosse liasse des lettres originales du prince Schwarzenberg, du général Reynier et du prince Poniatowski; nous y trouvons une foule de petits traits, qui nous peignent exactement les pensées de ces trois chefs, les relations qu'ils entretiennent les uns avec les autres et cet état d'indécision qui régnait dans les rangs de leurs troupes et contre lequel, précisément, le prince Eugène eut tant de peine à lutter, en même temps qu'il était forcé d'en tenir compte dans ses raisonnements. Renvoyant nos lecteurs aux annexes, où ils trouveront ces lettres en entier et y rencontreront une foule de détails, fort intéressants et caractéristiques, nous nous bornerons ici à en citer les passages les plus marquants.

Une lettre de Reynier à Murat du 16 janvier nous donne un aperçu des positions des troupes austro-françaises au moment où elles passèrent sous les ordres du prince Eugène. « Les avant-gardes autrichiennes, écrit-il, occupent toujours Ostrolenka, Ostrow et Brok; les miennes Pniewnik, entre Liw et Drobre, et Kaluszyn; j'ai un poste à Siédlec, d'où la cavalerie ennemie reste retirée. Les troupes du corps de Sacken, qui s'étaient avancées à Wengrow et Liw, se sont en partie retirées; mais j'ignore si c'est par crainte que je ne les fasse attaquer dans leurs cantonnements et s'éloigner (1)..., ou si le général Sacken se porte ailleurs avec tout son corps et continue son mouvement vers le nord. Le général Muskin-Puskin (2), qui était à Wladimir avec un petit corps et avait menacé Za-

(1) Interruption dans l'original.
(2) Moussine-Pouchkine.

mosz, est arrivé à Brzecz après la division du général Essen.

« Le corps du général Doktorow est arrivé à Szsuzyn et Radzilow le 13 de ce mois; il avait passé par Grodno et il a dû être suivi par le corps du général Milladowice (1), mais j'ignore si ce dernier a pris le chemin de Szcuczyn et de Bialistok.

« Je joins la copie d'une proclamation de l'empereur Alexandre et d'un ordre du jour du général Kutusow.

« Le prince Schwarzenberg est persuadé que nous serons attaqués dans peu de temps, à moins que les ennemis ne portent toutes leurs forces sur la basse Vistule, qu'ils ne veulent profiter des glaces pour s'emparer de Danzig, et nous forcer à nous retirer d'ici, en allant à Thorn et y passant la Vistule sur nos derrières.

« Il est important dans tous les cas que V. M. donne des ordres pour la composition de la garnison de Modlin et des instructions pour le cas où les ennemis, venant à passer la Vistule à Thorn, intercepteraient ma communication même avec Glogau et où je devrais aller avec les Autrichiens sur la Galicie et la haute Silésie.... »

Nous n'avons pu découvrir aucun document original contenant le plan auquel se tenait, ou plutôt aurait voulu se tenir le Prince Eugène. Mais nous pouvons avec assez de raison supposer qu'il se proposait de suivre, dans ses grandes lignes, le plan tracé par Davout dans sa lettre du 18 janvier, c'est-à-dire de concentrer Reynier et

(1) Miloradovitche.

Schwarzenberg sur Varsovie de manière à leur permettre, soit d'opérer une diversion contre le flanc gauche des Russes, s'ils avançaient sur Plock, soit de rejoindre librement le vice-roi à Posen, si les Russes marchaient sur Varsovie et les obligeaient à se retirer. Le 5e corps de Poniatowski devait être, entre temps, réformé et remis en état de faire campagne, pour soutenir Schwarzenberg et Reynier. Mais en fait la mise en état de ce corps n'aboutit pas à la suite de toutes sortes de difficultés, qui retardèrent énormément sa formation. A ce sujet Poniatowski mandait au vice-roi le 21 janvier (annexe 15), de Varsovie : « Depuis mon retour à Varsovie, où j'ai trouvé la conscription décrétée, mais non encore levée, je n'ai cessé de m'occuper de la réorganisation des troupes polonaises, mais dans l'état où elles se trouvent actuellement, il est de toute impossibilité de les employer à la défense du païs, puisque ce ne sont réellement que des recrues, qui ne savent pas même encore faire le moindre usage du fusil qu'on vient de leur mettre entre les mains et qui ne peuvent promettre d'être utiles, d'ici à quelque temps, qu'autant que, couvertes par des forces actives, elles pourront s'organiser et s'instruire au moins en partie.

« On pourrait passer sur ces considérations en réunissant les troupes polonaises autour de Varsovie, puisque le projet de Votre Altesse Impériale ne serait que d'en imposer à l'ennemi par l'apparence d'un corps; mais il est d'autres considérations qui s'opposent à cette mesure. En voyant au juste l'effectif des corps à leur arrivée dans le païs, je les trouvai réduist à 60 ou 80 hommes au plus.

Leur assigner dans cet état de faiblesse, dans des contrées éloignées, des recrues qu'ils n'étaient nullement en état d'escorter, ç'eût été s'exposer inévitablement à en perdre la plus grande partie; il a donc fallu prévenir cet inconvénient, en portant, d'après le tableau que j'ai fait parvenir, il y a peu de temps à Son Altesse Sérénissime le Major Général, les régiments sur les points mêmes où ils devaient se recruter, et où ils se trouvaient en même temps à portée des autres ressources nécessaires à leur réorganisation.

« Mais ce qui achève de rendre impraticable dans ce moment la réunion des troupes polonaises autour de Varsovie, c'est l'impossibilité de pourvoir à leur subsistance concurremment avec celle des troupes alliées, qu'on est obligé de tirer en entier des contrées voisines de Varsovie sur la rive gauche, le manque de moyens de transport empêchant de le faire arriver de plus loin ».

Le 23 janvier, il écrivait encore : « Malheureusement je crains chaque jour davantage que tous les soins que je ne cesse de me donner pour mettre sur pied les troupes polonaises ne soient rendus vains avant d'avoir eu leur effet et ce que je parviens à connaître des projets du prince Schwarzenberg est loin de me rassurer à cet égard. » Enfin, lorsque Schwarzenberg eut définitivement décidé d'évacuer Varsovie, Poniatowski écrivait dans sa lettre du 2 février (annexe 23) entre autre ce qui suit : « Le mouvement rétrograde du prince Schwarzenberg, paraissant malgré les intentions de S. M. l'Empereur, qui lui ont été annoncées par Votre Altesse Impériale, n'être éloignée que de très peu de jours, j'ai jugé convenable, pour préparer celui qu'elle prescrit au 5e corps, d'ordonner aux différents régiments de prendre les emplacements dont j'ai l'honneur de lui soumettre ci-joint le tableau. Je dois cependant prévenir Votre Altesse Impériale que le 5e corps, ainsi que le reste des troupes polonaises, n'offrant dans ce moment que des régiments en formation, disséminés sur toute la surface du duché, d'après l'exigence des circonstances et de leur réorganisation, il est important de ne point s'en promettre dans cet état des mouvements d'ensemble ou des opérations qui ne peuvent être effectuées que par un corps organisé....

« Je suis effrayé quand je pense à toutes celles (suites fâcheuses) que cet état de choses va entraîner pour les troupes polonaises composées jusqu'ici presqu'en entier de conscrits non habillés n'aiant encore aucune habitude des fatigues de la guerre, privées de tout moien de complètement par l'occupation successive de tout le duché, elles vont nécessairement se fondre sans avoir été d'aucune utilité. Supposé même qu'au bout de peu de semaines, elles puissent rentrer dans le paÿs, leur retraite actuelle n'en aura pas moins entraîné la perte de toutes les ressources en matériaux d'équipement et d'habillements, réunis jusqu'ici, dont le manque de fonds a arrêté la confection et qu'il devient impossible d'emporter, faute de moiens de transports, entièrement enlevés par les marches des troupes alliées. »

Tout ceci prouve que les troupes polonaises ne pouvaient vraiment être d'aucune utilité sérieuse et que leur chef n'était pas en mesure de jouer aucun rôle dans les événements qui eurent pour théâtre le grand-duché de Varsovie; mais ses prédictions s'accomplirent plus tard et les troupes polonaises ne furent pas en état de participer à la campagne du printemps.

Mais si Poniatowski n'augurait rien de bon pour l'avenir, le général Reynier regardait les choses autrement. Il comprend parfaitement que Schwarzenberg veut éviter tout combat, qu'il ruse tout simplement, pour gagner du temps; cette conviction le pousse à ne croire aux renseignements que lui fournit Schwarzenberg sur le nombre des troupes russes, qu'avec beaucoup de prudence et le plus souvent à en diminuer les chiffres.

La preuve de notre première assertion se trouve dans une lettre de Reynier à Murat du 16 janvier (annexe 6), où il dit : « Les Russes agissent avec beaucoup de procédés politiques envers le corps autrichien du prince de Schwarzenberg, sa position à Pultusk et à Ostrolenka les gêne beaucoup, mais ils ne les attaqueront pas probablement, et le forceront à se retirer par des mouvements sur leurs flancs, soit en les attaquant de nouveau comme ils l'ont fait à Wengrow et Liw, soit en marchant sur leur gauche » et le 24 : « ...Si le dégel venait promptement et rompait la Vistule, nous aurions des moyens de manœuvrer et d'arrêter les ennemis, mais le froid est toujours très vif et je crains de ne pouvoir engager les Autrichiens à une opération vigoureuse contre le premier corps ennemi, qui s'approchera de nous. »

Et quant au fait qu'il tenait les renseignements sur les

Russes surfaits, en voici un exemple tiré de cette même lettre : « ...Les renseignements que cet officier (envoyé par Schwarzenberg) me donne sur les ennemis ne sont pas encore très précis; il dit que le général Wintzingrode a un corps de 15.000 hommes, particulièrement cavalerie avec quelques régiments d'infanterie, mais cela est exagéré et je l'estime à 6.000. Ce général qui a quitté le service d'Autriche avant la guerre a le moins d'égards pour les Autrichiens et ne parlemente pas comme les autres; il a cependant prévenu le général Frœlich qu'il va aujourd'hui à Chorzelew et qu'il prendra à dos les troupes si elles restent à Ostrolenka. L'avant-garde du corps de Milradowitch, qui est commandée par le général Wasilikow (1), s'est arrêtée à Lomza pour parlementer, mais ce général a dit qu'il avait l'ordre de poursuivre la marche par Ostrolenka, Rosau et Pultusk. Sa cavalerie, qui s'est avancée jusqu'aux postes autrichiens, reste au bivouac, parce qu'elle est trop nombreuse pour cantonner.

« Le corps de Millaradovitch qui est près de Lomza, est de trois divisions d'infanterie et deux de cavalerie; l'officier l'estime à 40.000 hommes, mais je le réduis à 25.000. Le corps de Doctorow marche à ce qu'il paraît à droite de Wintzingrode en intermédiaire avec Cziczakow (2), on n'a pas de renseignements exacts sur sa force non plus que sur les autres corps de l'armée de Kutusow qui viennent en arrière par Grodno. »

Mais un peu plus tard il était obligé de convenir, le

(1) Wassiltchikow.
(2) Tchitchagow.

6 février, que « quelques rapports envoyés par le prince Schwarzenberg ont pu être inexacts ou exagérés, mais il est certain que le général Saken, qui devait passer hier la Vistule entre Varsovie et Modlin pour se joindre au corps de Millaradowich, à Luszkow, a au moins 20.000 hommes; que Millaradowitch, qui a passé la Vistule à Zakroczyn et Czerwinsk, en a environ 20.000; que Doctoroff, qui était hier à Vysogorod, en a 15.000; que le corps de Tormanzow et les gardes, faisant environ 25.000 hommes, sont arrivés à Plock avec l'Empereur Alexandre et le général Kutosow. « On dit qu'ils devaient passer hier la Vistule à Plock... »

Mais que pouvaient Poniatowski avec son armée presque fictive et Reynier avec son corps fort éprouvé, dont il restait à peine 13.000 hommes, quand Schwarzenberg en avait encore près de 30.000 bien organisés et suffisamment pourvus de vêtements et de subsistance? C'était lui qui devait, nécessairement, jouer le premier rôle, les deux autres pouvaient tout au plus essayer d'agir sur lui par la persuasion, mais ils étaient de fait hors d'état d'entreprendre quoi qu'il fût sans son consentement ou concours. Cette situation provoque chez chacun d'eux des manifestations différentes, selon le caractère de chacun : Reynier est un soldat qui juge froidement tout ce qui se passe autour de lui, et ne pense dans tout cela qu'aux meilleurs moyens de résister à l'ennemi supérieur en forces; ses lettres se bornent aux questions militaires, sans toucher à des considérations politiques.

Poniatowski regarde les affaires autrement; zélé patriote, dévoué à Napoléon qu'il regarde comme son souverain légitime, aimant passionnément son pays, tout ce qui fait du tort à sa patrie émeut vivement son cœur; il gémit sur les troupes polonaises, comprenant la vanité du rêve de leur réorganisation; il déplore ses provinces perdues et livrées aux Russes, et il voit l'auteur de tous ces maux dans la personne de Schwarzenberg; et comme soldat, il voit en lui encore un traître.

Ces sentiments trouvent un écho dans ses lettres, ainsi, il écrit dans sa première lettre au vice-roi (annexe 15) : « En terminant cette lettre, je crois de mon devoir de témoigner à Votre Altesse Impériale, que si rien ne peut altérer le dévouement des habitants du Duché envers la cause, pour laquelle ils ont prouvé dans ces circonstances difficiles qu'aucun sacrifice ne leur paraît trop grand, les derniers événements arrivés sur la basse Vistule, et surtout l'abandon de Plock, y ont porté un découragement, dont j'ai tâché en vain jusqu'ici d'arrêter les progrès. » Et le 23 il parle « de la nécessité de rompre les postes avancés des Russes pour avoir des renseignements plus précis, de conserver leurs positions sur la rive droite de la Vistule, et ajoute : « Par plus d'une raison j'ai lieu de croire qu'il faudra agir puissamment pour ramener le Prince de Schwarzenberg aux mêmes idées et l'engager à opérer en conséquence ». Le 28 janvier il s'exprime encore plus clairement : « Monseigneur, écrit-il, M. le général Giflinga (1) me remet dans ce moment même la lettre que

(1) Aide de camp du Prince Eugène.

Votre Altesse Impériale m'a fait l'honneur de m'adresser le 26 de ce mois pour me faire part de celle qu'Elle écrit au Prince de Schwarzenberg. Les raisonnements que contient cette lettre devraient immanquablement faire leur effet si la détermination de ce commandant était de bonne foi fondée sur la supériorité des forces qui lui sont opposées. Mais n'ayant d'autre but que le bien de la cause que je me fais gloire de servir, je dirai franchement à Votre Altesse impériale que d'après les dispositions que je remarque à moins de circonstances extraordinaires, je crois que difficilement le Prince de Schwarzenberg se résoudra à adopter une autre manière d'opérer que celle qu'il paraît avoir arrêtée d'avance. Soit qu'elle tienne à un plan ou à des instructions que j'ignore et sur lesquelles il ne m'appartient pas de juger, il n'en est pas moins vrai qu'elle est on ne saurait plus favorable sous tous les rapports et qu'elle détruit d'avance sans coup férir l'armée polonaise, au moins pour les premiers mois de la campagne prochaine ».

Schwarzenberg de son côté ne paraissait pas trop goûter les Polonais, comme le témoigne ce passage d'une lettre qu'il écrit au vice-roi le 26 janvier (probablement la lettre n'est pas datée) (annexe 18) : « Je pardonne aux Polonais les plans extravagants qu'ils forgent sans cesse et dont ils me destinent l'honneur de l'exécution; ils sont une suite naturelle d'un sentiment de patriotisme que je sais apprécier. Il est tout simple qu'ils doivent désirer me voir risquer le dernier homme du corps auxiliaire d'Autriche, n'y eût-il qu'une faible lueur d'espoir de ne gagner même par là que quelques jours encore. Mais je ne saurais jamais leur pardonner le jugement téméraire qu'ils se permettent sur ma personne, si je ne connaissais que trop la versatilité de leur caractère qui les porte à juger les autres d'après eux-mêmes ».

Exposant ensuite les raisons pourquoi il ne peut risquer des opérations plus actives, décrivant les privations que subissent ses soldats, les maladies qui en emplissent les hôpitaux, il dit : « Toutes ces considérations importantes m'obligent à éviter dans ma position actuelle tout engagement sérieux, puisque je perdrais infailliblement un corps précieux pour les alliés sans pouvoir espérer d'en obtenir jamais un grand résultat. Je le répète encore une fois, Monseigneur, les Polonais ne peuvent pas calculer ainsi. »

Répondant au vice-roi, il trace le plan de la conduite qu'il croit devoir suivre, et qui se réduit, en somme, à « ménager les forces disponibles avec une économie même scrupuleuse ». « Il ne faut assurément pas céder du terrain sans y être forcé par les mouvements de l'ennemi, mais je suis persuadé que ce serait faire la plus grande faute que de vouloir s'opposer à ces mouvements par des combats partiels », il faut « éviter les combats en rase campagne, puisqu'il n'en résulterait que des pertes considérables et difficiles à réparer ». Le Prince Eugène ne pouvait donc absolument pas compter sur le corps autrichien pour aucune action, tant soit peu énergique.

Si maintenant nous nous reportons aux événements et aux mouvements qui eurent lieu réellement dans le grand-duché de Varsovie, nous verrons par ces mêmes lettres que Schwarzenberg, Reynier et Poniatowski étaient parfaitement bien renseignés sur tous les mouvements des troupes russes et la force de leurs différents corps, quoique cette dernière fût parfois, comme cela arrive souvent dans ces circonstances, considérablement exagérée. Ces renseignements s'obtenaient par les autorités locales et les habitants, par les rapports de prisonniers militaires échappés aux Russes, par les parlementaires, par les espions et enfin, quoique en bien moindre quantité, directement par des reconnaissances. Collationnant ces renseignements, nous obtenons le tableau suivant :

Poniatowski approchait le plus près de la vérité quand il estimait sur la foi du témoignage de deux officiers polonais, échappés aux Russes, la force totale de leurs armées à 60.000 ou 70.000 hommes. Reynier diminuait un peu trop ces forces lorsqu'il estimait, comme nous l'avons vu plus haut, contrairement aux renseignements de Schwarzenberg, le corps de Winzingerode à 6.000, au lieu de 15.000, ce qui approchait de la vérité (Bogdanovitch dit 16.000, Plotho, 9.600); il devinait plus juste lorsqu'il estimait Sacken à 18.000 (19.000 selon Bogdanovitch), mais il se trompait dans un autre sens en réduisant à 25.000 hommes le corps directement subordonné à Miloradovitch, au lieu des 40.000 annoncés, car ces troupes n'atteignaient en réalité, selon Bogdanovitch, que 11.800 hommes. Il est vrai que, si l'on ajoute à ce nombre les corps de Radt (4.800 hommes), de Dokhturow (6.000 à 7.000 hommes) et de Sacken (19.000 hommes), l'ensemble des troupes subordonnées à Miloradovitch pouvaient atteindre 40.000 à 45.000 hommes; mais nous avons vu que les corps de Dokhturow et de Sacken n'entraient pas dans l'évaluation de Reynier, qui, diminuant le chiffre, dépassait encore considérablement le total réel de ses troupes.

Si étrange que cela puisse paraître, Schwarzenberg personnellement ne rapporte pas dans ses lettres au Prince Eugène sur la force des Russes; peut-être trouvait-il suffisant de communiquer ces renseignements à Poniatowski et Reynier, comptant qu'ils les feraient parvenir au vice-roi; peut-être les lettres qui les contenaient ne nous sont-elles pas parvenues; quoi qu'il en soit, nous savons par les lettres de Reynier que, d'après les renseignements de l'état-major de Schwarzenberg, « la grande armée russe commandée immédiatement par le Prince Kutusoff est composée des trois corps du général Tormansoff, Doctoroff et Milloradowitch, et de plusieurs corps volans. Le premier corps est le plus nombreux, les gardes en font partie et l'Empereur Alexandre et le Prince Kutusoff sont toujours avec lui; il est arrivé le 21 à Lyck en Prusse, la ville a célébré l'arrivée du monarque russe par une illumination générale; le 22 il y a séjourné et ensuite continué sa marche sur Willenberg ou le quartier général doit décidément arriver le 27. Le corps de Milloradowitch, duquel les 7e et 8e divisions d'infanterie (1), sous les ordres des généraux Korff, Pahlen et Wasilzikoff font

(1) Erreur. C'étaient des divisions de cavalerie.

partie, était le 22 à Lomza et Plock et les deux dernières divisions formaient son avant-garde vis-à-vis de la gauche du corps auxiliaire autrichien. Le corps de Doctoroff se trouve entre celui de Milloradowitch et celui de Tormansoff. Le corps volant du lieutenant général Wintzingerode, qui marche sur Prasnitz et le corps du général Sacken qui a porté son quartier général le 23 de Ciechanowitz à Sterdin, sont immédiatement sous les ordres du Prince Kutusoff (1); ce dernier corps n'a point fait, comme on l'a supposé, le mouvement par sa droite, il avait simplement étendu ses cantonnements pour subsister avec plus de facilité. Il paraît ainsi que le corps de Milloradowitch est destiné à se porter vers Varsovie.

« Le général Wittgenstein n'a point quitté son corps, comme on l'avait dit; c'est lui qui soutient le blocus de Dantzig formé par ses troupes légères.

« L'amiral Tchitchagoff occupe Marienburg, Sheve (?) et Marienwerder et le Hetman Platow pousse déjà ses parties jusqu'à Konitz.

« Les corps de Tormansoff paraissent se diriger vers Thorn, mais ce ne sera qu'au delà de Willenberg que leur mouvement pourra être jugé décidément, pouvant se porter de là aussi bien à Plock et Varsovie, comme le seul point de la Vistule défendue encore par une armée.

« Les Russes font monter toutes ces forces à 80.000 hommes, ce qui est peut-être exagéré, mais ce qui ne l'est point, c'est que Sacken depuis les renforts qu'il a

(1) Erreur. Sacken était subordonné à Miloradovich.

tirés de la Wolhynie est fort de 25.000 hommes et Milloradowitch avec les corps qui en dépendent de 35.000 à 60.000 hommes.

Il n'y a qu'une voix parmi eux sur le projet de porter l'offensive jusqu'aux bords de l'Oder, que leur droite et leur centre se flattent d'atteindre sans résistance. »

Ces données avaient été recueillies par le colonel comte Latour, que Schwarzenberg avait envoyé auprès de Wassiltchikoff pour demander la permission pour lui de visiter les avant-postes autrichiens, en passant devant leur front, et de revenir à Brog, où il était censé devoir retrouver Schwarzenberg pendant sa tournée des avant-postes. Ce dernier écrivait *qu'à son grand étonnement,* Latour l'informait de Lomza du consentement de Wassiltchikoff, et que cela l'arrangeait fort, parce qu'il aurait enfin des renseignements positifs. Nous pensons que Schwarzenberg n'avait guère de raisons pour *s'étonner,* il est au contraire fort probable que ce fut par l'entremise de ce colonel comte Latour, que le commandant autrichien conclut avec Miloradovitch une convention secrète.

Nous avons vu que Schwarzenberg n'a donné qu'un seul chiffre, et c'est 180.000. Il est vrai qu'il ajoute aussitôt qu'il peut être exagéré, mais en attendant, ce chiffre se dressait menaçant, et pouvait à l'occasion donner à penser à ceux, qui étaient obligés de le prendre en considération, et Schwarzenberg qui faisait la psychologie du soldat (voyez l'annexe 18), pouvait bien aussi vouloir agir sur celle des chefs, et ce chiffre, formidable dans ces circonstances, était bien fait pour atteindre ce but.

Entre temps, le sous-préfet de Plock, quittant cette ville le 29 janvier en prévision de son occupation par les Russes, mandait à Schwarzenberg, qu'il avait devant lui « l'armée du centre, sous les ordres du général Kutusoff, forte de 40.000 hommes ».

Quelles que fussent ces forces, Schwarzenberg ne pouvait leur opposer, selon Reynier, que 27.000 Autrichiens présents sous les armes et 13.000 hommes du 7e corps, dont il fallait encore détacher 2.000 hommes à Modlin. Cette forteresse manquait en outre de munitions d'artillerie, qui était fort insuffisante, exigeait une forte garnison, qu'on ne pouvait pas y loger, et des travaux considérables pour réparer les ouvrages, ce qui, en somme, la rendait peu apte à une défense vigoureuse.

Dans ses grands traits l'offensive de l'armée russe se présentait ainsi : la colonne droite de Tormassoff, qu'accompagnait l'Empereur Alexandre en personne, se dirigeait de Willenberg, par Horzele et Mlawa, sur Plok, dans le but de tourner la gauche de Schwarzenberg; la colonne du centre de Milloradovitch marchait de Lomza, par Ostrolenka et Pultusk sur Varsovie et Modlin; la colonne gauche de Sacken agissait de concert avec la précédente, s'avançant de Siédlec et Wengrow, sur Stanislawow, Okunew et Varsovie. A ce mouvement concentré des troupes russes, accompagné du débordement de son aile gauche, Schwarzenberg ne pouvait, ou ne voulait pas résister et reculait lentement, évitant avec soin le moindre combat pour conserver, comme il l'expliquait au vice-roi, ses troupes intactes pour la campagne du printemps. En réalité il avait reçu de Vienne des instructions, l'engageant à éluder tout combat avec les Russes, à tâcher de retarder leur marche, bref d'agir avec la plus grande diplomatie et prudence, afin de gagner à l'Autriche le temps nécessaire pour décider à quel parti il lui serait plus avantageux et plus sûr de se joindre. Mais ce n'est pas tout; Schwarzenberg avait ordre et du Prince Eugène, et de Napoléon lui-même, de se diriger, en cas de retraite, sur Kalich et Glogau, c'est-à-dire sur les renforts attendus, et de rejoindre le vice-roi, qu'il aurait ainsi considérablement renforcé, en sorte que ses forces auraient presque égalé celles des Russes. Schwarzenberg avait pleine et entière liberté de se retirer dans cette direction, dès qu'il s'était convaincu de la supériorité numérique des ennemis; mais il ne le fit pas, obéissant toujours aux instructions de Vienne, et, quittant le 7 février sans combat Varsovie, où il laissait 6.500 malades, il se retira sur Nowémiasto, où il remettait le 9 son commandement au lieutenant général Frimot. Le corps polonais de Poniatowski avait précédemment atteint Petricau et plus tard Czenstochau. Retardant sa retraite suffisamment pour pouvoir écrire au vice-roi, que « le grand mouvement de l'armée russe rendra la marche de mon corps sur ce point (Kalich) très pénible, puisque l'ennemi se trouve sous une ligne plus courte », Schwarzenberg donna cependant la possibilité à Reynier, de marcher sur cette ville en croisant ses colonnes.

Voici comment il expliquait sa décision au Prince Eugène (annexe 28) : « Les corps d'armée de Milloradowitch et de Doctoroff, s'étant avancés hier avec toutes leurs forces sur la Vistule entre Wiszorod et Czerwensk, mes avant-postes ont dû se replier; le corps du centre sous Tormassoff étant arrivé en même temps à Plock, tandis que l'avant-garde sous le général Panczalusof (1) occupait Gostchin (2) et le corps de Winzingerode Brzesc, j'ai résolu de faire un mouvement rétrograde, ne pouvant pas espérer arrêter plus longtemps une marche aussi concentrée d'une armée bien supérieure.... Varsovie sera évacuée aujourd'hui et je tâcherai de conserver la ligne de Lowicz et Nadarczin jusqu'au 8 pour couvrir la marche du 7e corps sur Kalisch; une colonne, qui remontera la Vistule, observera les mouvements de l'ennemi dans mon flanc droit, tandis que je me dirigerai sur deux colonnes vers Pétrikau; je prendrai des cantonnements entre cet endroit que je laisserai derrière mon aile gauche et Radom qui se trouvera en avant de mon aile droite; j'aurai mon quartier général dans trois ou quatre jours à Opoczna.

« Ce n'est que de cette manière que je puis sauver mes hôpitaux, mes grands dépôts d'artillerie, que j'ai dû évacuer de Varsovie, mes nombreux convois de vêtements pour la troupe; tous ces objets précieux se trouvent encombrés dans le cercle de Radom, faute de moyens de transport suffisants. J'espère donc que S. M. l'Empereur Napoléon ne désapprouvera pas ce mouvement, d'autant plus que la marche de flanc vers Kalisch dans la position actuelle serait trop dangereuse. Je pourrais me trouver

(1) Pantchulidzeff.
(2) Gostynine.

poussé vers la Silésie où le passage me serait probablement interdit, je n'oserai jamais me flatter d'atteindre la route militaire de Glogau, l'ennemi par sa position présente ayant déjà gagné plusieurs marches sur moi. D'ailleurs les pertes que je ferais en abandonnant tous mes dépôts mettraient le corps bientôt hors d'état de servir puisque nous manquerions de tout...

« Comme je viens d'acquérir la certitude que tous les corps d'armée ont passé la Vistule et que les corps de Tormassoff, Doctoroff, Miloradowicz, Saken et Wintzingerode montent à plus de 80.000 hommes sans y compter Tschitschagoff: et Wittgenstein, j'ai ordonné aux troupes qui occupent Varsovie de quitter cette ville demain le 7, puisque je ne pourrais, en m'opposant plus longtemps à des forces aussi nombreuses et concentrées, que perdre le corps d'armée que je commande par une résistance mal calculée....

« Quant à la retraite sur Kalisch, je crois y avoir déjà répondu dans le commencement de ma lettre. J'espère au moins que le 7e corps parviendra à atteindre ce point, grâce aux soins que j'ai pris de couvrir sa marche de tous les côtés, où l'ennemi aurait pu l'entamer. »

Et, en annonçant qu'il remet le commandement à Frimont, il dit encore : « D'après les instructions que j'ai laissées au général, il conduira le corps dans les cantonnements entre Petrikau et Radom; il se liera vers la Warta avec le 7e corps, tâchera de se maintenir dans cette position, et mettra un soin particulier à donner un peu de repos à ses troupes, pour pouvoir enfin tirer à lui les convois de vêtements et souliers, et en faire la distribution; les soldats en ont effectivement le plus grand besoin ».

Le rôle du Prince Schwarzenberg sur le théâtre polonais de la guerre était ainsi terminé, et il faut avouer qu'il l'a joué, autant que cela regardait le bien de sa patrie, l'Autriche, avec une habileté magistrale.

Ainsi donc, tandis que Napoléon dispose encore dans ses calculs des troupes prussiennes et autrichiennes, les premières passaient avec York du côté russe; les deuxièmes sans trahir ouvertement l'Empereur, évitaient en secret tout mouvement actif, et Schwarzenberg annonçait lui-même au Prince Eugène qu'il avait reçu l'ordre de ménager ses troupes afin de les conserver pour la campagne du printemps, qui devait rendre aux alliés les provinces perdues. Cet ordre, il l'exécuta ponctuellement et conserva effectivement les troupes, mais pas pour Napoléon. C'était pour intervenir au moment décisif, après les avoir renforcées avec de nouvelles levées et obliger ainsi l'Empereur à se soumettre aux exigences de la politique autrichienne, et, dans le cas où il ne se soumettrait point, jeter dans la balance la masse imposante de 100.000 hommes de troupes fraîches, qui devait immanquablement faire pencher du côté autrichien la chance militaire.

Nous avons dit plus haut que Reynier et Poniatowski, qui avaient l'occasion de parler personnellement à Schwarzenberg, sentaient sa duplicité et en informaient le vice-roi. Celui-ci, d'ailleurs, paraît n'avoir pas douté non plus de cette duplicité de la cour autrichienne; il avertissait lui-même Napoléon, et tâchait par tous les moyens d'amener le commandant autrichien à des actions énergique et décidées. Il annonce à l'Empereur le 18 janvier qu'il s'est efforcé de prouver à Schwarzenberg et à Reynier « combien il était peu probable que l'ennemi entreprît rien de nouveau, vu la saison avancée et l'imprudence qu'il y aurait de sa part à pénétrer au milieu de nos places fortes et de s'ôter par là tout moyen d'être en mesure, au printemps prochain. Je ne leur ai pas laissé ignorer que tous les rapports que je reçois annonçaient que l'armée ennemie était harassée de fatigue »; le 21, il écrit encore que si le corps de Grenier survenait à temps, il le placerait derrière Thorn, et irait avec toutes ses propres forces renforcer Schwarzenberg, qui est encore très inquiet sur sa position.

Napoléon, en même temps, lui explique que, si les Autrichiens, les 5ᵉ et 7ᵉ corps, sont obligés de quitter Varsovie, ils laisseront une bonne garnison à Modlin, où ils déposeront, avec des vivres pour une année, tous les vêtements, armements, etc., du Duché, qu'ils n'auront pas été en état d'amener, et se retireront, par Kalich, sur lui. « Par ce moyen vous aurez un gros noyau d'armée à Posen. Il n'est pas présumable que l'ennemi, laissant Modlin, Thorn, Danzig et Graudenz derrière lui, veuille s'avancer sur vous au milieu de l'hiver, puisque le corps de droite doit avoir 50.000 hommes.

« L'Autriche réunissant un corps d'armée en Gallicie, les Russes seraient obligés de lui opposer un corps d'armée de 50 à 60.000 hommes. Il leur faudra 80.000 hommes pour masquer Danzig, Graudenz, Thorn et Modlin. Il est donc probable que rien ne se présentera sur Posen, si ce n'est quelques corps de cosaques.

« Je pense qu'il est important de garder Posen autant que vous pourrez. Après cela, il est d'une grande importance de garder Berlin. »

Entre temps l'armée russe continuait lentement mais sûrement son mouvement, et le vice-roi manifeste de l'inquiétude « qu'il (l'ennemi) ne persiste dans son mouvement et ne veuille s'emparer du grand-duché, et, faisant marcher sa droite sur Bromberg, se dirige ensuite sur Posen. Je regrette beaucoup d'avoir ici aussi peu de monde disponible. J'ai donné à tout ce que j'ai pu rallier l'apparence d'une organisation en l'appelant: corps d'observation, et en le composant comme je l'ai dit hier à Votre Majesté ».

Le Prince Eugène se rendait bien compte des intentions de Schwarzenberg, comme le prouve ce passage d'une lettre à l'empereur du 25 janvier: « Le prince de Schwarzenberg... paraissait toujours inquiet de sa position. Il parle beaucoup de se retirer... Je lui enverrai demain un aide de camp pour le rassurer lui faire observer que l'ennemi doit naturellement faire un fort détachement sur Danzig. Cela suppose l'emploi de 18 à 20.000 hommes. Un égal nombre en face de nous et de Thorn. Il doit juger lui-même que le reste de l'armée ennemie n'est point en ce moment en état de se mesurer avec lui ». Et le 26: « Reynier... me communique une lettre du prince de Schwarzenberg, dans laquelle ce prince exprime l'intention de repasser bientôt la Vistule... J'espère que mes dernières lettres engageront le prince Schwarzenberg à se conduire différemment avec les Russes et à montrer un peu plus d'énergie ».

Après avoir fait semblant de suivre les instructions du vice-roi en concentrant son corps sur Pultusk, il s'empressait de lui désobéir, si bien que celui-ci écrivait le 1er février à l'Empereur que les Autrichiens paraissaient vouloir se retirer sur Cracovie, malgré qu'il (le vice-roi) « leur enjoignait positivement de se retirer sur Kalisch, s'ils étaient forcés d'abandonner Varsovie ». Les avant-postes « boivent continuellement ensemble malgré les défenses, que je leur ai fait faire... » « Les officiers autrichiens affectent de dire » qu'ils ne peuvent pas tenir à eux seuls contre toute l'armée russe, et que puisqu'il n'existe plus de Grande Armée, ils n'ont rien de mieux à faire que de se retirer », mandait encore le Prince Eugène à l'Empereur, et le 4 février il concluait : « Je n'ai pas encore reçu sa réponse catégorique sur l'ordre que je lui ai donné de se retirer sur Kalisch. Si, comme je le crains, le prince Schwarzenberg ne l'exécute pas, il perd là une belle occasion pour sa gloire ».

Nous avons vu comment Schwarzenberg exécuta cet ordre. Il fit plus, en ramenant son corps sur Radom, augmentant encore davantage l'intervalle qui le séparait de Posen et ôtant au vice-roi tout espoir de pouvoir jamais attirer à lui les troupes autrichiennes pour des opérations en commun.

Reynier cependant, se retirait paisiblement sur Kalisch

en plusieurs échelons et arrivait devant cette ville le 13 février, lorsqu'il fut atteint à l'improviste par le détachement de Winzingerode, envoyé pour lui couper le chemin, et dont il ignorait le mouvement; attaqué vigoureusement par la cavalerie du général Lanskoï, il fut défait, et perdit environ 2.000 hommes qui furent coupés et obligés de se rabattre à l'est et de rejoindre Poniatovski à Czenstochau; une autre partie parvint à entrer dans la ville même, en perdant deux drapeaux et six canons, mais elle repoussa ensuite victorieusement toutes les attaques de la division du prince Eugène de Wurtemberg, et, faiblement poursuivie, put atteindre Glogau, où elle arriva le 18 février. N'ayant pas trouvé dans cette place les renforts saxons attendus et annoncés par Napoléon, Reynier, sur l'ordre du vice-roi, continua sa retraite sur Bauzen, sans être nullement inquiété.

Etant ainsi parvenu à empêcher la réunion sans obstacle de Reynier avec le prince Eugène, Winzingerode réussit en plus à séparer aussi de Reynier Poniatowski qui, complètement découragé, se joignit de Czenstochau aux troupes de Schwarzenberg à Cracovie, à la faveur d'un armistice, que celui-ci venait de conclure.

Suivant lentement Reynier, Winzingerode atteignit avc son corps la frontière silésienne à Ravitch, où il s'arrêta; la colonne principale de Tormassoff se cantonna aux alentours de Kalich, laissant sur ses derrières de petits détachements pour faire le blocus de Modlin et de Zamosc, et observer le corps de Schwarzenberg, entre temps neutralisé.

Le prince Eugène prévoyait bien qu'il ne pourrait pas tenir longtemps encore à Posen, et prenait d'avance les mesures nécessaires pour effectuer sans encombre son mouvement de recul de la Warta sur l'Oder. A l'Empereur il écrit le 6: « Je n'ai point encore voulu donner l'ordre d'arrêter les troupes venant de Berlin, mais je le ferai aussitôt que je saurai positivement que toutes les forces russes ont passé la Vistule, car, s'il est vrai qu'ils font passer ce fleuve à toute leur armée, c'est pour nous obliger à nous replier sur l'Oder, pouvoir travailler les esprits du Grand-Duché; qui sait même s'il n'entre pas dans leur politique de tâcher de communiquer avec la Silésie. Votre Majesté a grandement raison de ne pas croire que l'ennemi fasse la faute militaire de s'avancer jusqu'à l'Oder, laissant une ligne de places fortes derrière eux et un corps considérable sur sa gauche, pouvant déboucher par la Galicie; mais il y a à parier que les raisons militaires auront cédé à leur politique, et que probablement ils ne craignent rien de la Galicie et espèrent peut-être un secours de la Silésie. » L'avenir devait justifier cette supposition prophétique du vice-roi, d'une manière éclatante, mais le même jour presque, le 8 février, Napoléon écrivait à son fils adoptif: « S'il arrivait que le prince Schwarzenberg évacuât Varsovie et se dirigeât sur Kalisch, il serait nécessaire de renforcer le corps du général Reynier de tout ce que la Saxe pourrait offrir en infanterie, cavalerie et artillerie, de manière à pouvoir porter son corps de 15.000 hommes à 25.000 hommes; ce qui, joint au 5e corps qui, je suppose, serait de 15.000 hommes, et au corps du prince Schwarzenberg, ferait 60.000 à 70.000 hommes. A côté de cette armée, vous auriez 40.000 hommes de l'avant-garde; et enfin les Prussiens et les Bavarois. Vous devez mettre les Prussiens sous les ordres du maréchal Saint-Cyr, qui les réunira aux Bavarois. Tout cela ensemble pourra vous faire une armée de 100.000 hommes ».

C'est ainsi que Napoléon jonglait avec les chiffres, dont chacun représentait une vie d'homme, mais ces combinaisons n'aidaient en aucune façon le prince Eugène, qui avait à compter avec la réalité, et non avec les fictions que se représentait l'Empereur: Schwarzenberg avait filé sur Cracovie, Poniatowski était avec lui, Reynier ne trouva aucuns renforts à Glogau, et les Prussiens ne donnaient rien. En même temps les Russes dirigèrent de Bromberg sur Posen le détachement du comte Woronzow, qui prit contact le 9 février avec les avant-postes du vice-roi devant Posen, attaqua et délogea le 10 de Rogasen un régiment d'infanterie polonaise et le 11 surprit à Zirké, par le corps volant de Tchernicheff, la brigade de cavalerie polonaise du prince Gédroyz qu'il détruisit complètement. Puis, par Pinne, sur la route même de Posen à Francfort-sur-l'Oder, il se dirigea sur Drissen. Tous ces faits, qui menaçaient sa ligne de retraite, poussèrent le vice-roi à quitter Posen et à se reporter sur une ligne de défense nouvelle et plus facile à tenir, celle de l'Oder. Attirant à lui la division bavaroise qui était à Gnesen, et qui alla ensuite à Krossen sur l'Oder, il quitta Posen le 12 février et arriva le 18 à Francfort-sur-l'Oder.

Charras critique vivement dans son ouvrage cette re traite du vice-roi de Posen sur l'Oder, la trouvant prématurée et pas motivée par les circonstances. Maintenant, certes, que nous savons que le corps de Tchernicheff ne comptait que quelques centaines de chevaux; que Woronzow n'avait que 2 à 3.000 hommes, et que ces deux détachements n'étaient suivis par aucun corps considérable, il nous paraît tout simple de conclure que le prince Eugène n'avait aucune raison de s'inquiéter de la présence de ces détachements dont il aurait en tout temps eu bon marché avec les troupes dont il disposait; il les aurait facilement repoussés; s'il était resté à Posen et avait attendu l'arrivée du corps de Grenier, il aurait reculé sur l'Oder bien plus tard, et aurait peut-être réussi à se maintenir sur cette ligne, jusqu'à l'arrivée de Napoléon lui même; peut-être même aurait-il prévenu l'alliance de la Prusse avec la Russie.

Tout cela, nous le répétons, peut paraître vraisemblable, mais si nous nous mettons à la place du vice-roi, si nous nous imaginons son état d'esprit, provoqué par les lettres et les opérations de ses subordonnés, que nous avons citées; si nous prenons en considération qu'il n'avait presque point de cavalerie, et, qu'en ayant perdu la plus grande partie à Zirké, il était hors d'état de déterminer la force de Tchernicheff, et de s'assurer si c'était un corps volant, ou l'avant-garde de forces plus sérieuses; qu'il n'avait pas les moyens de reconnaître les troupes ennemies, qui se trouvaient devant lui; que les opérations de corps ennemis, même faibles, sur les lignes de retraite agissent violemment sur l'esprit des troupes et rendent fort difficiles les communications, rendant même problématique l'arrivée des ordres à destination; que la sensation d'être « inondé par les cosaques », comme s'exprimait le vice-roi dans ses lettres à Napoléon, devait nécessairement avoir alors sur les nerfs de ce chef une action bien plus forte qu'un demi-siècle plus tard sur ceux de l'historien; qu'il ne pouvait prévoir l'arrêt futur des Russes, ou au moins de leurs forces principales, et avait, au contraire, tout lieu de croire qu'ils allaient l'atteindre à Posen, où il ne disposait pas de forces suffisantes pour résister avec quelque chance de succès; que la population tout alentour, enfin, était en plein état d'ébullition, et pouvait à chaque instant se soulever et entourer de toutes parts les corps français, et, si elle ne les détruisait pas entièrement, les retenir jusqu'à l'arrivée de l'armée russe, qui en aurait alors bon marché; si, disons-nous, on prend en considération tous ces faits auxquels devait réfléchir le Prince Eugène et si l'on se rappelle que ses troupes étaient à ce moment à peu près les seules forces organisées de Napoléon après la perte desquelles rien ne pouvait plus arrêter la marche victorieuse des Russes — on comprendra facilement que le vice-roi avait le devoir de bien peser toutes les circonstances, et, s'il y avait, ne fût-ce qu'un seul risque d'insuccès, éviter le combat et choisir le moindre des maux, c'est-à-dire, la retraite même prématurée peut-être, plutôt que le risque de se faire battre définitivement. C'est ce qu'il fit, et il nous paraît que nous avons tout lieu de ne pas être d'accord avec Charras, qui a appelé cette résolution « une faute peu pardonnable ». S'il y a eu *pratiquement* une faute comme devait le montrer l'avenir, nous devons maintenant convenir que ce fut une faute *très pardonnable et même fort compréhensible.*

Et si Charras avait pu disposer des documents que nous avons sous les yeux, il n'aurait probablement pas porté un jugement aussi sévère. Voici d'ailleurs un petit extrait d'une lettre du Prince Eugène à sa femme, datée de Meseritz (1) le 17 février, et qui prouve que le vice-roi n'était pas tellement sous l'impression des rapports exagérés concernant la marche rapide des Russes, comme voudrait le prouver Charras : « Je me suis arrêté ici deux jours, ma chère Auguste, malgré tous les rapports qui voulaient me faire croire que l'ennemi arrivait sur l'Oder avant moi, et j'ai sagement fait de ne pas le croire, car j'ai eu ce matin la certitude que tous ces bruits étaient faux. L'ennemi s'avance toujours, mais très lentement, et nous nous retirons de même ».

Certes, si à la place s'était trouvé un génie, tel que Napoléon, ou un général plus entreprenant et fougueux, plus avide de gloire que froidement raisonnable, celui-là serait peut-être resté à Posen, et, avec de la chance, eût peut-être infligé un revers, ne fût-ce que partiel, aux troupes russes. Le Prince Eugène n'était ni l'un ni l'autre, et agit selon ses capacités et sa conviction, se contentant de se dire qu'il avait été le premier à enrayer le mouvement en arrière

(1) Entre Posen et Francfort-sur-l'Oder.

de l'armée plus semblable à une fuite qu'à une retraite; qu'il y avait remis un peu d'ordre, qu'il avait donné l'exemple de sa force d'âme dans des circonstances pénibles; pris vis-à-vis de l'armée russe une attitude quelque peu plus digne, et montré en général comment il faut faire son devoir, selon ses forces et ses capacités. Jamais il ne chercha d'autre but; mais à cette époque et dans les circonstances du moment, faire son devoir était déjà un grand mérite.

CHAPITRE III

Le vice-roi sur les instances d'Augereau, arrive à Berlin. — Évacuation de cette ville et retraite sur l'Elbe. — Composition et force de la nouvelle Grande Armée de Napoléon. — Armements de la Prusse. — Traité d'alliance de Kalich.

Le séjour du vice-roi à Francfort-sur-l'Oder ne fut pas de longue durée. Il y reçut bientôt une foule de rapports sur les attaques de différents détachements russes contre ses communications et ses derrières. Ainsi le maréchal Augereau, commandant à Berlin, lui mandait le 17 février que le général Ravier, commandant à Schwetz, le prévenait, que l'ennemi prenait des mesures fort actives pour traverser l'Oder, qu'un corps assez considérable d'infanterie et de cavalerie ocupait Kœnigsberg, éloigné de Schwetz de deux milles seulement, et que les Cosaques, enfin, battaient le pays jusqu'aux rives mêmes du fleuve. Une autre lettre lui apprenait le passage de l'Oder à Freienwalde et Wursen (Wriezen?) par de faibles détachements de cavalerie, qui s'étaient dirigés ensuite sur les routes menant à Berlin, et qu'un officier envoyé par lui, Augereau, à Stettin, n'avait pas pu passer. Que par suite il n'était pas sûr que les mesures prises par lui pour défendre le passage du fleuve entre Schwetz et Custrin soient exécutées, et que l'ennemi ne réussirait pas à effectuer son passage à l'aide des grands bateaux et des bacs, arrêtés sur et dans la glace, qui n'était pas entièrement brisée, et continuer sa marche sur Berlin.

Que, dans ce cas, il sortirait de la ville avec les troupes disponibles pour observer l'ennemi, mais qu'il fallait, aussitôt après son départ, s'attendre dans la ville à une révolte armée qui exigerait une expédition bien plus forte pour la reprendre.

Il terminait en demandant des instructions au vice-roi, pour savoir s'il devait se retirer sur Magdebourg ou sur la Saxe, dans le cas où il se verrait repoussé par ces forces supérieures et coupé des communications avec le quartier général.

Le détachement mentionné était le corps volant de Tchernicheff, qui arriva le 17 février à *Zellin* sur l'Oder, et, trouvant la glace encore solide (elle se brisa le lendemain), traversa le fleuve par la glace dangereuse, fonça à l'improviste sur le bataillon westphalien établi à Wriezen et le fit prisonnier tout entier; les Westphaliens avaient manifesté une faible envie de se battre, et s'étaient rendus, aussitôt qu'ils s'étaient vus entourés.

Cette échauffourée donna l'alarme, et Augereau écrivait le 18 (annexe 33) au Prince Eugène : « La ville de Berlin se trouve menacée *d'insurrection et d'invasion* par les Russes; il ne m'est plus possible, étant déjà coupé sur mes derrières, de pouvoir garder plus longtemps cette position. » Rapportant les mesures prises par lui, et quelques escarmouches avec le détachement russe, il continuait : « Je crois que ce petit corps de troupes de cavalerie n'est autre chose *que pour masquer un grand mouvement* que fait l'ennemi sur notre gauche. Mes rapports sont que le général Wittgenstein avec 26.000 hommes veut couper les communications avec l'Elbe et l'Oder, ce qui lui serait très facile, vu que nous n'avons aucune troupe à lui opposer.

« La ville de Berlin est extrêmement agitée, l'esprit public y est très mauvais, il empire même chaque jour. Il faudrait pour contenir ce pays que l'armée de Votre Altesse se portât en avant de cette capitale et en masse. »

Expliquant ensuite qu'il reste « sans troupes et sans commandement, il demandait au Prince l'autorisation de se rendre en France (le commandement du 2ᵉ corps avait été donné au maréchal Saint-Cyr), et finissait en disant : « Il est possible que cette nuit ou demain je sois attaqué, avec des forces supérieures, et que je ne puisse recevoir à temps les ordres de Votre Altesse ». Le duc de Castiglione voyait les choses bien en noir et était fort agité! Il ne pensait qu'à une seule chose — la retraite; il tâche par tous les moyens d'en faire voir la nécessité au vice-roi et y réussit en partie. Voici ce qu'il écrit au Prince Eugène quelques jours plus tard, le 24 : « L'estafette qui avait été envoyée pour porter des dépêches à Breslau, a été enlevée par un gros corps de cavalerie russe, cette cavalerie s'est divisée en trois colonnes, une sur Francfort, la deuxième sur Mukenberg (Munchenberg) et la troisième sur Furstenwalde. D'après ces mouvements votre quartier général se trouve en l'air, Votre Altesse verra par là que les troupes de son corps d'armée sont trop disséminées, et je crois qu'Elle fera bien de donner des ordres de suite de les faire réunir s'il en est encore temps, sur les routes qui aboutissent à l'Elbe; afin de faire sa retraite en ordre, et perdre le moins de monde possible. Vingt-quatre heures d'indécision à la guerre est toujours une calamité quand il est reconnu militairement que la Prusse, percée par une nombreuse cavalerie ennemie et l'esprit des habitants tout à fait en leur faveur, obligent à prendre les mesures les plus promptes pour se retirer. Vu que le corps d'armée de Votre Altesse est le seul qui soit un peu organisé.

« Je crois que Votre Altesse fera bien au reçu de ma lettre de se rendre à Berlin; si je ne craignais point que la tranquillité ne soit troublée, j'aurais eu l'honneur de me rendre moi-même à son quartier général, pour le lui dire de vive voix.

« La découverte commandée par le général Poinssot n'est point encore rentrée, toutes les autres qui sont sorties ce matin sont rentrées sans avoir rien aperçu.

« J'ai appris ce matin par des renseignements sûrs, que les troupes russes qui étaient aux environs de Berlin se sont retirées sur *Oranienbourg*, pour intercepter la route de Magdebourg, par Brandenbourg et celle de Wittemberg par Potsdam.

« J'espère que Votre Altesse viendra coucher ce soir à Berlin....

« J'observerai encore à Votre Altesse Impériale que toutes ces reconnaissances que nous faisons pendant la nuit et le jour, mettront sous peu la cavalerie hors d'état d'agir et d'être par conséquent capable au besoin. »

Ces nouvelles d'autant plus alarmantes qu'elles venaient d'Augereau dont on ne pouvait réellement pas suspecter la bravoure, inquiétèrent le vice-roi, qui partit en avant avec la cavalerie de la Garde seulement, et, faisant double étape, arrivait le 22 février au soir à Berlin, autour duquel il avait décidé de concentrer ses forces, laissant à Francfort le faible corps de Gérard, et dans la place forte de Cüstrin, 3.500 hommes sous le général Fournier d'Albe. Pendant les mouvements sur Berlin, le 4e régiment de chevau-légers italiens tomba dans une embuscade aux environs de Münchenberg et fut presque entièrement détruit ou fait prisonnier : c'était pour le prince Eugène une perte très sensible, irréparable même; il ne lui resta plus que 500 hommes de la cavalerie de la Garde, et 500 de différents autres régiments disparates, de toutes nationalités. Ces 1.000 hommes étaient évidemment complètement insuffisants pour lutter contre les incursions de la nombreuse cavalerie russe et des Cosaques, et obtenir les renseignements sur les forces ennemies, leur cantonnement, leurs intentions, etc. Cette ignorance eut par la suite une influence funeste sur les mesures ultérieures du vice-roi.

Le congé demandé par Augereau lui fut accordé par le vice-roi et il partit de Berlin se faisant accompagner par un fort détachement de troupes, de crainte évidemment de se laisser enlever par un parti de cosaques; cette escorte paraît avoir été exagérée, car le prince Eugène la fit rappeler par le maréchal Saint-Cyr; celui-ci, de son côté, avait, comme nous l'apprend sa lettre, envoyé un aide de camp deux heures après le départ du duc de Castiglione, pour la faire revenir, mais inutilement: Augereau lui intima l'ordre catégorique de le suivre, et, concluait Saint-Cyr, « ces malheureuses troupes ont fait quinze lieues le premier jour. De sorte que je ne puis... dire quand et dans quel état elles rentreront »!

Napoléon exprima en paroles sévères son mécontentement au vice-roi de ce qu'il avait laissé retourner en France Augereau « dont la présence à Berlin pouvait être utile; il avait l'habitude de la police de cette ville et était connu de la population... vous renvoyez tout le monde et ne gardez personne; qu'ainsi il n'avait pas de bons généraux aux moments où ils étaient nécessaires, etc. » Mais, ce disant, l'Empereur oubliait qu'il avait lui-même indiqué au vice-roi le nombre exact de généraux qu'il trouvait nécessaire de garder pour chaque corps et chaque division, instruction que le prince suivit exactement. D'un autre côté le contenu et le ton des lettres d'Augereau nous permettent de supposer avec assez de fondement que sa présence à l'armée ne pouvait être ni agréable au vice-roi, ni utile aux affaires, car il en ressort que ce maréchal se trouvait dans un état d'esprit fort déprimé, presque en proie à la frayeur et que les incursions des cosaques l'avaient persuadé que le danger pour Berlin était imminent, ce qui le poussa à envoyer au prince la lettre alarmante citée ci-dessus, avec le conseil pressant de continuer la retraite; le prince Eugène, qui n'avait en ce moment aucune raison de suspecter la bonne foi d'un homme tel que le duc de Castiglione, ne pouvait pas ne pas compter avec son avis, et ce fut peut-être une des causes principales qui le poussèrent ensuite à se retirer sur l'Elbe. Quant à la défense que fit le maréchal à son escorte d'exécuter l'ordre qui lui intimait de revenir à Berlin, elle prouve, à notre avis, dans quel désarroi d'esprit l'avait jeté l'apparition des Cosaques, sans parler d'une étrange manière de comprendre la discipline militaire. Si un maréchal comme Augereau oubliait à un tel point la discipline, que devait-il en être sous ce rapport d'officiers de moindre importance et de moins de caractère?

Les Cosaques, cependant, continuaient leurs courses autour de Berlin; elles devenaient de plus en plus fréquentes et téméraires. Ainsi le général Bronikowski rapporte au prince Eugène le 27 février que l'ennemi se trouvait en force à Poretz et Tremen, à 3 milles de Potsdam, et qu'il se disposait à passer le pont de Netlitz, à un kilomètre de la ville, et que la veille, le général Girard avait été fait prisonnier entre Potsdam et Baumgartenbruck, « ce qui ne serait certainement pas arrivé, si le commandant du 4e régiment de la Vistule avait occupé ce poste hier, comme je le lui avais ordonné ».

Tous ces petits revers poussèrent le vice-roi à concentrer davantage encore ses détachements autour de Berlin, et à prendre des mesures pour protéger la capitale de la Prusse contre les tentatives des Cosaques et des troupes légères russes. Il se décida donc à réunir ses troupes en avant de Berlin, transférant son quartier général à Kœpenick sur la rive gauche c'est-à-dire derrière la Sprée, au sud-est de Berlin. Cette dernière mesure déplut à Napoléon et nous avons vainement cherché, dans la correspondance du Prince Eugène, une explication des motifs de cette décision. Les détachements russes restaient sur la rive opposée (la droite), s'étendant de Furstenwalde au sud-est de Berlin, à Brandenburg, au nord-ouest, enserrant d'un grand demi-cercle la ville même et ses environs, et empêchant toute reconnaissance de percer ce rideau.

Pendant son séjour à Berlin, le vice-roi s'occupa de donner à ces troupes une organisation plus solide et plus pratique : le corps de Grenier, réuni aux troupes venues de Posen, forma trois nouvelles divisions — Charpentier, Fressinet et Gérard. — Deux bataillons de vieille et de jeune Garde donnèrent une faible brigade de réserve (2.400 hommes) du général Roguet. Toutes ces troupes comptaient, avec les Bavarois restés à Krossen, 26.000 à 28.000 hommes, et sauf la division Gérard, restée à Francfort, se trouvaient sous la main du Prince Eugène. Dans les places fortes devant lui tenaient garnison : 9.000 hommes à Stettin sous le général Grandeau; 3.500 hommes du général Fournier d'Albe à Cüstrin; 6.000 hommes du général Laplane à Glogau; 6.000 hommes du général hollandais Daendels à Modlin; 6.000 à Zamosc et, enfin, les cadres du 3e corps avec le général Brun à Spandau. Thorn, avec 3.000 Bavarois, était déjà investi par les Russes. En plus il avait nominalement sous ses ordres Schwarzenberg et Poniatowski, qu'il entraînait avec lui, mais cette subordination était illusoire, car les subordonnés et leur chef étaient séparés par une distance qui excluait presque tous rapports réguliers.

Mais le plus grand malheur du Prince Eugène était

le manque de cavalerie dont il ne lui restait, après l'accident des chevau-légers italiens, que 1.000 hommes environ. Avec ces faibles troupes, surmenées par les combats continuels contre les Cosaques et par le service ininterrompu d'éclaireurs, il était évidemment hors d'état d'organiser ce service sur un grand pied, et réussissait à peine à repousser les continuelles attaques; et nous pensons que toutes ses opérations ultérieures, qui parfois paraissent inexplicables, s'expliquent et s'excusent par cette absence de cavalerie, qui le mettait dans une ignorence absolue de la situation, non seulement stratégique mais même tactique. Ainsi, par exemple, pour nous qui savons actuellement ce qui en était en réalité des troupes russes, il nous paraît impardonnable qu'ayant en mains Stettin, le pont de Schwetz, Cüstrin, Francfort, Krossen et Glogau, c'est-à-dire toutes les principales places fortes et passages sur l'Oder, libre de glaces à ce moment-là, il ait abandonné cette ligne de défense, se soit retiré sur Berlin, ville ouverte, puis sur la Sprée, et enfin, lâchant Berlin même, sur l'Elbe? Mais si de nombreux détachements de cavalerie russe avaient passé l'Oder et inondé le pays, et si le vice-roi s'était trouvé impuissant à empêcher ce passage, de plus grandes forces pouvaient avoir passé aussi sous leur protection. Mais comment et combien? Faute de cavalerie, le Prince Eugène ne pouvait pas l'apprendre. Rappelons, comme preuve de ce que nous avançons, que Tchernicheff avait passé à Wriezen, et, le 19 février, un détachement de Cosaques à Stainau. au sud de Glogau; que le 25, 3.000 hommes de cavalerie russe passaient à Koben entre Glogau et Stainau, et enfin le 26 à la même place, le général Lanskoï avec l'avant-garde de Winzingerode, ce qui obligea Reynier de se retirer de Glogau sur Bautzen.

A Francfort, le général Gérard, coupé de Berlin par les Cosaques et craignant de ne plus pouvoir rejoindre le vice-roi, s'il tardait encore, brûla le pont de l'Oder, perça en combattant à travers la cavalerie ennemie et atteignit Müllrose, sur le canal qui aboutit à l'Oder, au sud-ouest de Francfort. Ainsi donc, les seules opérations des Cosaques et de la cavalerie russe, menées avec énergie, amenèrent, concurremment avec le manque de cette arme dans les troupes napoléoniennes, l'évacuation de l'importante ligne de l'Oder, par la menace seule d'intercepter les communications, éventualité qui paraît avoir terrorisé encore une fois l'esprit de tous les généraux français. Nous comprenons maintenant pourquoi depuis lors le mot « Cosaque » a acquis une influence magiquement terrible sur l'imagination des nations de l'Europe centrale.

Inquiétée par les corps volants et les Cosaques, l'armée du Prince Eugène resta dans l'inaction à Berlin jusqu'au 25 février, se bornant à repousser dans de petites rencontres les petits détachements russes; la plus importante des échauffourées eut lieu près de Kœpenick même. Entretemps était conclu à Kalich le traité, encore secret, d'alliance défensive et offensive entre la Russie et la Prusse, et les troupes ainsi alliées commencèrent à marcher. L'avant-garde de Wittgenstein se rapprocha bientôt des troupes du vice-roi qui, ayant abandonné la ligne de l'Oder, ne pouvait évidemment pas défendre Berlin, ville non fortifiée et située dans un terrain absolument plat et découvert, ne présentant aucune position commode. Les membres du gouvernement provisoire, laissés à Berlin par le roi de Prusse lors de son départ de cette ville le 22 janvier, étaient parfaitement instruits, si ce n'est de la conclusion de l'alliance russo-prussienne, au moins des négociations, mais craignaient que le combat n'eût pour théâtre les rues de la ville, et prièrent instamment le Prince Eugène de la quitter avant l'arrivée des ennemis, afin d'éviter une ruine inutile. Sur ces instances, le vice-roi, toujours humain, se dit qu'il ferait bien de tout préparer en sous-main en prévision de l'évacuation de cette capitale de la Prusse, officiellement encore l'alliée de l'Empereur, pour lui éviter d'inutiles horreurs de la guerre, et la remettre intacte aux mains des Russes. Mais, en prenant par conviction de sa conscience cette décision, Eugène n'était nullement tranquille sur ce qu'en dirait l'Empereur et craignait fort sa colère. Il ne se trompait pas : Napoléon en fut excessivement mécontent, surtout de ce que le Prince se retira sur sa droite, pour couvrir Dresde et la Saxe, tandis que ses propres intentions étaient, au cas où s'imposerait l'abandon de la ligne de l'Oder, de faire reculer l'armée du vice-roi sur celle de l'Elbe, en la concentrant sur Magdebourg. Mais les ordres envoyés en ce sens se croisèrent en route avec les rapports du Prince Eugène sur sa retraite au sud-ouest, et l'Empereur ne put que se fâcher contre le vice-roi, ce qu'il ne manqua pas de faire, en termes violents, comme toujours. Nous reviendrons plus loin sur ces lettres et sur la réponse d'Eugène.

Le 2 mars le Prince Répnine arrivait avec l'avant-garde de Wittgenstein aux portes de Berlin, et le vice-roi passa le lendemain à Schœnberg, à quatre kilomètres environ de distance, prévenant le gouvernement provisoire que la ville serait évacuée le lendemain. On convint de remettre la garde des barrières à la garde municipale, mais à peine avaient-elles été remises aux mains de cette garde, que les habitants ouvrirent les portes aux Cosaques les accueillant avec transport, et se précipitèrent pour leur indiquer le chemin qu'avaient pris les Français, ce qui donna lieu à un court combat à la porte occidentale avec un détachement français, sortant à peine de la ville. L'armée du vice-roi se dirigeait en deux colonnes sur Wittenberg, qu'elle atteignit le 4 mars, après avoir combattu deux fois en route avec les Cosaques. En même temps la division bavaroise à Krossen recevait l'ordre de passer à Torgau, pour se réunir au général saxon Thielmann; mais ce général, pressentant le passage de son souverain du côté des alliés (pressentiment cette fois fort prématuré, il faut l'avouer), refusa de laisser les Bavarois entrer dans la place sous le prétexte qu'il n'avait pas d'instructions, de sorte qu'ils se retirèrent au sud sur Meissen, à vingt ou trente kilomètres de Dresde. Reynier, cependant, avait reculé de Bautzen à Dresde, où il arriva le 7 mars, et, comme le quartier général du Prince Eugène était le 9 de ce mois à Leipzig, on peut dire qu'à cette date son armée avait pris une nouvelle ligne de défense, celle de l'Elbe, se répartissant ainsi le long de ce fleuve : le 11e corps de Grenier à Wittenberg et dans ses environs; le 7e corps de Reynier à Dresde; la division bavaroise à Meissen; la cavalerie à Dessau; Davout avec 3.000 hommes dans Leipzig même; le duc de Bellune (Victor) à Bernburg, au sud de Magdebourg.

Examinons maintenant ce qu'il y avait derrière ces troupes du vice-roi placées en première ligne. Voyons sur quels renforts il pouvait compter dans un bref délai. Dans ce but il nous faut revenir en arrière, et examiner les résultats de l'activité de Napoléon et du ministère de la guerre à Paris, et de leurs efforts pour créer une nouvelle Grande Armée. Nous disons créer, et pas former, parce qu'en réalité toutes les troupes déjà existantes — les divisions Lagrange et Grenier — avaient de suite été dirigées pour renforcer les restes de la Grande Armée, reculant sous les ordres du Prince Eugène; et que, ces corps partis, il ne restait en France à peu près aucune compagnie, aucun escadron de troupes de première ligne.

Malgré cela, la nouvelle armée parut, et parut relativement vite : au 1er janvier Napoléon lui-même ne pensait pas encore à sa nouvelle composition, supposant les pertes bien inférieures à ce qu'elles furent réellement, et comptant la reformer en fondant ensemble différents corps de troupes, et, le 2 mai, une armée toute neuve, dont les cadres seuls étaient en partie revenus de Russie, se battait brillamment sur le champ de bataille historique de Lutzen!

Nous empruntons à Rousset les données sur la « Grande Armée de 1813 » tirées de son ouvrage du même nom, nous bornant à n'en prendre que les grands traits, et renvoyant ceux de nos lecteurs qu'intéresserait ce travail administratif aux œuvres mêmes de Rousset et, pour l'impression produite sur le pays, à Charras qui la dépeint d'une manière poignante. Voici, donc, quelles étaient les ressources en hommes dont pouvait disposer Napoléon.

Ce furent d'abord les troupes que l'armée de terre avait détachées au ministère de la marine pour la garde et la défense des bâtiments de la flotte française, bloqués dans leurs ports par les escadres anglaises; c'était en tout 7.000 hommes.

Dans les cadres de réserve il ne restait plus rien de la conscription de 1812 : tout était parti depuis longtemps et rampait en une colonne interminable vers l'armée, depuis Paris sur Mayence et Metz, à travers l'Allemagne, pour être englouti par l'insatiable Russie. Restait donc à lever une nouvelle conscription — celle de l'année 1813. — Cette conscription fut légalisée en septembre par un décret daté de Moscou et devant donner en tout 37.000 hommes. La plupart arrivèrent dans leurs cadres à la fin de décembre, mais au milieu de janvier il en manquait encore 20.000. Malgré l'excellente qualité des cadres et leur inlassable activité, ces jeunes gens n'étaient ainsi pas du tout exercés dans le mois de janvier.

Les cohortes valaient un peu plus; elles avaient été formées en 1812 des restes des quatre dernières conscriptions, par conséquent de gens plus âgés, plus mûrs, et, partant, plus aptes à supporter les fatigues de la guerre. C'était une espèce de garde territoriale, encadrée par des officiers retraités ou de l'ancienne garde nationale, qui avait neuf mois d'instruction. Ces cohortes étaient au nombre de 88, et leur force balançait autour de 78.000 hommes. Par un décret du 11 janvier, elles cessèrent d'exister et furent incorporées dans les troupes de la nouvelle armée. Le même décret appelait sous les armes 100.000 hommes des conscriptions des années 1809, 1810, 1811, 1812, et 150.000 hommes de la conscription de 1814. Les premiers devaient entrer au service immédiatement, et les autres — dès que les premiers seraient instruits et envoyés sur le théâtre de la guerre.

En plus l'Empereur se fit offrir sous la main par les villes et les départements, des cavaliers volontaires, habillés, chaussés, armés et montés; on se proposait de s'en servir pour recréer la cavalerie de la nouvelle armée. D'après les registres, ces offres volontaires donnèrent 15.000 hommes et 20.000 chevaux, mais leur effectif réel n'atteignit jamais ce chiffre.

L'Empereur trouva un matériel bien plus précieux dans les troupes de l'artillerie de marine qui formaient le service des batteries des fortifications côtières : ces batteries se composaient d'hommes plus âgés, plus expérimentés, dont le nombre se montait à 16.000. On se proposait de les augmenter jusqu'à 20.000, mais il n'entra réellement dans l'armée que 8.000 hommes.

Mais ces moyens paraissaient encore trop faibles à Napoléon pour accomplir ses vastes plans, et par un décret du 3 avril il légalise une nouvelle levée de 180.000 hommes dont 80.000 doivent être donnés par les conscriptions des années 1807-12, c'est-à-dire par celles qui ont donné déjà les cohortes; la conscription de 1814 donne encore 90.000 hommes et les 100.000 restant doivent être fournis par les « Gardes d'honneur ». Ceux-ci doivent se composer de jeunes gens de familles nobles ou de la bourgeoisie aisée, qui, pour quelque raison, avaient été libérés du service militaire, et qui étaient censés se présenter volontairement sur leurs propres chevaux, armés et équipés à leurs frais. Et, pour qu'aucun ne pût éviter ce devoir de bonne volonté, on donna aux préfets le droit de les nommer selon leur bon plaisir. L'armée ne manqua pas de donner bientôt à ces cavaliers le surnom « d'otages ».

En somme, ces forces futures devaient donc consister en :

a) 5.000 vieux soldats, restés à Paris et qui avaient déjà fait la guerre, mais étaient au repos;

b) 8.000 artilleurs de marine âgés de 23 ans en moyenne, n'ayant point fait de campagne, ne connaissant pas le service de terre-ferme, ni l'exercice d'infanterie;

c) 78.000 hommes des cohortes de 20 à 26 ans, ayant environ dix mois de service;

d) 80.000 conscrits des anciennes conscriptions, de 20 à 26 ans;

e) 100.000 conscrits des quatre dernières années, de 20 à 24 ans;

f) 25.000 cavaliers volontaires et « Gardes d'honneur », de 20 à 25 ans;

g) 137.000 conscrits de 1813, de 19 à 20 ans;

h) 240.000 conscrits de l'année 1814, de 18 à 19 ans.

A part les premiers 5.000, ces 673.000 hommes n'étaient pas autre chose que des recrues; les 2/3 n'avaient pas 20, ans, presque des enfants.

Mais, si la parole de l'Empereur était capable de faire surgir, comme par enchantement 600.000 hommes, il n'en était pas de même pour les chevaux de la cavalerie, qui précisément avaient presque entièrement disparu durant la retraite de Russie, car il n'était revenu de cette campagne que 1.500 chevaux à peine. La cavalerie était donc à recréer entièrement, et l'on sait que cette arme demande bien plus de temps que les autres pour être mise en état de se battre. Dans les derniers jours de la retraite, Napoléon avait ordonné d'acheter dans le grand-duché de Varsovie, en Prusse et au Meklembourg, le plus grand nombre de chevaux possible, comptant en avoir 20.000; mais la retraite, devant la marche en avant des Russes, rétrécit tellement le rayon des achats que le général Bourcier, qui s'occupait de la remonte, n'espérait pas, malgré le déploiement de toute son énergie, obtenir en Allemagne plus de 12.000 chevaux de selle. Les cadres de réserve en renfermaient 3.000; les habitants de la France en donnaient volontairement 22.000; 3.000 à 4.000 furent fournis par la gendarmerie; 7.000 à 8.000 achetés en France, et 15.000 tout simplement réquisitionnés; avec les chevaux achetés par Bourcier, tout cela pouvait donner à l'Empereur 60.000 chevaux pour sa cavalerie. Mais il fallait en plus environ 25.000 chevaux de trait pour l'artillerie et le train; pour les avoir, l'Empereur ordonna d'en réquisitionner 12.500, et d'en acheter 10.000 en France; il attendait le reste de Bourcier. Partout où c'était possible, on travaillait fiévreusement à la fabrication des selles, des harnachements, des attelages.

Nous ne fatiguerons pas nos lecteurs avec l'exposé détaillé des diverses phases, dénominations, transformations et combinaisons des corps nouvellement formés, nous bornant à indiquer quelle devait être, en définitive, l'organisation de la nouvelle « Grande Armée ».

Les restes de celle qui avait péri en Russie restaient sous les ordres du Prince Eugène, et, dénommés « Corps d'avant-garde », étaient divisés en deux corps, le premier, Davout, et le second, Victor.

Etaient ensuite érigés quatre corps d'observation : un sur l'Elbe; deux sur le Rhin et un sur l'Adige (en Italie).

Le corps d'observation de l'Elbe devait se composer de 4 divisions à 12 bataillons (3 régiments) chaque, sous les ordres du général Lauriston; jadis ambassadeur à Saint-Pétersbourg, c'était son premier commandement indépendant d'un corps considérable. Le quartier général de son corps se trouvait à Magdebourg et sa force devait atteindre 40.000 hommes.

Le 1er corps d'observation du Rhin comprenait 4 divisions à 16 bataillons, était aux ordres du maréchal Ney et devait avoir 45.000 hommes. Sa première division, général Souham, commençait, aux premiers jours de février, à se réunir à Hanau.

Le 2e corps d'observation du Rhin devait comprendre 52 bataillons, réunis en 4 divisions aussi. On espérait que ces bataillons commenceraient à se rassembler dans les premiers jours d'avril au nombre de 40.000. Ils étaient commandés par le maréchal Marmont.

Le corps d'observation d'Italie devait être composé de différents éléments français, italiens, illyriens, croates, etc. Il devait avoir 51 bataillons, que leur chef, le général Bertrand, devait, à mesure qu'ils étaient formés, envoyer à Augsburg en Bavière, par Vérone; son effectif devait atteindre 40.000 hommes.

L'Empereur se proposait de reformer la vieille garde en la diminuant d'un régiment seulement, avec les militaires de tous grades, revenus en poste de l'armée du vice-roi; avec 25 hommes d'élite de chaque compagnie de troupes, rappelées d'Espagne; avec les bataillons de marine, etc. Quant à la jeune garde, elle fut presque entièrement fournie par les dernières conscriptions.

Les restes des cavaliers, la plupart démontés, avaient été dirigés, comme nous l'avons dit, par le vice-roi, sur Hanovre et Brunswik. Ici l'on formait de chaque régiment autant de demi-escadrons qu'il y avait de fois 100 hommes, et le reste était envoyé en poste en France, après quoi il se trouva dans ses deux villes 10.000 hommes de pareils demi-escadrons. Ils devaient être montés avec les chevaux achetés par Bourcier, mais il fallait encore habiller ces gens, les armer, leur fournir selles et harnachements, etc., etc., ce qui, évidemment, demandait un certain temps. Au bout du compte, ces cavaliers devaient former deux corps de cavalerie : le premier, Latour-Maubourg, et le deuxième, Sébastiani. Enfin, Napoléon décida de créer encore un corps de cavalerie à Mayence, dont les cadres et les officiers devaient être fournis par la gendarmerie et ses sous-officiers, avancés en grade, et qui était donné au général Lebrun. Mais tous ces corps étaient composés de jeunes gens, nullement exercés, sachant à peine se tenir sur leurs chevaux. Le besoin de cavalerie se faisait cependant tellement sentir, que l'Empereur aima mieux en avoir une mauvaise que d'en être privé tout à fait, et, à Dresde, cette jeune cavalerie justifia dans des circonstances exceptionellement favorables, il est vrai, l'espérance qu'on avait en elle, en anéantissant toute une division d'infanterie autrichienne.

Napoléon reconstitua aussi à neuf la cavalerie de la Garde, et le meilleur des ressources fut dans ce cas les 25 hommes de chaque régiment des troupes d'Espagne; la seule différence fut qu'il n'y eut plus que 5 régiments, au lieu de 6; parmi eux, le régiment de lanciers rouges était composé presque uniquement des volontaires de la ville de Paris.

L'Empereur employait donc tous ses efforts pour reformer une immense armée neuve, certain qu'il était dans sa présomption sans bornes, de la défaite rapide et inévitable des alliés. Dans ce but il ne craignit point de tirer de son empire, immense encore à cette époque, les dernières ressources en hommes et en argent, formant ses régiments avec des jeunes gens trop faibles pour supporter les privations et les fatigues de la guerre, qui périssaient en masse, éreintés par les marches, ou, aux jours de revers, désertaient par centaines, quoique ces mêmes hommes se fussent un peu plus tôt battus comme des lions sous les yeux de l'Empereur.

Mais si le prestige de la personne de Napoléon était capable de faire d'enfants des héros, la soif de la liberté et le patriotisme subitement naissant firent surgir non moins de héros dans la petite Prusse, et elle s'armait avec non moins d'efforts contre l'oppresseur de l'Europe. L'acte téméraire mais patriotique de York mit sur pied non seulement les jeunes gens exaltés, mais aussi tous les adultes — vieux savants et ecclésiastiques, barons et paysans — qui vraiment volontairement ceux-là, allaient se faire tuer pour la liberté de leur patrie; et ce mouvement s'étendit bientôt sur tout le reste de l'Allemagne, s'épandant ensuite sur l'Europe entière. Voyons comment il se manifesta en Prusse.

Selon la convention de 1808, la Prusse s'était engagée à ne pas entretenir plus de 42.000 hommes de troupes permanentes, mais son génial ministre de la guerre, Scharnhorst, trouva moyen de tourner cette condition et inventa un système pour avoir plus de soldats exercés, sans augmenter l'état constant de l'armée. Dans ce but, les recrues recevaient dans des cadres de vieux soldats, leur instruction tactique et militaire, après quoi on les renvoyait dans leurs foyers, où ils étaient comptés dans la réserve, ou travaillaient aux travaux de fortifications des places, tandis que leur place était occupée par d'autres recrues, qu'on instruisait de même, les relâchait, etc. (1). De cette manière on préparait une armée bien plus forte, qu'elle ne devait l'être d'après la Convention; mais on se conformait à la lettre de celle-ci. Artillerie, armes, munitions, tout le nécessaire enfin, était préparé en grande quantité dans les magasins et dépôts prussiens, malgré l'état déplorable des finances du pays, obligé, en plus, de payer à la France une contribution énorme. Tous ces préparatifs sérieux étaient un signe certain que la Prusse ne supportait qu'impatiemment le joug de Napoléon, et qu'il ne manquait qu'une étincelle pour allumer toutes ces matières explosibles, invisibles seulement aux yeux de l'Empereur et de son peu perspicace et prussophile ambassadeur à Berlin, le comte de Saint-Marsan. Cette étincelle qui mit le feu aux poudres, fut la défection de York et ses agissements ultérieurs.

Bientôt après la Convention de Tauroggen, York vint à Kœnigsberg et écrivit de là au général Bülow, qui réunissait des troupes selon le désir de Napoléon; il l'engageait à s'unir à lui et à sauver la patrie; mais Bülow, instruit de ce que le roi n'avait pas sanctionné l'acte de York, se trouvait dans une situation difficile : intérieurement il ne demandait pas mieux que de se joindre à York, mais il n'avait pas la possibilité de le faire ouvertement, étant entouré par les corps français, et d'un autre côté, n'étant pas autorisé à faire ce pas par son

(1) C'est le système usité depuis dans toutes les armées européennes, sauf l'armée anglaise, jusqu'à nos jours.

souverain, qui venait de désavouer hautement York, et ne pouvait encore deviner de quel côté allait pencher la balance. Il répondit donc à York en termes ambigus, mais continua à réunir les troupes, répondant au vice-roi, qui réclamait son concours, qu'il ne se trouvait pas en mesure de suivre ses ordres, les troupes n'étant pas prêtes La situation est caractérisée par le rapport suivant, adressé au vice-roi par le capitaine hollandais Van Zuylen, envoyé à Bülow par le prince Eugène le 10 février.

« Entre les Cosaques et les Prussiens (qui montent la garde avec des morceaux de bois au lieu de pierres à fusil) règnent les meilleures relations; et les rapports entre les états-majors russe et prussien paraissent être très fréquents. Lors de mon arrivée à Neu-Stettin, il y avait au bal un aide de camp du général russe Tchernicheff; il a causé avec le général Bülow durant une heure environ. Et, lorsque je demandai au général Bülow de quoi il avait bien pu causer si longtemps avec des Russes, il me répondit, qu'il s'agissait de l'échange des prisonniers russes, qui se trouvent à Kolberg, parmi lesquels il n'y a cependant pas un seul officier.

« Le général Bülow me déclara qu'il n'était pas sous les ordres de Son Altesse Impériale le vice-roi, parce qu'il ne faisait pas partie du contingent : qu'il ne se trouve ici que pour l'organisation de sa troupe, pour la remonte de la cavalerie et pour compléter ces régiments (de la Prusse orientale).

« Parmi ces corps, très bons quoique pas encore complètement habillés, il y a deux excellents bataillons de vieilles troupes et deux ou plusieurs escadrons de cavalerie, susceptibles d'être employés immédiatement.

« Le général Bülow m'a dit, que les ordres de son souverain lui prescrivent, s'il était pressé par les Russes, de se retirer sur Kolberg, d'y laisser ses troupes nouvelles et de tenir la campagne avec les vieilles. Il a l'intention d'entreprendre ce mouvement sous peu, car l'ennemi, dont le quartier général est à Schneidemühle, a déjà tourné son aile droite et qu'aujourd'hui 4.000 hommes d'infanterie russe doivent entrer dans Konitz. »

Le 5 février, cependant, se réunissaient à Kœnigsberg les députés de la Prusse Orientale, appelés à siéger en diète par une proclamation du général York. Ils décidaient : de lever pour compléter son corps une réserve de 13.000 hommes; de lever la landwehr, au nombre de 20.000 hommes et de décréter le « Landsturm » (milice territoriale) comprenant tous les hommes capables de porter les armes depuis 18 jusqu'à 45 ans; enfin de former un détachement de cavaliers volontaires de 7.000 hommes s'engageant à s'équiper à leurs frais et dont on espérait, avec le temps, tirer des officiers pour la landwehr.

La situation du roi de Prusse, Frédéric-Guillaume, était en ce moment pénible à l'extrême : la manière dont Napoléon le traitait, lui et son peuple, ne pouvait pas ne pas susciter en Prusse une haine sourde contre le vainqueur, mais en même temps le pays seul n'était pas assez puissant pour pouvoir se soulever contre l'Empereur avec quelque espoir de réussite; et s'unir à la Russie équivalait à jouer le tout pour le tout : ou bien acquérir la liberté en cas de succès, ou, en cas d'insuccès, être rayé de la carte de l'Europe comme pays indépendant. Et les circonstances du moment ne permettaient aucun pronostic certain sur la victoire finale. Avec son caractère faible, indécis, Frédéric-Guillaume n'était, évidemment, pas de force à prendre la responsabilité d'une décision aussi grave. Mais ce fut le peuple prussien lui-même qui décida de la question pour lui, et il ne lui resta pas autre chose à faire, que de le suivre, dès qu'il se fut convaincu de la sincérité et de la force du mouvement national, qu'il approuvait dans le fond de son cœur, mais auquel l'empêchait de se joindre non seulement la crainte des conséquences, mais encore un sentiment inné d'honnêteté. Il ne voulait pas, malgré tout, passer pour un vulgaire traître vis-vis de Napoléon, il tâcha de remplir ses obligations à son égard, et ne céda qu'à l'inévitable nécessité poussé par la force des choses et de l'opinion publique, qui s'était fait jour avec une violence élémentaire, irrésistible; combien cela devait le réjouir dans son for intérieur, ceci est évidemment une autre question.

Ces mêmes raisons avaient poussé le roi à désavouer York, et, comme preuve, à lui retirer nominalement le commandement des troupes. Mais en même temps il ne pouvait pas ne pas commencer à s'armer pour une guerre avec l'un ou l'autre ennemi. Dans ce but il décréta diverses dispositions concernant l'accomplissement du service militaire; entre autres les règlements publiés le 22 février pesaient considérablement sur ceux qui ne servaient pas à l'armée.

L'état pitoyable des finances prussiennes ne leur permettait pas de donner des moyens pour les armements forcés, mais les sacrifices volontaires aidèrent ici encore; les personnes de toutes les conditions apportaient ce qu'elles pouvaient, les unes de l'argent, les autres leur propre personne; l'histoire a consigné parmi ces dernières quelques noms de femmes, qui firent la guerre dans les rangs des soldats; beaucoup apportèrent leurs bijoux, recevant en échange une bague de fer avec l'inscription « Gold gab ich für Eisen », c'est-à-dire « J'ai donné de l'or pour du fer ». Scharnhorst, rappelé à Breslau au poste de ministre de la guerre, mit une énergie irrésistible au service de son œuvre; il appela et organisa la landwehr et le landsturm et différents corps volontaires d'infanterie et de cavalerie. Comme résultat final, la levée du peuple prussien en armes donna les forces suivantes:

a) 14 régiments d'infanterie de ligne, 20 de cavalerie, 11 bataillons et 3 escadrons séparés, et l'artillerie, en tout 56.350 hommes.

b) 52 bataillons d'infanterie de réserve: 41.600 hommes.

c) volontaires et chasseurs: 10.000 hommes.

d) 13 régiments de cavalerie nationale : 1.650 hommes.

e) la landwehr: 140.000 hommes.

f) corps francs : 5.000 hommes.

Total: 254.000 hommes.

En février et mars il n'y avait en ligne que 100.000 hommes environ, mais le pays avait en deux mois complété et doublé l'effectif de son armée permanente.

Nous avons mentionné plus haut la conclusion du traité d'alliance de Kalich entre la Russie et la Prusse, il y avait été décidé de :

1) conclure un traité d'alliance offensive et défensive, pour le rétablissement du royaume de Prusse, dans des limites qui garantissent la tranquillité des deux Etats;

2) dans ce but la Russie s'engage à mettre en ligne 150.000 hommes et la Prusse 80.000, sans y compter les garnisons des places fortes;

3) les deux Etats s'engagent à ne conclure aucun armistice et aucune paix avec l'Empereur Napoléon, sans le consentement l'un de l'autre;

4) d'employer tous les moyens afin d'engager l'Autriche à se joindre à cette alliance contre Napoléon, et d'entrer en pourparlers avec l'Angleterre, pour qu'elle aide à fournir à la Prusse des armes, des subsistances et de l'argent.

Par une clause secrète de ce traité l'Empereur Alexandre s'engageait à ne pas cesser la guerre jusqu'à ce que la Prusse ne fût rétablie dans les frontières et dans ses droits d'avant 1806. Ce traité fut signé à Kalich le 28 février par Koutousoff du côté russe et par Scharnhorst du côté prussien, mais ne fut publié par le gouvernement prussien à Berlin, qu'après l'évacuation de cette ville par le prince Eugène, le 23 mars seulement; il fut notifié à l'ambassadeur de France à Breslau Saint-Marsan le 15 mars et la déclaration de la guerre officielle à Napoléon fut faite à Paris le 27 mars.

Aussitôt après la conclusion du traité, York et Bülow,

qui jusque-là se refusaient à obéir et à aider ouvertement Wittgenstein, et retardaient par là sa marche en avant, qui s'était bornée au détachement de corps volants, se mirent officiellement sous ses ordres et commencèrent la marche en avant de concert avec lui, ce qui eut pour conséquence l'évacuation de Berlin par le vice-roi et sa retraite sur l'Elbe.

Le nouveau plan des alliés consistait à diriger leurs troupes dans deux directions différentes: une armée, celle du nord, composée du corps de Wittgenstein (20.000 hommes) et des troupes de York (30.000 hommes), devait marcher sur Berlin et Magdebourg; l'autre, celle du sud, et composée des troupes prussiennes de l'armée de Silésie de Blücher (27.000 hommes), précédée de l'avant-garde de Winzingerode (13.000 hommes) et suivie de la principale armée russe (30.000 hommes), concentrée à ce moment sur l'Oder et à Kalich, devait se diriger sur Dresde.

Après cette excursion un peu ardue dans le domaine des chiffres, mais indispensable à la compréhension des événements subséquents, revenons auprès du Prince Eugène, que nous avons quitté à Leipzig, après sa retraite de Berlin sur Wittenberg.

CHAPITRE IV

Conséquences de la retraite du vice-roi sur l'Elbe centrale. — Incursions des partisans russes sur Hambourg et la 32e division militaire. — Nouvelles instructions de Napoléon au Prince Eugène; son mécontentement. — Réponse du vice-roi.

L'évacuation de Berlin provoqua un grand mécontentement de la part de l'Empereur, auquel elle paraissait sans motif, et qui craignait qu'elle ne donnât liberté d'action à la nation prussienne. Nous savons à présent que la retraite n'était pas une nécessité stratégique pour le vice-roi, vu la faiblesse des détachements ennemis qui entouraient Berlin. De ce point de vue, ce fut, certainement, une décision regrettable, pour ne pas dire une faute. Cette décision est d'autant plus étrange que le 24 février il écrivait encore à l'Empereur: « Je tiens beaucoup à l'occupation de Berlin, car je ne doute pas que l'occupation de cette capitale par l'ennemi ne soit un prétexte de plus pour le roi de Prusse pour se déclarer contre Votre Majesté. D'ailleurs, en tenant ici, je donne le temps à mes divisions de se réorganiser, à la cavalerie de se remonter, et à nos renforts d'arriver ».

Interrogé par Eugène, Saint-Cyr lui conseilla aussi de ne pas quitter Berlin, mais le vice-roi, qui cependant l'estimait hautement, n'écouta pas son conseil, quoiqu'il s'accordât avec son propre sentiment, comme le prouve la citation ci-dessus. Saint-Cyr, plus tard, dans ses Mémoires, critiquant cette décision du prince, est obligé d'ajouter: « dont il reconnaissait cependant lui-même si bien toute l'intempestivité ». Il est difficile de l'expliquer aussi par la faiblesse numérique du vice-roi, puisqu'écrivant à l'Empereur le 27 février, et parlant de l'éventualité du passage du haut Oder par un corps d'armée ennemi, il dit qu'en ce cas il serait bien obligé de repasser l'Elbe à Wittenberg et d'étendre sa droite sur Torgau: « Je puis, continue-t-il, en quatre jours de marche, en me réunissant au général Lauriston, avoir plus de 60.000 baïonnettes bien animées. » Il ne craint pas non plus l'éventualité d'une bataille décisive, si l'ennemi avait passé l'Oder au-dessus de Glogau avec 45 à 50.000 hommes d'infanterie et 12 à 15.000 chevaux. Dans ce cas: « J'aurais besoin de savoir si Votre Majesté, qui connaît notre situation actuelle, voudrait que l'ennemi, débouchant par exemple par Dresde, on marchât à lui, et que l'on courut les chances d'une bataille, malgré la disproportion qu'il y aura peut-être entre l'artillerie et la cavalerie; il est bien intéressant pour moi que Votre Majesté me réponde à ce sujet ».

Nous n'avons trouvé ni dans les lettres postérieures du prince Eugène, ni dans les mémoires et souvenirs des contemporains, aucune explication de la vraie raison qui fit ainsi revenir le prince sur sa manière de voir en ces circonstances. L'évacuation de Berlin reste énigmatique et nous pouvons seulement faire des suppositions. Ce ne sont pas non plus les inquiétudes causées par les cosaques, qui l'y poussèrent, car il écrit à l'Empereur qu'il ne lui en parle pas, parce qu'ils fatiguent seulement les troupes.

et gênent les communications, etc., mais qu'il fera « demain sortir de nos cantonnements une colonne de 300 chevaux et de 800 hommes d'infanterie, avec 2 pièces d'artillerie, pour éloigner ces partis », et à la vice-reine : « je ne parle pas des partis de cosaques qu'ils (les ennemis) ont déjà jetés sur nous, cela ne compte pas ». Mais si inoffensifs que ces partis fussent pour la masse des troupes d'Eugène, il n'en est pas moins vrai qu'ils l'empêchaient de pouvoir vérifier par des reconnaissances les renseignements qu'il pouvait recevoir d'autres sources sur les mouvements des ennemis, ce qui le forçait souvent à prendre des décisions à l'aveuglette.

La raison officielle de sa retraite est contenue dans sa lettre à l'Empereur du 2 mars, où il dit : « Les rapports que je reçois annoncent que l'ennemi s'occupe sérieusement de passer l'Oder sur divers points... Il est à présent hors de doute que l'ennemi n'effectue un prompt passage en Silésie. J'ai prolongé mon séjour en Prusse tant qu'il m'a été possible, mais manquant totalement de cavalerie, et mon artillerie étant loin d'être organisée, attendre plus longtemps serait risquer de compromettre les troupes que j'ai avec moi. D'ailleurs je ne veux pas risquer que l'ennemi, avec le gros de son armée, puisse arriver sur l'Elbe et se trouver sur les grandes communications de Leipzig avant moi ».

Voici donc la raison officielle; connaissant actuellement les mouvements des ennemis et leurs forces, il nous est facile de dire que cette décision fut prématurée. Cependant, si nous nous rappelons que la force du corps de

Wittgenstein était inconnue du prince, et qu'il était, sans cavalerie, incapable de déterminer la distance qui séparait ce corps de Berlin; que les dispositions des habitants de cette ville étaient ostensiblement hostiles et pouvaient aboutir à une révolte armée qui, sans trop menacer la sécurité des troupes françaises, pouvait obliger le vice-roi à prendre des mesures sévères, que d'un autre côté Eugène, tout en n'étant pas un général de premier ordre, et le reconnaissant lui-même, avait un cœur sensible et était rempli d'humanité, ce qui lui faisait éviter autant que possible toute mesure de rigueur, capable justement de provoquer une révolte, et par suite des représailles. Si nous prenons en considération tous ces éléments du caractère du vice-roi et les circonstances militaires, ne serait-ce pas dans l'effet combiné de ces multiples causes qu'il faudrait chercher la solution de ce problème moral?

A l'abandon de Berlin, le vice-roi ajouta, au point de vue de Napoléon, une deuxième faute, purement stratégique celle-là : choisissant comme direction de sa retraite Wittenberg, il avait le dessein de tenir le cours central de l'Elbe et de couvrir Dresde et Leipzig. Mais en le faisant, il laissait sans défense et ouverte aux incursions toute la basse Elbe et facilitait à l'ennemi l'insurrection de tout le pays au nord-ouest de Berlin, entre l'Elbe et l'Oder, ce que Wittgenstein ne manqua pas d'exécuter, et ce que Napoléon désirait précisément éviter. Dans ce but il avait même envoyé au vice-roi des instructions, lui enjoignant, dans le cas où il évacuerait Berlin, de concentrer ses forces devant Magdebourg et de défendre obstinément la basse Elbe, en menaçant les armées ennemies d'une attaque de flanc par Magdebourg. Mais cette lettre ne trouva plus, malheureusement, le vice-roi à Berlin; elle s'était croisée avec la nouvelle de l'évacuation de la capitale prussienne et de la retraite sur l'Elbe et la Saxe. L'Empereur donna libre cours à sa colère et insista pour que le vice-roi exécutât quand même la concentration prescrite devant Magdebourg dans un camp retranché, et réparât ainsi, autant que possible, son erreur; mais les Russe en avaient déjà profité et on ne put la réparer qu'en partie.

L'intervalle entre Magdebourg et Stettin se trouva, effectivement, très faiblement occupé, une fois Berlin abandonné, et les partisans russes en profitèrent pour élargir le rayon de leur action plus à l'ouest et partiellement au delà de l'Elbe. Ainsi Tettenborn, avec 1.300 hommes, devait essayer d'occuper Hambourg, entrer par mer en communications avec l'Angleterre et soulever le pays contre Napoléon, ce qui lui réussit assez facilement parce que le commandant de Hambourg, le général Carra Saint-Cyr, craignant l'insurrection, quitta la ville avant même l'arrivée des Russes. Le 17 mars Tettenborn attaqua et mit en déroute à Bergedorf-sur-l'Elbe, le détachement de Morand, qui de la Poméranie suédoise accourait au secours, et entra le 19 à Hambourg, reçu triomphalement comme un libérateur. La ville une fois occupée, on envoya des partis sur la rive gauche de l'Elbe pour insurger les habitants du pays, pendant que Tettenborn prenait des mesures pour la défense et la conservation de la ville.

Benckendorf était, entre temps, entré le 21 mars à Lubeck. reçu avec autant d'enthousiasme que Tettenborn à Hambourg. Ces deux partisans se proposaient, pour lutter avec les Français, d'organiser une légion hanséatique qui devait se recruter parmi les volontaires des villes hansétiques, et mettaient tout en œuvre pour exciter l'insurrection, ce qui leur réussit assez facilement dans le plus grand nombre des cas. La population du district et de la ville de Lunebourg se distingua particulièrement par son ardeur, en sorte que Morand qui, après son revers, se disposait à rejoindre Carra-Saint-Cyr pour aller de conserve reprendre Hambourg, changea d'avis et marcha sur Lunebourg pour punir ses habitants révoltés. Cependant un autre partisan, le hanovrien Dörnberg, avait passé l'Elbe à Werben le 14 mars, mais, repoussé par un détachement français, venu de Magdebourg, s'était retiré à Havelberg; ici il rencontra le corps volant de Tchernicheff, qui surveillait Magdebourg, et les deux partisans décidèrent d'agir dorénavant ensemble, et traversèrent l'Elbe, Dörnberg le 31 mars à Lenzen, et Tchernicheff le 25 à Below. Là ils apprennent le danger qui menace Lunebourg, y courent à marches forcées, y arrivent le 2 avril, attaquent à l'improviste dans la ville le détachement de Morand, qui n'avait décidément pas de chance, le battent et font prisonniers tous ceux qui restent en vie : ceux qui sortent de la ville sont reçus par une embuscade russe; repoussés dans la ville, déjà occupée par les ennemis, ils sont entourés de toutes parts; Morand lui-même fut grièvement blessé et succomba bientôt à ses blessures. La flamme insurrectionnelle qui incendia toute la 32e division militaire (ainsi s'appelait le pays autour de Hambourg et sur la basse Elbe) fut le résultat de la retraite du vice-roi sur Wittenberg, résultat qui attira sur l'aile stratégique gauche de Napoléon des forces importantes, que nécessita la répression de cette insurrection. Reste à savoir si, même à Magdebourg, il aurait empêché ces partisans de passer? Il est permis d'en douter : sans cavalerie il ne pouvait pas les suivre; ces gens entreprenants passaient parfaitement l'Elbe à la nage ou autrement et auraient toujours fini par percer entre les détachements d'infanterie de garde; et, une fois passés, ils étaient presque en pays ami, bien accueillis par les habitants, n'ayant, partant, pas à s'inquiéter de leurs communications, ni de leurs subsistances, qu'ils trouvaient partout facilement.

Les nouvelles instructions de l'Empereur trouvèrent donc le vice-roi à Leipzig, où son quartier général arriva le 9 mars. Il se mit aussitôt à concentrer ses forces sur Magdebourg, mais en raison de la conduite douteuse du général Thielmann à Torgau et du départ du roi de Saxe de Dresde pour Plauen, il décida de prendre quelques mesures pour le cas où les Saxons tenteraient aussi, avec leur roi, de trahir Napoléon, afin de diminuer les conséquences de cette défection. Dans ce but il fallait placer à Dresde un homme qui sût maîtriser la population de cette capitale, qui eût de l'autorité et une ferme volonté;

le maréchal Davout possédait mieux que personne les qualités requises et il reçut le commandement de la ville de Dresde et des troupes qui s'y trouvaient, et qui étaient celles de Reynier. Arrivé dans cette ville, Davout fit aussitôt miner le pont sur l'Elbe, afin de pouvoir le faire sauter dès que cela deviendrait nécessaire. Lorsque ce projet fut plus tard mis à exécution, son explosion se répercuta en indignation dans toute l'Allemagne; l'opinion publique attribua cet acte à la volonté seule de Davout, l'appelant barbare, vandale, etc. Cette opinion est, il nous semble, encore fort courante actuellement. Mais dans l'intérêt de la vérité historique, il convient de dire ici que cette opinion est erronée et que, si l'idée de faire sauter le pont n'appartient pas au vice-roi, l'ordre en fut pourtant donné par lui à Davout, probablement lors de son envoi à Dresde. Dans une lettre de celui-ci du 9 mars, datée de Leipzig, nous lisons : « Si l'ennemi marchait sur Dresde en forces supérieures.... je prendrai les mesures nécessaires pour faire sauter le pont ». Charras et Bogdanovitch disent tous les deux que Reynier, à peine arrivé à Dresde, ordonna de préparer un fourneau de mine dans l'un des piliers du pont, qui réunissait la nouvelle ville avec la vieille, et que le commencement de ces travaux donna lieu à des désordres et à des sorties violentes contre les troupes françaises et leur chef. Nous ignorons la source de ces affirmations des deux historiens, mais nous en trouvons la confirmation dans la lettre de Davout au vice-roi du 14 mars dans laquelle il dit : « Les Russes comptent sur le pont de Dresde; il est donc important de prendre des mesures pour le détruire, pour le cas où je devrais évacuer la rive droite.

Les moyens employés par le général Reynier, en supposant qu'ils réussissent, ne rempliraient pas cet objet, puisqu'ils ne détruiraient qu'une arche et que, avec les bois qui sont ici en quantité, le dommage serait réparé en 24 heures. J'ai reconnu le pont, et après avoir entendu le seul officier du génie qui soit ici, et sans sapeurs, je me suis convaincu qu'il fallait faire sauter deux arches et une pile, et pour que cet ouvrage puisse être fait promptement et bien il est nécessaire que Votre Altesse Impériale envoie ici en poste un officier du génie et des mineurs. »

Et le Prince Eugène, écrivant à Napoléon le 3 mars, dit : « Je donne l'ordre au général Reynier de faire sauter le pont de Dresde, dans le cas où il serait forcé de se retirer.... » Tout ceci prouve jusqu'à l'évidence que cette mesure fut définitivement sanctionnée par le vice-roi et la responsabilité, si responsabilité il y a, doit retomber sur lui, tandis que Davout, que les Allemands n'aimaient guère à cause de sa sévérité, n'a joué dans ce cas que le rôle de bouc émissaire. Pour tout militaire, il est clair que faire sauter un pont sur un fleuve important, fût-il même considéré comme un monument d'art précieux, est souvent, et était dans ce cas particulier, une mesure de défense forcée, parfaitement en accord avec les us et coutumes de la guerre. Mais l'opinion publique en Allemagne, qui ne voyait que les plus proches exécuteurs de cet acte, ne pouvait admettre qu'un ami des arts, tel que le Prince Eugène, pût ordonner de détruire ce pont, qui était considéré, à cette époque, comme une œuvre d'art extraordinaire; elle mit donc sur le dos de Davout tout ce que cet acte avait d'odieux. Connaissant les principes d'équité qui animaient le Prince Eugène, nous sommes sûrs que, s'il avait connu ces bruits, il n'aurait pas manqué de justifier Davout et de prendre sur lui la responsabilité de l'explosion du pont de Dresde; aussi croyons-nous de notre devoir de rétablir ici ce qui en fut réellement.

Nous avons dit plus haut que les instructions de Napoléon arrivèrent trop tard au Prince Eugène, qui en avait cependant grandement besoin, ne sachant rien sur les intentions ultérieures de l'Empereur, rien sur le plan de la campagne qui était sur le point de s'ouvrir. De Schœneberg, évacuant Berlin, il écrit le 2 mars : « Je crains beaucoup de mécontenter Votre Majesté en évacuant Berlin. Je crois l'avoir occupé le plus longtemps possible, car je pensais que cela pourrait influer sur les dispositions de la Prusse, mais, n'ayant aucune direction à ce sujet, j'ai dû ne regarder que les opérations militaires. Je n'étais donc pas placé dans une position à Berlin, dès que les principales forces de l'ennemi paraissaient déboucher de Silésie. Ces combinaisons politiques et militaires, le peu de connaissances que j'ai du théâtre de la guerre actuelle, et surtout les opérations ultérieures de Votre Majesté, me font vivement désirer qu'elle me donne quelques conseils pour la circonstance présente ».

Son état d'esprit se révèle plus ouvertement quand il écrit à la vice-reine le même jour : « Encore un mouvement rétrograde, ma chère Auguste, je suis décidé à me reployer sur l'Elbe, j'espère y être plus tranquille. J'ai maintenant sur les bras 8.000 à 10.000 hommes de cavalerie, et moi je n'en ai que 800 à 900; aussi mon infanterie est-elle toujours sous les armes; j'enrage de tout cela mais il n'y a pas moyen de faire autrement. C'est aujourd'hui, dit-on, le mardi gras, jamais carnaval n'a passé plus tristement pour moi... Je t'envoie un courrier, mais je ne sais plus quelle route il fera, car on me rapporte que des partis de cavalerie ennemie ont déjà été jusqu'aux portes de Dresde. On parle beaucoup de paix en Silésie et à Vienne; ces deux souverains désirent être les médiateurs de la grande querelle; puissent-ils réussir dans leur beau dessein! »

La première des lettres de l'Empereur contenant des instructions sur le plan à tenir par le vice-roi, lui parvint, comme nous l'avons dit, à Leipzig le 10 mars. Elle était écrite en chiffres et contenait le résumé suivant : « Restez à Berlin autant que vous pourrez. Faites des exemples pour la discipline. A la moindre insulte d'une ville, d'un village prussien, faîtes-le brûler, fût-ce même Berlin, s'il se comporte mal (on peut se figurer combien ces instructions étaient contraires à la nature du Prince, qui détestait tout ce qui sentait les représailles). Si vous êtes obligé de vous retirer sur l'Elbe (l'Empereur en prévoit donc l'éventualité), ne quittez point l'Elbe, sans y être entièrement obligé, puisque l'ennemi qui voudrait tourner votre droite, en s'avançant, serait lui-même tourné par Wurtzbourg par le mouvement du duc d'Elchingen qui pourrait marcher sur les montagnes de Gotha. Défendez donc Hanovre, Cassel et la 32e division militaire aussi longtemps que possible. Il faut prolonger votre gauche entre Magdebourg et Hambourg.... Ne quittez pas Magdebourg et l'Elbe sans des forces raisonnables. Si vous les quittez, maintenez-vous en communications avec Magdebourg par les montagnes du Harz.... Ecrivez-moi tous les jours avec vérité et grand détail ».

Cette lettre fut suivie d'une foule d'autres, tous les jours, et souvent plusieurs par jour. Nous tâcherons de résumer aussi brièvement que possible ces indications, que l'Empereur donnait à son fils adoptif, pour ses actions ultérieures. D'abord, s'il quitte Berlin, il doit organiser un camp retranché devant Magdebourg, dans lequel il serait inattaquable et d'où il pourrait lui-même, au contraire, menacer les ennemis, qui n'oseront, sans doute, pas l'attaquer dans une bonne position, s'ils n'ont pas au moins 100.000 hommes, tandis que lui-même conservera toujours pleine liberté de manœuvrer. Dans ce camp il doit réunir le corps d'observation de l'Elbe et le 11e et gagner le temps pour réunir là-dedans 12.000 hommes de cavalerie et ses 200 canons, qui doivent lui arriver en mars. (D'où devait-il prendre cette cavalerie? Il ne l'a jamais reçue.) Dans cette position il doit empêcher tout parti ennemi de marcher sur Hambourg. (Il était déjà trop tard.) Si l'ennemi se dirigeait sur Dresde, alors le général Reynier doit se retirer dans Torgau (nous avons vu que le général Thielmann, commandant de cette place, ne l'y laissa pas entrer) et faire l'aile gauche du vice-roi.

Comme l'ennemi dans la situation actuelle ne peut pas paraître devant Magdebourg avec plus de 20.000 à 25.000 hommes durant un mois encore, il doit construire quelques redoutes, réunir ses magasins dans Magdebourg et envoyer dans toute la Prusse de fortes avant-gardes (cela n'ayant aucune cavalerie!) et ne pas laisser approcher l'ennemi de plus d'une journée de marche, si ce n'est avec toute son armée. Il a tout à Magdebourg, le pays est beau, l'Elbe est large et c'est l'époque de la crue des eaux, où elle atteint sa plus grande largeur. Il doit donc réunir devant Magdebourg 80.000 hommes, et de là comme d'un centre, défendre toute l'Elbe. Le corps d'observation du Rhin, qui se concentre déjà à Achaffenburg, Hanau et Francfort-sur-le-Mein, menace le flanc gauche des ennemis. Les forces principales de Wittgenstein sont restées devant Dantzig, l'Empereur ne croit donc pas qu'il puisse, même s'il le voulait, forcer le vice-roi dans Magdebourg avec toutes ses forces avant la mi-avril. S'il y a une bonne position, c'est bien Magdebourg, d'où il peut toujours déboucher offensivement, et d'où il débouchera réellement, pour attaquer l'ennemi s'il ne montre pas des forces trop supérieures en nombre. Il espère que Reynier tiendra à Dresde le plus longtemps possible et dit qu'il faut enfin commencer à faire la guerre.

Sur l'Elbe, à deux marches de Magdebourg, entre cette ville et Hambourg, il formera un détachement de troupes westphaliennes (la Westphalie ne donna pas un homme) et placera, avec 16 bataillons, sur son flanc gauche, le prince d'Eckmühl, qui y sera à sa place, connaissant bien

Hambourg, en sorte que son voisinage de cette ville sera très utile.

Il doit réunir dans le camp retranché devant Magdebourg, les 3 divisions du 11e corps, les 4 du général Lauriston, celle de la garde, les 1er et 2e corps de cavalerie, ce qui fera ainsi 60.000 hommes d'infanterie, 250 bouches à feu et 10 à 12.000 hommes de cavalerie. (En réalité le prince Eugène n'eut jamais, durant toute la campagne, plus de 4.000 hommes de cavalerie, ce qu'il expliqua plus d'une fois à l'Empereur.)

Les régiments cantonnés dans des baraquements, couverts par des ouvrages, il devra journellement envoyer dans différentes directions des avant-gardes de 1.500 chevaux et par une division d'infanterie. Le duc de Bellune (Victor) doit rester sur la rive droite, ayant le commandement de la place de Magdebourg, et garder l'Elbe depuis Magdebourg, par Wittenberg jusqu'à Torgau, tandis que Reynier commandera depuis Torgau jusqu'aux montagnes de la Bohême.

« En résumé: si l'ennemi veut marcher sur Dresde avec son armée en même temps qu'il marche avec un autre corps sur le Hanovre, il est évident, que Vous ne pouvez point penser à défendre Dresde. Obligé d'opter entre la défense du bas Elbe et celle du haut, je désire défendre le bas; 10 à 12.000 hommes qu'a le général Reynier suffisent pour défendre Dresde, si l'ennemi ne veut pas y venir en forces pour ne pas trop s'étendre et ne pas se compromettre... » Et quelques jours plus tard l'Empereur ajoute: « Je ne puis que vous dire un mot:

pour sauver Dresde et contenir l'ennemi sans courir aucun danger, pour sauver en même temps Hambourg, la Westphalie et la 32e division militaire, il n'y a qu'un seul moyen: c'est de prendre une position offensive, et la place de Magdebourg vous offre pour cela la position la plus favorable. Aussitôt que l'ennemi vous saura avec une armée de 80.000 hommes en avant de Magdebourg, qu'il verra à deux ou trois journées de cette place de forts détachements d'infanterie, de bonnes troupes et de belles cuirasses; qu'il verra enfin que vous êtes en état de marcher sur Berlin et sur Stettin, dès ce moment Dresde se trouvera dégagé.

« Dès que vous aurez pu réunir assez de cavalerie pour faire avec de l'infanterie quelque expédition contre les Cosaques, et les étriller, vous les verrez disparaître ».

Cette dernière idée était assez évidente pour le vice-roi, même sans que l'Empereur eût besoin de la lui exprimer, mais la difficulté était justement d'avoir de la cavalerie, et ce n'était pas le prince Eugène qui pouvait en créer sur place, à moins qu'on ne lui en envoyât de l'intérieur: Le général Bourcier lui promettait, à en croire l'Empereur, 10 à 12.000 hommes de cavalerie pour le mois de mars, mais ce ne fut et ne resta qu'une promesse, et le prince Eugène ne reçut jamais « de belles cuirasses ».

A ces lettres le vice-roi répondait, entre autres, qu'il voyait avec peine qu'il n'avait pas deviné les projets et les intentions de l'Empereur; qu'il n'avait reçu l'instruction de se concentrer autour de Magdebourg seulement après qu'il était déjà sur la rive gauche de l'Elbe, mais qu'il espérait, néanmoins, pouvoir encore changer sa ligne d'opérations sur Cassel, selon les intentions de Napoléon, parce que de là comme de Magdebourg on peut marcher sur Hanovre par les deux pentes du Harz, si l'ennemi réussissait à forcer le passage de l'Elbe. Le 16 mars il annonce à l'Empereur qu'il a maintenant bien compris ses idées et qu'il ira à Magdebourg en se basant par Hanovre et Cassel sur Wesel, que ce mouvement exigera de 7 à 8 jours de temps et qu'il rendra le lendemain compte à l'Empereur des dispositions qu'il aura prises à ce sujet, ce qu'il fait en annonçant qu'il laisse sur l'Elbe, de Dresde à Torgau, le corps du général Reynier (1) et 1.500 Bavarois. Que Davout, avec 6 bataillons du 1er corps et la 31e division, occupera Wittenberg, comme tête-de-pont double et gardera le fleuve de Torgau à Dresde, ce qui sera effectué le 22. Que les Polonais de Dombrovsky, placés sur la Mulde en deuxième ligne, seront à ses ordres.

Que les divisions des 1er et 2e corps seront échelonnées entre Wittenberg et Magdebourg dès qu'elles seront organisées et que les divisions Grenier et Charpantier, du 1er corps, occuperont le terrain entre Dessau et Schœnebeck, où elles arriveront le 23.

« Le corps d'observations sur l'Elbe aura une division entre Schœnebeck et Magdebourg, une seconde en arrière

(1) Entre temps Reynier, mécontent d'être sous les ordres de Davout, avait de son propre gré quitté son poste et était parti pour la France, se contentant d'en informer par lettre le vice-roi. Voilà combien était tombée la discipline même chez les principaux chefs après la campagne de 1812!

de cette place, une troisième à Wolmirstädt, une quatrième vis-à-vis les embouchures du canal de Plauen, détachant un fort parti vis-à-vis de la Havel, où il se retranchera.

« Le général Morand, avec les troupes qu'il aura ramenées de Stralsund formera un corps détaché sur l'extrême gauche, pour préserver le pays en deçà du bas Elbe contre les courses des partis ennemis qui pourraient passer ce fleuve.

« Je donne l'ordre au général Reynier de faire sauter le pont de Dresde, dans le cas où il serait forcé de se retirer, de disputer le terain pied à pied et de profiter des avantages que pourraient lui offrir successivement la Mulde, l'Elster, la Saale, l'Unstrutt et autres positions naturelles : il doit manœuvrer de manière à couvrir la route de Cassel par Langensalza.

« Je vais porter sous peu de jours mon quartier général à Magdebourg. J'ai déjà donné des ordres pour qu'on rassemblât des vivres. Je m'occuperai fortement de cet objet, et, lorsque j'en aurai réuni pour quelque temps, je ferai prendre aux troupes le camp indiqué par Votre Majesté, sur la rive droite du fleuve.

« Tout le mouvement que j'indique ci-dessus à Votre Majesté n'est que le mouvement préparatoire pour remplir entièrement ses intentions. »

Ces mêmes lettres de l'Empereur contenaient, outre les instructions si nombreuses et si minutieuses sur le plan à suivre par le vice-roi, des signes non moins nombreux de son mécontentement, exprimés en paroles acerbes, et une violente critique des actions du Prince Eugène. Il est mécontent de ses lettres, qui ne lui donnent aucun renseignement, dit-il : « Je ne reçois aucun renseignement; je suis dans l'obscurité sur tout. Comment voulez-vous que je dirige mon armée? » Il se plaint de ne pas savoir quel général commande quel corps, qui commande l'artillerie, quelles ont été les différentes affaires... « Quel est le chef d'état-major? Qui commande votre cavalerie? En général vous ne gardez personne. Vous avez très mal fait de renvoyer le duc de Castiglione. Il fallait au moins attendre mon ordre. Vous avez aussi mal fait de renvoyer les généraux de cavalerie. Tout le monde étant renvoyé il n'y a plus personne aux corps. (Par une lettre antérieure l'Empereur avait autorisé le vice-roi à renvoyer, sans le lui demander, les officiers qu'il croirait inutiles. Et quant à Augereau, nous avons vu qu'il avait deux fois demandé de partir et qu'avec ses dispositions d'esprit du moment, il était peut-être plus nuisible qu'utile.)... « Je vous ordonne de faire connaître à votre chef d'état-major que si tous les jours il n'envoie pas des rapports très détaillés, indépendamment de votre correspondance j'en ferai un exemple sévère. Je ne suis instruit de ce qui se passe que par les journaux anglais..... »

Critiquant les opérations militaires du Prince, il dit : « Rien n'est moins militaire que le parti que vous avez pris de porter votre quartier général à Schœnberg en arrière de Berlin. Il était très clair que c'était attirer l'ennemi... Le jour où votre quartier général a été placé derrière Berlin, c'était dire que vous ne vouliez pas garder cette ville. Vous avez ainsi perdu une attitude que l'art de la guerre est de savoir conserver. Un général expérimenté qui eût établi un camp en avant de Cüstrin aurait donné le temps au corps d'observation de l'Elbe de venir sur Berlin, ou, du moins, si ce général avait pris un camp en avant de Berlin, il n'aurait pu être attaqué que par de grandes dispositions qu'il aurait forcé l'ennemi de prendre..... Nos opérations militaires sont les objets de la risée de nos alliés à Vienne et de nos ennemis à Londres et à Pétersbourg, parce que, constamment, l'armée s'en va huit jours avant que l'infanterie ennemie soit arrivée, à l'approche des troupes légères et sur de simples bruits. Il est temps que vous travailliez et agissiez militairement.... »

Une partie de ces reproches était, évidemment, assez fondée, mais la plus grande partie était basée sur des renseignements faux et des conclusions erronées que fournissaient à l'Empereur le ministère de la guerre et les nombreux agents secrets et espions du ministre de la police, Fouché. Il est clair que de pareils reproches rédigés en des termes dont la violence était accrue encore par les insuccès politiques successifs de l'Empereur, et sa conviction que les opérations militaires étaient mal conduites, ne pouvaient pas ne pas agiter douloureusement l'esprit du Prince Eugène et le déprimer, tandis qu'il avait conscience de ne pas agir à la légère, mais après mûre réflexion et selon des convictions arrêtées, tendant toutes ses facultés à obtenir le succès. Mais il était entouré de difficultés de toutes sortes, qui restaient inconnues de l'Empereur, et ce qui l'oppressait le plus, était le sentiment de la responsabilité qui pesait sur lui, de conserver intactes ses troupes — à ce moment encore le seul solide et sûr boulevard de la monarchie napoléonienne. Pour se justifier, il écrivit à l'Empereur deux lettres. L'une devait autant que possible expliquer sa conduite au point de vue de l'exécution matérielle des ordres, la voici :

« Sire, je n'aurais pu répondre hier (11 mars) comme je l'aurais désiré à la lettre de Votre Majesté, parce qu'elle n'a été achevée de déchiffrer que fort tard. Je vais bien me pénétrer des ordres et instructions qu'elle contient, afin de les adopter autant que possible à notre position actuelle. J'espère que Votre Majesté ne trouvera pas que j'ai trop étendu mes forces; il était instant cependant de garder tous les défilés, pour empêcher cette malheureuse cavalerie légère ennemie de nous inquiéter. D'ailleurs je maintiens toujours mes principales forces entre Torgau et Magdebourg, puisqu'en deux à trois marches je pourrais réunir sur un point les quatre divisions du général Lauriston, et les 35e et 36e divisions que commande le général Grenier. D'ailleurs lorsque l'ennemi aura décidé son mouvement au delà de l'Oder, je reploierai, s'il est possible, ma droite derrière Torgau.

« Votre Majesté me demande pourquoi j'ai laissé le général Grandeau à Stettin. Je ne connaissais point cet officier. Il avait en sa faveur qu'il venait d'être nommé tout récemment général de division par Votre Majesté, sur présentation et rapport favorable du prince d'Eckmühl. Votre Majesté me demande que font les généraux Fournier d'Albe, qui commande à Cüstrin, et Laplanne, qui commande à Glogau, voyant dans la correspondance de ces officiers peu d'assurance de leur part, j'avais désigné le général (illisible) pour Glogau et le général de division de Lagrange pour Cüstrin. J'en informai de Posen le ministre de la guerre, qui, en réponse, m'a envoyé de nouvelles lettres de service pour les généraux Fournier d'Albe et Laplanne. A Spandau, il y avait le général B.... qui est un mauvais officier; il était d'ailleurs fort malade; je l'ai remplacé par le général Bruny qui n'avait pu se rendre à Stettin, les communications avec cette place ayant été interrompues par la cavalerie ennemie.

« Le général Reynier m'a écrit de Dresde que, le 10, le peuple de cette ville avait paru vouloir se soulever en voyant travailler au pont. On a fait quelques patrouilles et tout est rentré dans l'ordre. Une lettre particulière annonce que l'affaire a été plus sérieuse que ne le dit le général. Le peuple ameuté se serait porté à sa maison dont il aurait cassé les vitres, et toutes les troupes auraient pris les armes.

Le prince d'Eckmühl arrive aujourd'hui dans cette ville.

« ...J'ai longtemps hésité à faire occuper aussi fortement la ligne depuis Torgau jusqu'à Dresde; mais ce qui m'y a le plus décidé, c'est que j'ai l'espoir d'avoir enfin arrêté la marche de toute cette cavalerie et de ces corps légers que l'ennemi poussait au loin devant lui. Dans la lettre chiffrée du 6 mars, de Votre Majesté, que j'ai reçue ce matin, je crois qu'Elle aurait désiré que j'établisse un camp en avant de Magdebourg, afin de rester à cheval sur cette rivière; mais j'aurais eu beaucoup de peine à tenir, dans cette saison, mes troupes réunies dans un camp, en prenant des cantonnements en avant de Magdebourg, et n'ayant pas encore assez de cavalerie pour laisser l'infanterie à sa garde, j'aurais été harcelé sur tous les points par ces 7.000 à 8.000 chevaux ennemis, qui se seraient toujours montrés avec leur artillerie sur les points les plus faibles. Cependant, si j'avais reçu à temps les instructions de Votre Majesté, je les aurais certainement suivies. Indépendamment des observations ci-dessus, je pourrais aussi alléguer à Votre Majesté les difficultés de nourrir une aussi grande masse de troupes avec les greniers de Magdebourg. Votre Majesté pourra en juger par une lettre que je reçois du roi de Westphalie, et que j'envoie au major-général ».

La seconde lettre, datée du 15 mars, exprime les sentiments qui agitaient le Prince Eugène, après tous les reproches dont nous n'avons rapporté qu'une partie. Il devait sentir que Napoléon sans le dire ouvertement, pensait que les horreurs de la campagne de Russie avaient agi sur le vice-roi de la même manière que sur Murat, Sorbier, Augereau et tant d'autres; qu'il manquait de courage moral pour se décider à se battre et que c'était pour cela qu'il reculait, trop vite au gré de l'Empereur. A en croire les lettres de Napoléon, Eugène, dont l'Empereur devait cependant dire plus tard qu'il avait été le seul qui ne fît pas une faute en 1812, n'était qu'un bon à rien, un général inexpérimenté, qui s'enfuyait au simple bruit de l'approche des ennemis; c'est, du moins, l'impression qu'on a en compulsant ces lettres, et combien plus forte devait être cette impression sur le prince lui-même, objet de ces reproches! Il n'est donc pas étonnant que dans ces circonstances il écrive à l'Empereur: « Sire, je ne vois que trop, par les dernières lettres que j'ai reçues de Votre Majesté, qu'elle n'approuve aucune des dispositions militaires que j'ai prises pour la marche sur l'Elbe, et je dois craindre qu'elle n'approuve pas non plus la position que j'ai cru devoir prendre sur ce fleuve. Obligé de régler ma conduite sur les événements qui me pressaient, tandis que j'aurais eu si grand besoin des directions de Votre Majesté, j'avais cru faire ce qu'il y a de mieux pour son service; j'avais cru suivre les leçons de la prudence et de ne pouvoir m'égarer lorsque je m'abandonnais aux inspirations de mon cœur; mais les grands intérêts tombés passagèrement dans mes mains réclament encore plus de talent que de zèle, et sont peut-être supérieurs à tous les efforts de mon dévouement. Si donc Votre Majesté pense, comme toutes ses lettres ne me portent que trop à le croire, que je ne puis remplir ses vues, je la prie de ne pas me laisser plus longtemps dans une position où je puisse lui déplaire, et je la conjure de vouloir bien me remplacer dans le commandement en chef de son armée; et quoiqu'il est bien loin de moi de penser à ne pas servir activement en ce moment, je désire que Votre Majesté veuille me fixer un commandement de troupes où je puisse lui donner encore des preuves de mon zèle et de mon éternel attachement. »

Cette lettre nous paraît n'avoir pas besoin de commentaires ; ce n'est pas ainsi qu'agirent Murat, Augereau, Reynier, etc. »

Au reçu de cette lettre, l'Empereur écrivit au Prince Eugène le 20 mars: « Mon fils, j'ai reçu votre lettre du 15 mars. Les observations que je fais sur les différents mouvements sont pour le bien du service, et vous auriez tort d'y donner d'autre interprétation. »

Cette lettre devait tranquilliser le vice-roi et lui montrer que les expressions sévères de l'Empereur provenaient plutôt de son aigreur générale du moment, que de son manque de confiance et de son mécontentement à l'égard du vice-roi personnellement. Celui-ci, cependant, avait commencé à diriger ses troupes sur Magdebourg, où se trouvait déjà depuis quelque temps le général Lauriston. Durant ce mouvement, on reçut les nouvelles des incursions des partisans russes au delà de l'Elbe, de la prise de Hambourg, du combat de Lunebourg et de la révolte du pays le long de l'Elbe, nouvelles qui inquiétèrent tellement le vice-roi et Lauriston qu'on décida de marcher au nord au secours de la 32e division militaire. Pour empêcher le passage de l'Elbe par de plus forts corps de troupes ennemies, et pour couvrir les dépôts si précieux de cavalerie à Hanovre et à Cassel, le Prince Eugène décida d'aller avec la majeure partie de ses troupes sur l'Ohre, affluent de l'Elbe du côté gauche, suspendant pour un temps tout mouvement devant Magdebourg. Les partis d'éclaireurs envoyés en avant rejetèrent les détachements ennemis derrière l'Elbe et démontrèrent enfin au vice-roi que ces bruits inquiétants étaient faux et en partie exagérés, que les forces ennemies de ce côté étaient faibles et qu'on ne pouvait s'attendre à aucune offensive sérieuse dans ces parages. Toujours juste envers soi-même, le vice-roi écrivait de Magdebourg à ce sujet à l'Empereur le 30 mars : « Sire..... Je n'ai pas fait faire de mouvement à mes troupes aujourd'hui, si les rapports de demain et après-demain insinuent que l'ennemi n'a pas passé l'Elbe en force, je reprendrai ma position en avant de Magdebourg. Je prévois que Votre Majesté n'approuvera pas le mouvement que j'ai fait de concentrer mes troupes sur l'Ohre; ce mouvement est, il est vrai, trop précipité, puisque jusqu'à présent rien ne confirme que l'aile droite de l'ennemi ait passé l'Elbe; mais en supposant que tous ces bruits et rapports qui m'arrivent se fussent confirmés, en regardant la carte et supposant le passage à Lenzen, l'ennemi se trouverait à Hanovre avant moi. Il aurait donc fallu que je livrasse combat pour reprendre ma ligne de communication, tandis qu'il est préférable de la conserver dans tous les cas.

« D'un autre côté, si je me portais sur Braunbourg, c'était trois marches en avant, autant pour revenir, et le passage présumable que l'on annonçait déjà des armées prussiennes et russes qui pouvaient en sept à huit marches arriver par Leipzig au pied du Hartz, aurait rapproché toutes leurs forces de moi et m'aurait empêché de me porter sur le corps du bas Elbe. Je puis avoir eu tort dans ma manière de voir, mais je ne fais qu'expliquer à Votre Majesté ce qui m'a fait agir ainsi.

« Il me tarde d'apprendre son arrivée à Mayence, où

elle recevra les rapports plus fraîchement, et d'où il me sera plus facile de recevoir ses directions ».

En même temps sur l'ordre de Napoléon qui craignait infiniment pour le bas Elbe, Davout fut rappelé de Dresde et on lui confia le soin de débarrasser le pays le long de l'Elbe des partis russes et de défendre le cours inférieur de ce fleuve. On lui adjoignit, comme aide, le général Vandamme, qui trouva, en pacifiant le pays, une occasion de se rendre célèbre par ses cruautés. Elles avaient commencé du temps de Carra-Saint-Cyr et de Morand, qui fut massacré par représailles par les habitants de Lunébourg; Davout lui-même, homme énergique et d'une volonté de fer, ne pouvait évidemment pas ne pas traiter avec sévérité les habitants du pays, qu'il était en droit de considérer comme des rebelles, et s'il fut plus juste que ses lieutenants, il n'en a pas moins acquis dans le pays un renom de cruauté par sa simple sévérité. Les partisans russes avaient menacé de représailles en cas de cruauté envers les habitants pour l'aide qu'ils leur prêtaient, mais cette proclamation n'eut aucun succès et l'on continua les poursuites contre les habitants. Mais, malgré les forces considérables mises à la disposition de Davout, il ne réussit à débarrasser le pays des corps de Tattenborn, Tchernicheff, Dornberg, etc., qu'avec infiniment d'efforts, et ils ne se retirèrent définitivement qu'avec le mouvement offensif des principales forces alliées en Saxe. Ainsi donc la diversion faite par les partisans russes sur la basse Elbe n'eut aucun rôle décisif sur la marche de événements militaires; si elle fut rendue possible grâce à la retraite du vice-roi sur Wittenberg au lieu de Magdebourg, elle ne put, grâce à son retour au nord, être suffisamment soutenue par les alliés et son résultat fut seulement dans le pays un brusque soulèvement. Et, trop faiblement soutenu, celui-ci n'aboutit qu'à une suite de cruautés inutiles et à la dévastation d'une région florissante. On peut aisément se figurer combien tout ceci était pénible à voir pour le vice-roi.

CHAPITRE V

État de l'armée du vice-roi en avril. — Plan de campagne des alliés. — Affaire de Mœckern. — Mouvement rétrograde sur la Saale; ses causes. — Séjour sur cette ligne. — Opérations des alliés. — Approche de la nouvelle Grande Armée. — Sa composition. — Offensive combinée de l'Empereur et du vice-roi. — Ils se réunissent à Lützen. — Conclusion.

En lisant la correspondance du vice-roi avec Napoléon, Davout et Lauriston, nous sommes arrivés à conclure que les deux plus grandes difficultés qu'il eut à surmonter lors de son séjour sur l'Elbe furent le manque de cavalerie, source de toutes les fausses alarmes, et l'emmagasinement à Magdebourg des subsistances suffisantes pour son armée. Pour ce qui est de la première, il arrivait parfois des choses curieuses. L'Empereur, par exemple, écrit : « Vous devez avoir 8.000 hommes de cavalerie », et le Prince Eugène en avait à peine 2.000 à 3.000 réunis avec d'énormes difficultés. Pendant ce temps il restait au général Bourcier à Hanovre environ 3.000 chevaux, et il se plaint de ne pas avoir d'hommes pour les faire monter. D'un côté, besoin pressant de cavalerie, abondance d'hommes, et de l'autre, 3.000 chevaux attendant leurs cavaliers! Comment expliquer un pareil fait? Quel nom lui donner, au point de vue administratif? Il importe de remarquer, à ce propos, que le général Bourcier ne dépendait pas du vice-roi, mais recevait ses ordres directement du ministère de la guerre à Paris. Souvent l'Empereur, qui accusait le Prince Eugène de prêter trop d'importance à de simples bruits, n'était pas mieux informé sur la situation de ses propres troupes, hors de tout contact avec l'ennemi. Ainsi, il écrit au sujet de ce même général Bourcier: « Malheureusement je vois que le dépôt de cavalerie a été transféré de Hanovre à Cassel », et quelques jours plus tard il est obligé de dire: « Je vois avec plaisir que le général Bourcier n'a pas quitté Hanovre ». Nous n'avons pas pu découvrir de quelle source l'Empereur tenait ce faux renseignement, mais ce fait prouve indirectement la présence à l'armée d'agents secrets de la police de Fouché, qui ne se gênaient pas, pour atteindre leurs buts obscurs, de donner à leur souverain des informations, volontairement ou involontairement fausses, de rendre suspectes à ses yeux les personnes qui, pour telle ou telle raison, leur déplaisaient.

Quant à l'état des régiments de cavalerie, nous en trouvons un exemple dans la lettre que Bourcier écrivait à Davout en date du 20 avril: « Les 17e et 19e régiments de lanciers lithuaniens sont arrivés à Hanovre les 13 et 14 mars, et comme cette ville, dont toutes les ressources étaient absorbées par la présence du dépôt général et par les commandes faites par Son Excellence le Ministre, directeur de l'administration de la guerre et par moi, n'offrait aucun moyen à ces corps de pourvoir aux confections d'habillements, équipements et harnachements qui leur étaient nécessaires, je les fis partir pour Hildesheim; mais le 17 mars ils furent obligés de quitter cette ville par suite de l'ordre que j'ai reçu de M. le général Lauriston, qui me prescrivait de diriger sur Cassel les troupes non disponibles du dépôt général et, aussitôt que l'état des choses parut plus rassurant, je les envoyai à Minden, pour qu'ils eussent plus de facilité à s'occuper de leurs confections. Ces régiments étaient dans un dénuement absolu de toutes choses. Les hommes n'étaient ni habillés, ni équipés; il n'existait pas un seul harnachement au 17e régiment, et le 19e n'en avait que 150 sans chabraques; les chevaux étaient tous blessés grièvement et dans un état de maigreur qui exigeait un long repos... Il résulte de toutes ces circonstances que malgré tous mes efforts et mes soins, le régiment ne pourra avoir, pour le 29 de ce mois, les 250 chevaux disponibles sur lesquels j'avais compté... » *(Annexe 78 bis.)*

Et le 2e corps de cavalerie se composait, à en croire un rapport du général Lauriston du 8 mars, de 69 officiers et 1.831 hommes. Seulement un autre rapport du même nous apprend que le général Bourcier avait à Hanovre 5.000 hommes et 5.000 chevaux qui l'embarrassaient beaucoup, car il n'y en a pas un seul qui soit complètement armé, et des 5.000 chevaux, les 2/3 n'ont pas de harnachements. Dans une autre lettre, Lauriston se plaint qu'il n'y ait plus à Magdebourg d'armes pour la cavalerie légère, et dit qu'il est triste qu'un pareil obstacle retarde l'organisation de l'armée dont on a un si pressant besoin, et cela au moment où l'on a hommes et chevaux.

Les lettres de Lauriston nous montrent qu'il n'en était pas autrement des approvisionnements qu'on réquisitionnait, et qui étaient ensuite déposés dans les magasins de Magdebourg. Le 26 mars, Lauriston écrit: « Je voudrais pouvoir donner quelque bonne nouvelle à Votre Altesse au sujet des vivres, mais les réquisitions que j'ai faites ont produit des bœufs, mais peu de pain ou de farine. Il y a huit voitures de grain qu'il faut faire moudre. En avant le général Maison ne trouve rien, il a été obligé d'envoyer à Gomern où j'avais envoyé de mon côté, et l'on n'a pu avoir que 1.000 rations de pain. Cette pénurie est dangereuse en ce que le soldat quitte son cantonnement, ses baraques, pour aller chercher des pommes de terre; il va au loin sans giberne, ni fusils. On les fait rentrer autant que possible, mais il s'en échappe toujours. Avec un peu plus de cavalerie, on pourrait s'étendre ». Et à la même époque le vice-roi lui-même informait l'Empereur qu'il n'avait trouvé à Magdebourg qu'un tiers à peine des vivres nécessaires en cas d'un siège; qu'il n'y avait encore rien des approvisionnements de réserve et que la dépense journalière était de 15 à 20.000 portions, et qu'ainsi on était encore loin de son compte. « Des commandes sont faites partout pour des farines, des grains, des bestiaux et je ne doute pas que sous trois à quatre jours nous ne commençions à voir arriver les premiers convois.

« Votre Majesté croirait-elle qu'il n'y avait rien ici de plus que pour 15.000 hommes?... Les difficultés de subsistances m'empêchent de faire passer les troupes sur la rive droite aussitôt que je l'aurais désiré... » et le 25 mars il ajoute: « Nous ne pouvons cuire encore que de

23 à 25.000 rations de pain. Ces difficultés seront, je crois, levées au 1er de ce mois, époque à laquelle les nouveaux fours seront achevés et les farines arrivées ».

Toutes ces difficultés n'empêchaient pas cependant les ordres de l'Empereur d'être exécutés: on concentrait les troupes dans Magdebourg et en avant de cette ville; on faisait des reconnaissances du terrain devant la place; on marquait les points à fortifier; on traçait de nouvelles communications pour circuler plus commodément à travers le nouveau camp, coupé par de nombreux ruisseaux et marécages, enfin, on activait la construction des baraquements destinés à loger ces troupes, et, le 30 mars, le Prince Eugène pouvait annoncer à l'Empereur que « l'armée reste toujours concentrée, prête à se porter où besoin sera ». Il était temps; trois jours plus tard, à 4 kilomètres en avant de Magdebourg, on échangeait les premiers coups de canon avec les Prussiens; les avant-postes ennemis étaient composés de troupes de toutes armes, et sauf des cosaques, tous se trouvèrent être des Prussiens. Les tirailleurs français engagèrent la fusillade, l'artillerie se mit en batterie et l'ennemi fut rapidement repoussé jusqu'à Königsborn. Les jeunes troupes du vice-roi déployèrent dans ce combat beaucoup d'ardeur. C'était la première reconnaissance un peu sérieuse, entreprise dans le but de déterminer la place des futurs ouvrages avancés, devant protéger le camp retranché; le détachement repoussé appartenait à l'avant-garde du général prussien Borstell, dont la brigade était subordonnée à Wittgenstein, auquel il s'empressa de rendre compte de ce mouvement offensif de l'armée française.

A cette époque les troupes des alliés marchaient vers l'Elbe en deux masses principales: celle de gauche, divisée en trois échelons (avant-garde de Winzingerode, corps de Blücher, ensuite le corps de Miloradovitch), se dirigeait sur Dresde et la haute Elbe, précédée des corps volants de Dawydoff, Prendel et du prince Madatoff. Dawydoff arriva le 20 mars devant la capitale de la Saxe et trouva le pont de l'Elbe rompu par les ordres du général Davout le jour de son départ pour la basse Elbe. Le général Durutte avait pris le commandement de la garnison de 3.000 hommes, après le départ volontaire de Reynier, et, croyant le détachement de Dawydoff bien plus fort qu'il ne l'était en réalité, entra en pourparlers avec lui et conclut un court armistice; ensuite, à l'approche de l'avant-garde de Winzingerode, il évacua la ville le 27 mars, selon les instructions de Napoléon et du vice-roi, et se retira derrière la Saale. Quant à Winzingerode, il établit sur l'Elbe un pont flottant, sur lequel il fit passer ses troupes, entra à Dresde et arriva à Leipzig le 3 avril.

La masse de droite des alliés avait pour chef direct Wittgenstein, et était composée, outre les troupes de celui-ci, du corps de York et de celui de Bülow récemment arrivé de dessous les murs de Stettin. Le quartier général de Wittgenstein et le corps de York étaient établis le 2 avril à Zerbst, patrie de Catherine II; l'avant-garde de Borstell à Wahlitz, à 10 kilomètres environ de Magdebourg; le corps russe de Berg près Liezov, et celui de Bülow à Ziesar. Selon le plan adopté, Wittgenstein devait marcher pour se réunir aux forces principales des alliés devant Leipzig; dans ce but on jetait sur l'Elbe deux ponts, l'un près Elster, un peu au-dessous de Wittenberg, que bloquait une partie des troupes de Berg, l'autre près de Rosslau, à une quarantaine de kilomètres plus bas.

L'avant-garde de Borstell avait bien informé à temps Wittgenstein de ce qui se passait à Magdebourg et avait signalé les ponts qu'on jetait sur l'Elbe au-dessous de la ville. Mais l'accalmie survenue dans les opérations du vice-roi grâce à son mouvement sur l'Ohre tranquillisa Wittgenstein et il ordonna de continuer les travaux des ponts; Borstell resta pour surveiller Magdebourg jusqu'à ce qu'il ait été repoussé par la reconnaissance, dont nous avons parlé plus haut. Il ne pouvait évidemment pas penser à résister à toutes les forces du Prince Eugène, et recula successivement de Wahlitz sur Heidlitz, et de là sur Möckern. Heureusement échappé dans cette ville à une surprise au petit jour, le 4 avril, il se retira à Hohenziatz. Quant au vice-roi, dont l'unique but, cette fois, était de nettoyer une plus large bande de terrain pour le futur camp, il ne le poursuivit pas, une fois le but atteint. Wittgenstein, cependant, informé par Berstell du mouvement offensif du vice-roi et craignant de sa part une marche sur Berlin, décida d'attaquer le Prince Eugène. Les prédictions de Napoléon sur les avantages de la position devant Magdebourg et sur son influence gênante sur les opérations des ennemis se réalisaient. La décision de

Wittgenstein était assez téméraire, puisqu'il estimait les forces du vice-roi à 40.000 hommes (en réalité il aurait pu réunir au besoin 60.000), tandis que lui-même n'en disposait que de 35.000, dont il ne pouvait réunir, pour la bataille même, que 25.000 environ, le reste étant détaché dans différentes directions. Mais il paraît que la retraite jusqu'ici consécutive du vice-roi, jointe à son arrêt après la collision avec Borstell, fut considérée par les alliés comme une preuve de faiblesse et d'indécision de la part du Prince Eugène et releva encore plus l'esprit de leurs troupes.

Le plan de Wittgenstein pour l'attaque du Prince Eugène consistait à faire reculer devant lui les troupes de Bülow et Borstell le long de la route de Berlin, pour l'attirer le plus loin possible hors de Magdebourg, et à se jeter ensuite sur son flanc et ses derrières du côté de Zerbst et Leitzkau, avec les corps de Berg et de York, pour le couper de Magdebourg. En exécution de ce plan, il ordonna à Bülow et Borstell d'engager le combat le 6 avril et de reculer ensuite en combattant sur Hohenziatz et Ziesar, jusqu'à ce qu'ils entendissent le canon du côté de Leitzkau d'où il se proposait d'attaquer lui-même avec York; alors ils devaient passer énergiquement à l'offensive et se battre avec acharnement pour retenir l'ennemi sur place et donner à lui, Wittgenstein, le temps de couper complètement la retraite au vice-roi. Le patriotisme d'un côté et la contenance passive des troupes françaises d'un autre avaient donc tellement relevé l'esprit des troupes de Wittgenstein qu'il se décida à tenter avec des forces inférieures une opération assez risquée, qui pouvait entraîner la défaite successive et séparée de ces deux groupes de troupes, et qui, en tout cas, demandait beaucoup d'ensemble dans les mouvements et de tact militaire de la part des chefs partiels. Mais la soif de se battre et la confiance dans la victoire furent si fortes en lui et dans ses troupes que, lorsqu'il apprit que le vice-roi n'avançait plus, mais s'arrêtait, et que certains de ses détachements rentraient même dans Magdebourg, il prit ce mouvement pour le signal d'une nouvelle retraite générale des Français, et, craignant de laisser s'échapper l'ennemi sans combat, se décida à l'attaquer au plus vite avec les forces qu'il avait sous la main, sans s'inquiéter du nombre des ennemis et sans attendre l'arrivée de tous ses autres corps. Cette décision eut pour résultat le combat de Möckern, assez improprement décoré de ce nom.

Deux routes conduisent de Magdebourg à l'est : celle du nord se partage à quelques kilomètres de la ville en deux branches; une branche, celle de gauche, mène par Burg à Brandenburg; celle de droite franchit le cours de l'Ehle et mène par Königsborn, Nedlitz, Zehdenick et Möckern, et de là par Hohenziatz et Ziesar à Berlin; celle du sud conduit par la digue de Kluss à travers les marécages qui bordent l'Ehle, aux villages de Gommern, Dannigkow et Leitzkau, se dirigeant ensuite par Zerbst et Rosslau, sur Wittenberg. Nous ne possédons, malheureusement, aucun plan qui nous montre la disposition des ouvrages du camp retranché, mais nous sommes enclins à admettre qu'ils furent élevés sur les hauteurs qui de Dannigkow et Gommern se dirigent sur Nedlitz et Waltersdorf et qu'au moment où Wittgenstein supposait l'armée du vice-roi en pleine retraite, celle-ci était paisiblement occupée à la construction des redoutes, lunettes, etc., et à l'organisation de son futur camp, tandis que son général en chef, comme le mentionne sa lettre à l'Empereur, était occupé à la reconnaissance du terrain, lorsque vers 11 heures du matin ses avant-postes furent attaqués à Dannigkow par les troupes d'York. Dans les dispositions prises par York au nom du général en chef, il était dit : « L'ennemi se trouve derrière Dannigkow, Weglitz et Zehdenick. Le comte Wittgenstein a décidé de l'attaquer. Le général York marchera par Dannigkow sur Gommern; le général Berg sur Weglitz; le général Bülow tâchera de s'avancer jusqu'à Zehdenick, pour tourner le flanc gauche de l'ennemi et attirer son attention de ce côté; dans l'exécution de ce mouvement il sera guidé par le son du canon ». Wittgenstein était tellement pressé de ne pas laisser échapper son adversaire, qu'il ne se donna même pas la peine d'essayer de donner l'ensemble indispensable à ses différents détachements. Mais passons la parole à Charras pour la description de ce combat, puisqu'il a tellement en détail étudié cette campagne sur les documents des deux côtés.

« Le corps de Grenier, dit-il, occupait un plateau très peu élevé d'une lieue de large, sa gauche à Nedlitz et sa droite vers Gommern. Lauriston avait deux de ses divisions sur Gerwitch et Woltersdorf, se reliant par sa droite à Grenier. Sa troisième division, celle de Lagrange, était en seconde ligne sur Wahltiz, à l'embranchement des routes de Berlin et de Wittenberg, tenant par un détachement Gommern. La garde était en troisième ligne à la tête du Clussdamm.

Des avant-postes de deux compagnies étaient à Dannigkow, et Weglitz, qui ont chacune un pont sur l'Ehle, et à Zehdenick, à mi-distance entre Nedlitz et Möckern.

York avait deux brigades à sa disposition, celle de Huhnerbein et de Horn. La première, qui avait bivouaqué la nuit précédente sur Schonrau, avait été poussée dans la matinée jusqu'à Leizkau, pendant que la seconde restait immobile sur Zerbst avec York. Il en résulta que quand, à onze heures, celle-ci se mit en marche, elle était à cinq lieues de l'autre. Mais Wittgenstein n'en expédia pas moins à Huhnerbein l'ordre d'avancer, dès une heure, sur Dannigkow, et de l'attaquer immédiatement.

L'ordre fut obéi; à deux heures le général prussien ouvrait le feu sur ce village.

En ce moment Eugène était à cheval parcourant le terrain de son camp. Il galopa vers le canon, reconnut que l'attaque était sérieuse, prévit qu'elle ne resterait pas isolée, et prescrivit aussitôt à Grenier de faire approcher deux bataillons vers Dannigkow, autant sur Wehlitz, autant encore sur Zehdenick.

Les deux compagnies qui défendaient Dannigkow appartenaient au 134e de ligne, régiment formé de cohortes. C'était leur début au feu. Attaquées avec beaucoup de vigueur, elles se défendirent de même; et après plus de deux heures de lutte, n'ayant encore été renforcées que d'une seule compagnie de leur régiment, venue de Gommern, elles continuaient vaillamment la résistance.

York, marchant avec la brigade de Horn, était encore à une lieue de Dannigkow et on n'entendait ni le canon de Berg ni celui de Bülow. Mais ce silence ne se prolongea pas. Vers quatre heures et demie, Wehlitz recevait les premiers boulets ennemis.

Borstell, obéissant à un ordre de Bülow, s'était porté sur Zeppernick, pour, de là, aller attaquer le poste de Zehdenick par la droite, pendant que Bülow lui-même l'attaquait par la gauche. Cependant, arrivé sur le premier de ces points et entendant la canonnade qui retentissait à Dannigkow, il avait profité dans sa fougue de l'ordre d'York, qui prescrivait de marcher au canon. Il avait marché dans cette direction. Mais bientôt un feu d'artillerie ayant éclaté beaucoup plus près de lui, vers Wehlitz, il y avait couru, avait vu que c'était le général Berg qui canonnait ce village; et il en avait immédiatement concerté l'attaque avec lui.

Wehlitz communique avec la rive gauche de l'Ehle par un pont dont le seul débouché est une digue étroite, construite sur un marais large de 300 à 400 mètres.

Pendant que 24 bouches à feu battaient le village, le général russe et le général prussien formèrent deux colonnes, chacune de deux bataillons prussien et les dirigèrent un peu au-dessus, la seconde un peu au-dessous de la digue.

Et ils disposèrent deux bataillons russes pour les appuyer.

Ces deux colonnes franchirent le marais, puis l'Ehle à gué, ayant de l'eau jusqu'à la ceinture, malgré un feu violent d'artillerie et de mousqueterie, et elles prirent pied de l'autre côté. Celle de gauche se jeta aussitôt sur une batterie de quatre pièces qui la mitraillaient, et lui en enleva une, puis elle se porta sur Wehlitz pour attaquer ce village au sud, pendant que la colonne de droite l'attaquait déjà au nord.

Il était défendu en ce moment par trois compagnies du corps de Grenier qui avaient pour soutien immédiat deux bataillons de la brigade italienne de Zucchi. Il fut enlevé après une énergique résistance et ses défenseurs furent recueillis par Zucchi. Mais les assaillants ne voulurent pas s'en tenir là; renforcés par les Russes, ils se précipitèrent sur ce général, l'entourèrent, le sommèrent même de se rendre. Ils ne reçurent pour réponse que des coups de fusil. La nuit était venue. Zucchi se dégagea et, appuyé par le reste de la brigade descendue du plateau, il se retira sans être poursuivi par l'ennemi. Au dernier moment de ce combat acharné, le général Grenier, venu pour l'observer au milieu du feu, avait été grièvement atteint d'une balle à la figure.

Dannigkow avait eu le même sort que Wehlitz et à peu près au même moment. Huhnerbei l'avait emporté sous les yeux d'York. Mais bien que celui-ci eût pu appuyer alors la brigade de Huhnerbein par celle de Horn, il lui ordonna de s'arrêter, à la vue de la division Gérard et de 5 ou 600 chevaux, qui étaient en avant de

Gommern et recueillaient les braves conscrits défenseurs de Dannigkow.

Pendant qu'Eugène se laissait prendre ses avant-postes et ses ponts sur l'Ehle, il éprouvait une sensible mésaventure vers Zehdenick. Là il avait eu affaire à Bülow.

Ne disposant plus de Borstell que nous avons vu attaquer Wehlitz, ce général n'avait plus qu'une brigade avec lui. Pourtant comme elle n'avançait pas assez vite au gré de son ardeur surexcitée par le canon, il ne l'avait pas attendue; et à la tête d'une simple avant-garde, il avait couru sur Mockern, l'avait traversé, puis s'était porté sur Zehdenick tout d'une traite. Ce village venait d'être évacué. Mais un peu au delà, Bülow avait aperçu de l'infanterie et de la cavalerie. C'étaient deux bataillons du corps de Grenier et 800 chevaux environ de la 1re division de cavalerie légère du corps Latour-Maubourg. Etablir sur Zehdenick son infanterie et son artillerie, c'est-à-dire un bataillon et une batterie à cheval et lancer sa cavalerie, c'est-à-dire 700 chevaux, contre la cavalerie française qui restait immobile, ne fut pour Bülow que l'affaire d'un instant. Rangés derrière un léger obstacle de terrain, nos escadrons avaient attendu la charge de pied ferme et avaient été sabrés, culbutés, mis en déroute, laissant entre les mains de l'ennemi une centaine de morts, de blessés, et autant de prisonniers. Fort heureusement nos deux bataillons, instantanément formés en carré, leur avaient fourni un abri pour se rallier; et ils s'étaient repliés avec eux sur Nedlitz sans autre accident. La nuit s'était faite. La cavalerie prussienne avait regagné Zehdenick sans essayer une nouvelle entreprise.

Ainsi, dans cet aprè-midi du 5 avril, on s'était rencontré sur Dannigkow et sur Wehlitz, près de Zehdenick; et partout Eugène avait reçu des échecs.

Wittgenstein dans sa précipitation avait pourtant manœuvré de manière à se faire tailler en pièces. Il avait attaqué en trois points, espacés sur une ligne de deux lieues chacune de ses colonnes s'engageant à la hâte, dès son arrivée sur le terrain, ici vers deux heures, là vers quatre et demie, ailleurs deux heures plus tard encore et aucune ne pouvant donner appui aux autres.

Si Eugène eût cédé peu à peu à Dannigkow, il aurait attiré vers Gommern les deux brigades d'York; si il eût cédé de même à Wehlitz, il aurait attiré jusque sur le plateau Borstell et Berg; et en faisant rapidement changer de front à Grenier, l'aile gauche en avant, le jetant avec la garde impériale et Lagrange sur les audacieux qui venaient le braver avec tant d'imprudence, il les aurait accablés sous le nombre, repoussés sur l'Elbe, en dehors de toute ligne de retraite; il aurait trouvé ensuite tout ouverte devant lui la route de Berlin et du Bas-Oder; il serait entré dans la capitale de la Prusse, aurait débloqué Stettin et Cüstrin; il aurait frappé ainsi des coups qui auraient retenti d'une façon terrible à Kalich, à Breslau, dans toute la Prusse, à Hambourg et dans l'Allemagne entière.

Cette manœuvre avec ces résultats était pour ainsi

dire écrite sur le terrain; il ne l'aperçut pas, ou ne l'osa pas. »

Certes, le tableau des suites de cette décision, peint par Charras, est fort engageant et tentant, et il nous est évidemment difficile, maintenant que nous connaissons les dispositions des troupes des deux côtés, de ne pas convenir que Wittgenstein avait agi à la légère et que le vice-roi avait la possibilité de battre successivement toutes ses colonnes. Mais dans l'art de la guerre, le dicton « la critique est aisée, mais l'art est difficile », est on ne peut plus vrai. Il faut, donc, se rappeler que le prince Eugène n'était rien moins que prêt avec ses troupes à exécuter une marche en avant offensive, puisque les approvisionnements étaient loin d'être achevés, même pour le siège; qu'il ne connaissait pas la force exacte des ennemis qui l'attaquaient et que, par prudence innée, il ne pouvait pas se décider ainsi de but en blanc à un mouvement aussi audacieux, et sous ce rapport, nous devons convenir avec Charras, qui dit « que cela ne confirme pas la prétention de certains de ces biographes, qui veulent faire du Prince Eugène un général de premier ordre ». C'était justement des « prétentions » des biographes, et non pas l'idée qu'il se faisait de lui-même; et c'est justement cette conviction, ou cette modestie, qui le privait de la décision rapide, indispensable à un grand général.

Mais où nous ne pouvons nous trouver d'accord avec Charras, c'est quand il dit : « Mais privé de cette prévoyance ou de ce courage, il pouvait néanmoins, grâce à la bravoure de ses soldats et à sa supériorité du nombre, empêcher facilement la prise de Dannigkow et de Weglitz, ou, comme pis aller, les reprendre. Mais il ne fit rien de semblable ».

C'est, hélas! justement cette bravoure de ses troupes qui suscite en nous quelques doutes. Les compagnies, établies dans Dannigkow, font, il est vrai, bravement leur devoir, défendant le village à outrance, mais dans les autres villages, les défenseurs s'en vont assez vite, et la cavalerie se comporte encore plus mal : elle attend l'attaque sur place, et est naturellement, instantanément culbutée et mise en fuite. Il ne faut pas non plus oublier que la plupart de ces troupes marchaient au feu pour la première fois, et que l'exécution de la manœuvre, prônée par Charras, demandait de leur part une réelle capacité de manœuvres exactes et liées, qu'on ne pouvait guère en attendre, par suite de la mauvaise composition du corps des officiers en général. Pour prévenir la prise des villages, il envoya, selon Charras lui-même, trois bataillons en soutien. Mais il ne dit rien de l'action de ces bataillons. Où donc étaient-ils restés, que faisaient-ils ? Et quant à la reprise des villages perdus, souvenons-nous que le combat finit dans la brume du soir et que leur reprise devait forcément être remise au lendemain, et nous ne doutons pas que le vice-roi y fût parvenu sans de grandes difficultés. Ce combat a, en général, un caractère dispersé, désuni, qui ne permet pas trop bien de lui donner le nom de bataille, qui aurait convenu à la rencontre de masses comme celles dont disposaient Wittgenstein et le Prince Eugène. Ce dernier ne considéra à ce qu'il nous paraît, cette journée que comme une affaire d'avant-garde, sans grande importance.

Il n'en fit pas moins passer encore une partie de ses troupes sur la rive gauche dans le courant de la nuit, restant lui-même avec le 11e corps devant Magdebourg, à Wahlitz. Nous allons tâcher d'en éclaircir les raisons.

La raison qu'il donne à Napoléon de sa décision, et qui se trouve dans sa lettre du 5 avril, nous paraît confirmer indirectement, notre peu de confiance dans la bravoure véritable des troupes du corps d'observation de l'Elbe. Je sais, écrit-il, que j'ai devant moi une ligne fort étendue d'infanterie et au moins 9.000 à 10.000 chevaux. Demain je pourrai avoir une affaire dont le résultat pourrait être assez douteux, vu le peu de cavalerie que nous avons, et, plus que tout cela, le peu de confiance de réussir. Je pense qu'il est de mon devoir de ne rien compromettre, jusqu'à ce que je trouve une occasion heureuse. J'ai donc pris le parti de faire repasser l'Elbe cette nuit dans la posiiton de Wahlitz et de Pensberg, afin de n'avoir qu'une simple affaire d'arrière-garde ».

Ainsi donc on avait « peu de confiance de réussir ». Ces paroles, dans leur triste laconisme, nous permettent de deviner que le vice-roi, malgré des preuves de bravoure de la part de certaines troupes, n'était cependant pas très content de leur début au feu (1); il est probable

(1) La campagne de Saxe de la même année montra plus tard que l'infanterie française ne se battit bien que sous les yeux de l'Empereur lui-même et inspirée par lui. Aucun de ses maréchaux ne sut exciter à ce point son courage et séparément ils furent toujours battus par les troupes des alliés.

qu'il fut également impressionné d'une manière désagréable par la mauvaise tenue de sa cavalerie et par sa déroute; ce qui se répercute dans sa lettre par la juxtaposition des « 9.000 à 10.000 chevaux ennemis », avec « le peu de cavalerie que nous avons ». Il avait vu probablement que l'infanterie n'était ni assez exercée, ni assez ferme, pour qu'il pût entreprendre avec elle des actions décisives; peut-être, enfin, les chefs ne se montrèrent-ils pas à la hauteur des circonstances.

Quoi qu'il en soit il y avait « peu de confiance de réussir », et dans de telles conditions c'était un crime de commencer une affaire sérieuse, car l'indécision et le manque de confiance dans la bataille mènent toujours à l'insuccès, et le vice-roi était parfaitement convaincu qu'il n'avait pas le droit de risquer une défaite. On ne peut suspecter le Prince Eugène de manque de courage personnel : toute la campagne de 1812 en général, la Moskowa, Malojaroslavetz et la retraite avec toutes ses horreurs et enfin un épisode qui eut lieu le lendemain du combat dont nous venons de parler et que nous rapporterons plus loin, prouvent à l'évidence ce trait de son caractère, confirmé par toute sa carrière militaire.

Non, il nous semble que la principale raison qui poussa le vice-roi à repasser l'Elbe fut les nouvelles de Saxe, qui doivent lui être parvenues à cette époque, et nous en trouvons une preuve dans ces lignes de sa lettre ci-dessus mentionnée. « Un rapport du duc de Bellune, que j'ai reçu ce soir, m'annonce que l'ennemi paraît avoir jeté un pont près de Dessau; du moins il avait hier au soir de l'infanterie et de la cavalerie à Cöthen. Il paraît certain que des forces considérables s'étaient rapprochées de Wittenberg. Le mouvement que j'ai fait en avant de Magdebourg les a fait se porter sur moi, et a délivré Wittenberg de l'attaque qu'ils projetaient sur cette place. Si, par le mouvement que j'ai fait, je puis avoir produit quelque retard dans leurs opérations, je croirai avoir beaucoup gagné. J'informerai demain Votre Majesté de ce qui se sera passé ». Il avait raison, puisque Wittgenstein, abandonnant tous ses projets, s'était précipité sur la proie que le Prince Eugène paraissait lui offrir. A la même époque, environ, il devait recevoir la nouvelle de l'entrée de Winzingerode dans Dresde, ce qui, avec les ponts jetés à Dessau et Rosslau, indiquait assez clairement le projet des alliés d'une énergique marche offensive, pour se réunir en Saxe; on pouvait croire qu'ils se proposaient d'attaquer le corps du maréchal Ney, qui approchait par la vallée du Mein, et dans ce cas le vice-roi, s'il restait à Magdebourg, risquait d'en être coupé, ou au moins de perdre ses communications avec lui et d'être privé de la possibilité de le soutenir, ce qui aurait été un véritable crime. Donc, un certain manque de confiance en ses troupes et les nouvelles de Saxe — telles furent selon notre modeste opinion les seules et véritables raisons qui poussèrent le Prince Eugène à renoncer à la marche sur Berlin et à ramener ses troupes en arrière sur la Saale, qui, par ses particularités, offrait beaucoup d'avantages pour la défense.

L'affaire de Möckern (c'est ainsi que sont connus de

l'histoire ces trois combats séparés d'avant-garde) fut fêtée par Wittgenstein et les Prussiens, comme une victoire et comme la délivrance de Berlin des tentatives du vice-roi; ceux-là avaient quelque raison de crier victoire, grâce à la retraite du Prince qui suivit, mais quant aux tentatives, si elles entraient dans les plans de Napoléon et, en principe, dans les idées du vice-roi, elles n'en paraissaient pas moins prématurées à ce dernier. Une seule chose est incontestable : après cette affaire l'esprit des alliés s'améliora considérablement, tandis qu'au contraire celui des troupes françaises en souffrit. C'est pourquoi nous estimons que la faute du vice-roi, si faute il y eut, fut de n'avoir pas recommencé le combat le lendemain, se donnant ainsi l'apparence du vaincu, et déprimant l'esprit du soldat, plutôt que de ne pas avoir tenté la marche sur Berlin.

Nous ne voulons pas nous refuser ici le plaisir de raconter l'épisode suivant, qui peint bien le courage personnel du Prince Eugène. Le lendemain de l'affaire de Möckern, le vice-roi, avec sa faible suite, parcourait le champ de bataille de la veille; lorsqu'il fut subitement attaqué par un parti de cosaques, resté probablement en embuscade; dans cette échauffourée quelques hommes du peloton d'escorte furent tués ou blessés, parmi ceux-ci celui qui portait le portefeuille du vice-roi; en même temps son officier d'ordonnance, le colonel Klitzky, était entouré par plusieurs cosaques, contre lesquels il se défendait à grand'peine; il allait succomber, quand le Prince Eugène l'aperçut et se précipita seul à son secours; il tua l'un des agresseurs d'un coup de pistolet, se jeta sur l'autre et donna ainsi au peloton d'escorte le temps de survenir. Il repoussa les cosaques et reprit le portefeuille. Si nous racontons ici ce fait, c'est parce qu'il montre, semble-t-il, que le vice-roi ne se considérait guère comme vaincu, puisqu'il sortait le lendemain avec une faible escorte et s'aventurait assez loin, pour tomber au milieu de Cosaques et qu'ainsi la décision qu'il prit de ne pas engager de nouveau combat était, vraisemblablement, fondée sur d'autres considérations.

Nous n'avons trouvé aucune trace de cet épisode dans aucune lettre du vice-roi à aucune personne, ce qui n'étonnera guère ceux qui connaissent sa modestie. Et seul le colonel Klitzky, sa vie durant, ne manquait pas d'adresser au Prince le 6 avril de chaque année ses remerciements pour lui avoir sauvé la vie. Mais il reste un témoin muet, c'est le portefeuille flétri par le temps et percé par les lances cosaques ainsi que les romances qu'il contenait, dont le Prince Eugène charmait ses loisirs durant les campagnes de 1812 et 1813 et qui est religieusement conservé par les descendants du vice-roi.

Klitzky était en 1812 colonel des troupes polonaises et était attaché à la personne du vice-roi. Le 4 novembre il sauva par sa présence d'esprit la colonne composée des restes du 4e corps; se trouvant à la tombée du jour à la tête de cette colonne, tâchant de se sauver après la bataille de Krasnoë, il fut soudain arrêté par une sentinelle russe criant: « Qui va là! » « Tais-toi, malheureux, répondit-il en russe, ne vois-tu pas que nous appartenons au corps d'Ouvaroff et allons en expédition secrète ». Grâce à cette ruse, la colonne parvint à s'échapper.

Par une lettre du 19 mars, Napoléon expliquait au vice-roi que l'évacuation de Dresde par le général Reynier ne devait pas influer sur sa position à Magdebourg, parce que ce général avait encore deux lignes de défense, les rivières Mulde et Saale. Au sujet de cette dernière, il demandait au Prince Eugène : « Faites connaître le nombre de ponts qu'il y a sur cette rivière. La Saale, qui va se jeter dans l'Elbe, près de Magdebourg, a un cours très encaissé qui ne présente qu'un petit nombre de passages. Il serait d'autant plus possible de tenir la position de cette ligne et d'y arrêter une avant-garde de troupes légères ennemies, qu'au 25 mars, le général Wrède avec 10.000 Bavarois, de l'artillerie et de la cavalerie, sera arrivé à Bamberg et pourrait facilement porter la tête de cette colonne sur Schleitz et Saalfeld.

« Le général Souham sera le 25 mars à Wurtzbourg et le 1er corps d'observation du Rhin y sera au 1er avril. Ce corps pourrait aussi facilement se porter sur Iéna, Naumburg, Mersebourg, et par ce moyen toute la droite de la ligne serait gardée.

« Le général Reynier garderait Halle et le duc de Bellune depuis Halle jusqu'à l'embouchure de la Saale dans l'Elbe. Alors un mouvement offensif de huit divisions en avant de Magdebourg empêcherait l'ennemi de s'enfourner entre nos différentes armées.

« Quand je parle de la ligne de la Mulda et de la Saale, c'est toujours fondé sur la position offensive que vous occuperez devant Magdebourg, car sans cela il n'y a pas de ligne. L'Elbe et le Rhin et de plus larges rivières n'en sont pas. »

En même temps Davout, donnant au vice-roi quelques conseils sur la défense de ces rivières, ajoute : « Par là on gagne du temps, et c'est tout ce qu'il faut dans les circonstances actuelles ».

Du moment qu'il ne s'était pas décidé pour une énergique et décisive offensive de Magdebourg sur Berlin, le vice-roi n'avait, évidemment, rien de mieux à faire que de préparer en tous cas la défense de la Saale, tout en gardant Magdebourg. Ses lettres en font foi; le 6 avril il écrit à l'Empereur que le duc de Bellune l'informe que l'ennemi jette un pont à Dessau, et que par suite il se rapprochera demain de la Saale et éclaircira bientôt, probablement la situation; ensuite que le général Sacken s'est dirigé vers l'Elbe pour faire son union avec l'armée principale des ennemis et qu'il est probable que sous quelques jours des forces ennemies considérables passeront la haute Elbe; et qu'enfin il est à supposer que le mouvement du général York avait pour but son union aux forces principales et leur concentration. Et le vice-roi concluait que comme il marche vers la Saale avec toutes ses forces, appuyant son aile droite aux montagnes du Hartz, il se flatte que l'ennemi sera bien obligé de lui prêter quelque attention. Nous trouvons enfin l'expression de son idée dirigeante dans une lettre au roi de Bavière, où il dit «...ayant appris qu'ils jettent un pont à Dessau, j'ai compris que leur manœuvre (l'attaque de Möckern) était une simple démonstration, pour cacher leur mouvement en Saxe; j'ai vite repassé l'Elbe, et me voilà sur la basse Saale, de nouveau face à face avec eux et tâchant toujours de gagner du temps ». L'attaque de Möckern avait donc fait si peu d'impression sur le vice-roi, qu'il la prit simplement pour une démonstration ayant pour but de distraire son attention de l'Elbe centrale. Ce qui prouve encore une fois la justesse de nos suppositions sur les causes véritables de sa marche sur la Saale.

Quoique Charras et d'autres critiquent sévèrement la retraite du vice-roi sur la Saale, Napoléon, néanmoins, si étrange que cela puisse paraître, ne dit aucun mot dans ce sens. Nous n'avons pas du moins réussi à trouver dans ses lettres une seule expression de mécontentement à ce sujet. Au contraire, sa lettre du 11 avril montrerait plutôt qu'à cette époque il aurait déjà peut-être, vu que ses troupes étaient à peu près prêtes à marcher, abandonné l'idée d'une offensive du vice-roi sur Berlin. Il y dit entre autres : « Mon fils, il est probable que je serai du 20 au 22 avec 200.000 hommes à Erfurth. Je ne sais pas bien ce que vous ferez. Manœuvrez en conséquence et faites en sorte que j'aie mes communications avec vous assurées... Comme je n'ai encore que votre lettre du 6, où je vois que vous êtes encore à Magdebourg, si jamais vous jugiez convenable de quitter Magdebourg, laissez le corps du duc de Bellune pour en former la garnison et surtout laissez le prince d'Eckmühl dans la 32e division.... Avec le corps d'observation de l'Elbe, le 11, et toute la cavalerie qui vous sera possible, tenez-vous en liaison avec moi et en mesure d'exécuter les manœuvres que je vous indiquerai.... Dès que je serai arrivé à Erfurth, nos communications naturelles se feront derrière la Saale. »

Sur la Saale, l'armée du Prince Eugène avait atteint la dernière ligne défensive, au delà de laquelle elle n'était pas destinée à reculer, et derrière laquelle elle fut peu ou point inquiétée par les troupes ennemies jusqu'à la fin d'avril. Les alliés se concentraient sur Leipzig, Napoléon sur Erfurt. Des deux côtés on rassemblait ses forces pour la lutte décisive à venir, pour la grande bataille.

Il tenait toujours Magdebourg comme tête de pont; la place avait pour garnison les troupes westphaliennes et 10 bataillons français et pour commandant le général du génie Haxo, homme sûr et énergique. Possédant Magdebourg, le Prince Eugène était donc toujours en mesure de déboucher sur Berlin, si tel était le bon plaisir de l'Empereur, pour faire une diversion de ce côté.

Mais maintenant encore les troupes du vice-roi continuaient à être mal pourvues de vivres et surtout de vin; ceci s'explique, en dehors de la pauvreté du pays même, par le manque de moyens de transport. Et cependant, le manque de vivres portait atteinte à la discipline, car les soldats s'en allaient d'eux-mêmes en chercher. Les officiers laissaient également à désirer, et Lauriston dit qu'il est obligé d'en renvoyer 15-20 de chaque régiment, malgré le grand nombre de places vacantes, et que le vice-roi peut par là juger combien il manque de bons officiers; de France il n'en était pas encore venu.

En général, dit-il, on peut avec autant de facilité pousser mon soldat au bien qu'au mal. Il est triste de devoir commencer, sans avoir rien de bien achevé ». L'autre côté faible de l'armée était le mauvais état de la cavalerie, qui rendait toujours difficile toute reconnaissance sérieuse et obligeait le vice-roi à se diriger presque exclusivement sur les renseignements fournis par les habitants qui, nécessairement, exagéraient considérablement les forces des alliés, donnaient des nouvelles fausses sur leurs marches, leurs projets, etc. Le vice-roi se plaint amèrement que sa cavalerie soit si peu nombreuse et manifeste si peu d'énergie, qu'il ne la laisse jamais partir sans lui donner un soutien d'infanterie. Et cependant, à cette époque plus qu'à une autre, le rôle de l'armée du Prince Eugène se réduisait, en grande partie, à surveiller l'ennemi, à rassembler des renseignements sur son compte, pour ne pas laisser échapper à son attention le moindre de ses mouvements, pour prévenir ses entreprises offensives et en informer à temps l'Empereur. C'est à cela que se borna en résumé le rôle du vice-roi durant son séjour d'un mois à peu près sur la Saale. Les rapports et ses propres lettres à l'Empereur, les lettres du duc de Bellune nous apprennent qu'il envoyait journellement des reconnaissances sérieuses sur la rive droite de la Saale, qu'il dirigeait souvent lui-même, sans égards à la distance et à la fatigue, ce que prouvent ces mots d'une lettre à la vice-reine: « Hier en descendant de cheval, je ne pouvais plus me tenir sur mes jambes... Je reste encore au lit aujourd'hui, me ressentant de ma courbature, et ayant une forte extinction de voix. Mais tout cela n'est pas bien dangereux, et j'en serai quitte dans deux jours ». Il est juste de rapporter ici un trait de bonté du Prince Eugène: le 18 avril il écrit à sa femme de Hoym: « J'ai monté à cheval ce matin pour aller visiter très près d'ici le Prince d'Anhalt-Bernburg, il n'a sa résidence qu'à deux lieues d'ici (Ballenstadt) et toute l'armée occupe son pauvre petit pays. Il a été fort sensible à mon attention, d'autant plus que je lui ai promis de faire peser le moins possible les charges de l'armée sur lui ».

Wittgenstein cependant, avait laissé Bülow et Borstell surveiller Magdebourg, et avait lui-même, avec les corps de York et de Berg, passé l'Elbe à Rosslau, occupé Dessau, et poussé ses avant-gardes sur la route de Kalbe, à Cöthen et Aken; Winzingerode avait en même temps, occupé Leipzig le 3 avril et tenait ses avant-gardes dans Halle et Mersébourg sur la Saale, envoyant des corps volants en avant de la Thuringe et des montagnes du Harz. Son chef direct, Blücher, était à Altenburg, surveillant les routes de Bavière et occupant Plauen par ses troupes légères. Tous ses corps et détachements avaient atteint pour le moment les dernières limites qui leur avaient été assignées et attendaient l'arrivée de la principale armée avec l'Empereur Alexandre et le roi de Prusse à sa tête; c'est pour cela qu'ils restaient relativement dans l'inaction.

Mais Wittgenstein, plus prompt et plus entreprenant, encouragé de plus par son succès de Möckern, auquel il attribuait un résultat exagéré, le considérant comme la délivrance de Berlin, était en communications avec le général Thielmann, commandant la place de Torgau, dont la possession était fort importante pour les alliés; il l'engageait à s'allier à lui, lui proposant de devenir le « York de la Saxe ». Thielmann cependant, qui approuvait dans son for intérieur le mouvement libérateur de l'Allemagne, était déjà en relations secrètes avec Koutousoff, mais ne voulait pas se joindre ouvertement aux alliés, avant de savoir quelle serait à leur égard la position que prendrait son souverain, le roi de Saxe. Il refusa donc d'entrer en pourparlers quelconques avec Wittgenstein, et ne lui livra pas la place, se bornant à lui indiquer que Wittenberg était peu fortifié et facile à prendre. Aussitôt Wittgenstein avec le corps de Kleist attaque Wittenberg le 16 avril; mais il est repoussé par le brave général Lapoype, qui accueillit l'attaque énergiquement et, malgré le mauvais état des fortifications et plusieurs incendies survenus dans la ville, repoussa avec honneur tous les assauts des troupes prussiennes. Wittgenstein alors se retira, laissant un faible détachement pour surveiller Wittenberg et ordonna à Kleist de passer à Rosslau. Ensuite il ne lui resta rien d'autre à faire que de s'unir à Blücher, ce qu'il fit, transférant son quartier général à Leipzig le 26; vers cette même époque, la grande armée alliée était arrivée à Dresde.

Le quartier général du vice-roi fut le 12 avril à Aschersleben; Lauriston formait son aile gauche, s'appuyant à Bernburg sur la Saale; la droite était formée par Grenier, s'étendant jusqu'à Blankenburg dans le

Harz; Victor, duc de Bellune, restait avec 8 bataillons sur la basse Saale, gardant les passages de Bernburg et de Kalbe. Dans cette position et se basant sur Magdebourg, l'armée du Prince Eugène pouvait, dans le cas (peu probable d'ailleurs) où les alliés tenteraient d'agir sur la basse Elbe, facilement changer de front, et portant en arrière son flanc gauche, reprendre de nouveau sa ligne d'opérations sur Wesel sans perdre en même temps la liaison avec Davout, qui avait reçu du vice-roi 32.000 hommes et s'occupait spécialement de la pacification de la 32ᵉ division militaire. Si les troupes alliées se dirigeaient sur la Thuringe, alors se trouvant sur leurs flancs et leurs derrières avec 60.000 hommes, le vice-roi pouvait les mettre dans une situation plus que critique; ils auraient eu alors devant eux les 150.000 hommes de Napoléon en personne, et sur leur flanc ou derrière, 60.000 hommes du vice-roi, ce qui les aurait mis entre deux feux. Et l'on doit reconnaître que le Prince Eugène, quittant la position devant Magdebourg, pouvait difficilement trouver une situation meilleure, étant donné son point de vue sur les intentions et les mouvements présumables des alliés. Ceux-ci le comprirent, il nous semble, et préférèrent attendre la venue de toute l'armée de Napoléon sur leur front.

Il arriva à Mayence le 18 avril. Ici il déploya une incroyable activité pour mettre ses troupes disparates en ordre définitif. Son ardeur infatigable et la multiplicité de ses efforts à ce moment sont simplement étonnants. Mais aussi sa présence à Mayence ne tarda pas à porter ses fruits : tout le monde sentit aussitôt une main ferme et une volonté unique, et toute la machine militaire et administrative se mit à fonctionner admirablement.

La nouvelle Grande Armée se composait à cette époque du :

a) Premier corps d'observation du Rhin sous le maréchal Ney; son état véritable était de 53.000 hommes. Au 17 avril sa première division était partie pour Erfurt;

b) Deuxième corps d'observation du Rhin, du maréchal Marmont, de 27.000 hommes. Au 17 avril il était à une marche en arrière d'Eisenach, c'est-à-dire à deux marches d'Erfurt;

c) Le corps d'observation d'Italie, organisé avec un soin minutieux par le général Bertrand, comptant 45.000 hommes. Sa tête avait atteint le 17 avril Bamberg, en Bavière. Ses autres détachements étaient en retard de quelques jours; ce corps avait assez de vieux soldats des régiments français restés en Italie durant la campagne de 1812;

d) La garde; pour l'instant elle ne comptait que 18.000 hommes, dont la moitié venait d'être levée trois mois à peine. Elle était à Mayence même;

e) Les contingents westphaliens, wurtembergeois et bavarois qui faisaient en tout 15.000 hommes.

L'Empereur disposait donc directement au 17 avril d'un total de 158.000 hommes de toutes armes.

La concentration de l'armée et l'arrivée de Napoléon à Mayence, plus près du théâtre de la guerre, eurent une influence réconfortante sur le Prince Eugène, qui commençait à sentir moins lourdement le poids de la responsabilité, puisqu'il avait maintenant en cas de nécessité, le moyen de communiquer rapidement avec l'Empereur, de recevoir plus vite ses ordres et rentrait, même dans une certaine mesure, sous ses ordres directs. Le ton de ses lettres, au moins, paraît plus gai, depuis qu'il sait que l'armée impériale approche. Ainsi il écrivait à la vice-reine, en partant pour Magdebourg, le 20 mars déjà: « Les préparatifs de l'Empereur sont immenses, au 1er mai il aura encore 250.000 hommes sous les armes. D'une manière ou d'une autre, cela doit nécessairement nous amener la paix. » Et le 6 avril : « Notre armée du Rhin est déjà fort considérable et va très incessamment se mettre en marche. Moi, je tiendrai bon avec ma petite armée en avant de Magdebourg; et il faudrait qu'il vînt bien du monde pour m'obliger à déguerpir de là ». Et enfin dans la lettre du 10 avril il raconte : Comme l'ennemi passait en force l'Elbe sur mon flanc droit, j'ai pris une autre position et je suis maintenant sur la basse Saale, faisant de fréquentes reconnaissances, allant aux nouvelles et cherchant à connaître les projets de l'ennemi. C'est une vilaine chose qu'une guerre défensive, surtout quand on a été habitué au contraire. Heureusement que nous arrivons au moment où les affaires changeront de face. L'Empereur, avec 150.000 hommes va déboucher du Mein à la fin de ce mois, et alors nous reprendrons l'offensive », et une autre fois : « la Grande Armée arrive à grands pas, et le 1er mai nous serons en ligne ensemble », et le 24 avril : « La réunion des armées est au moment de se faire. Alors nous serons bien forts, et moi-même je serai bien heureux d'être débarrassé de ma grosse responsabilité. J'espère que le moment de nous revoir arrivera plus tôt qu'on ne pense, car j'ai dans l'idée que cette fois on fera la paix après la première bataille gagnée. Tu verras, si je ne te dis pas la vérité ». Il devait, hélas, fortement se tromper!

La même disposition d'esprit perce dans ses lettres à l'Empereur; tantôt c'est : « Je me réjouis de l'arrivée de Votre Majesté à Mayence, ce qui me permet de recevoir plus vite ses ordres et ses instructions », tantôt : « Nous sommes tous heureux d'agir sous le commandement direct de Votre Majesté », ou bien : « Je vois avec joie que nous allons tous entrer en ligne bientôt », et enfin : « J'attends avec impatience les ordres de Votre Majesté sur les opérations ultérieures ». La présence de l'Empereur à Mayence mit fin à l'indécision et aux craintes dans l'esprit du Prince Eugène; il est tout impatient de marcher en avant et désire de toute son âme terminer d'un coup la guerre, et jouir de la paix après tant de déboires éprouvés dans le courant d'une année.

La Grande Armée de l'Empereur s'avançait petit à petit, et le vice-roi faisait faire à ses troupes des mouvements correspondants. Ils devaient faire leur jonction devant Leipzig. Les principaux mouvements des deux armées commencèrent le 26 avril, et le 29, l'avant-garde de Napoléon culbuta à Weissenfels l'avant-garde russe du général Lanskoy; le quartier général était à Weimar. Le Prince Eugène marchait sur Merseburg, décidé à y forcer la passage de la Saale. Mais il était indispensable auparavant d'occuper Wettin et Halle, qui, s'ils étaient occupés par les Russes, pouvaient être une menace pour son flanc. Lauriston eut donc l'ordre d'attaquer la tête de pont russe à Wettin et de détruire le pont, s'il ne réussissait pas à l'occuper; après un combat acharné sur la rive gauche, ce furent les Russes qui détruisirent le pont. Le 28 on attaqua la tête de pont de Halle; nouveau combat obstiné; les Prussiens, qui occupaient la ville, brûlèrent le pont et les ouvrages sur la rive gauche, mais se maintinrent sur la rive droite. Ces mouvements offensifs n'en engagèrent pas moins Wittgenstein à se reporter sur l'Elster et à transporter son quartier général à Leipzig, s'alliant ainsi avec Blücher. Et le 29, Macdonald, qui venait de recevoir le commandement du 11e corps (« Sa Majesté a désiré opposer ce général à York », écrivait Berthier au vice-roi), enleva Merseburg après un léger combat; les deux armées françaises avaient ainsi forcé le même jour les passages sur la Saale et occupaient sur cette rivière les points de départ du mouvement ultérieur; Weissenfels et Merseburg. Leur réunion réelle eut lieu le lendemain par l'envoi à l'Empereur de la division Roguet, de l'Armée du vice-roi. Le Prince Eugène informait sa femme de cet événement en ces termes, dans la nuit du 1er au 2 mai : « Je me porte bien, ma chère Auguste; depuis hier à 4 heures du soir, je suis réuni à l'Empereur... Une chose remarquable, c'est que ma réunion avec la Grande Armée s'est faite précisément au monument de Gustave-Adolphe, le jour de l'anniversaire d'une de ses batailles.

« Je vais marcher tout à l'heure sur Leipzig. L'ennemi paraît se retirer sur Dresde ou au moins dans cette direction. Adieu, ma bonne Auguste, l'Empereur m'a reçu avec beaucoup de bonté. »

Le rôle du Prince Eugène, comme chef indépendant, était donc terminé. Ses troupes étaient unies à la Grande Armée de 1813 de Napoléon. Notre travail devrait donc finir ici. Mais comme son rôle sur le théâtre de la guerre en Saxe ne devait pas encore être fini, nous croyons bon, pour donner un tableau plus complet de ses actions, jusqu'à son retour en Italie, d'esquisser brièvement le rôle qu'il eut encore à jouer.

Les jours suivants il eut tout le loisir de se rattraper de l'attitude défensive, qu'il avait prise tellement à contre cœur, et de mener une vive offensive plusieurs jours de suite.

Il avait en effet devant lui le corps prussien de Kleist, qu'il poussait devant soi sur Leipzig, lorsque le 1er mai, pendant sa marche, il entendit au sud une très violente canonnade : c'était l'Empereur qui avait repoussé Winzingerode de Weissenfels et était en train de se battre avec lui près de cette ville. Entendant le bruit du canon et pensant que c'était peut-être la bataille générale qui se donnait là-bas, le vice-roi laissa à une division le soin de poursuivre Kleist, et lui-même, avec le reste des troupes, marcha au canon. L'Empereur, dont l'armée bivouaquait à l'est de Lutzen, approuva en tous points ce mouvement du vice-roi, et lui ordonna de continuer le lendemain la marche sur Leipzig, comme avant-garde de toute l'armée. Il approchait de cette ville, et les troupes de Lauriston étaient déjà engagées dans un combat acharné dans les faubourgs, lorsque soudain il reçut l'ordre de revenir en arrière et de se hâter d'accourir au secours de la Grande Armée. C'était le gros des forces russes et prussiennes qui, débouchant de Zwenckau et Pegau sur l'Elster, attaquaient l'armée française sur le flanc droit, durant sa marche sur Leipzig; Napoléon risquait, pris au dépouvu, d'être battu partiellement; déjà plusieurs villages étaient aux mains des Russes, déjà ses réserves étaient engagées, et celles des ennemis étaient intactes; la situation devenait critique, soudain on entend le canon au nord; c'était le vice-roi qui accourait au secours.

Estimant justement que la menace contre la ligne de retraite des alliés — les ponts sur l'Elster — sera la mesure la plus efficace pour leur faire lâcher prise, il prend la direction la plus courte le long de la rivière et attaque vigoureusement le flanc droit de l'ennemi. Ce mouvement se trouve très efficace : risquant de perdre sa ligne de retraite, Wittgenstein, qui commande en chef, est obligé de s'arrêter, et bientôt de reculer. L'armée alliée bivouaqua devant les passages de l'Elster, mais se mit en retraite vers l'est le lendemain matin, parce que le vice-roi qui avait passé la rivière dans le courant de la nuit à Zwenckau menaçait de la tourner complètement.

Depuis ce moment le corps du vice-roi resta à l'avant-garde et arriva, en se battant tous les jours, le 8 mai devant Dresde; le jour de l'occupation de cette ville par l'Empereur, le Prince Eugène reçut l'ordre de se rendre en Italie, où sa présence était des plus nécessaires. Sa lourde tâche d'Allemagne était finie pour cette année et il trouva un repos bien mérité au sein de sa famille, qu'il rejoignit à Milan le 18 mai. Mais ce repos ne devait pas être de longue durée.

CONCLUSION

Lorsque les destinées de l'armée napoléonienne tombèrent temporairement d'une manière si inattendue et par hasard entre les mains du Prince Eugène, il n'était âgé que de 31 ans à peine.

Eugène avait cependant déjà eu le temps d'être officier d'ordonnance auprès du général Hoche, d'accompagner le général Bonaparte, alors premier consul, en Egypte, d'être blessé sous les murs de Saint-Jean-d'Acre, de prendre part à la bataille de Marengo, où il chargea vigoureusement avec les chasseurs à cheval et de devenir ensuite vice-roi de l'Italie, qu'il gouvernait non sans gloire depuis quelques années, de prendre une part éminente aux campagnes de 1809 et 1812, et de supporter enfin courageusement toutes les horreurs de la retraite de Russie. Dans toutes ces situations il avait constamment fait preuve d'un courage et d'une intrépidité éclatants et, dans les affaires d'administration, d'une grande habileté à exécuter les instructions de son souverain et d'une raisonnable humanité, qui ne le quittait pas dans les circonstances militaires et politiques les plus compliquées. Dans cet espace relativement court de sa vie, il avait réussi à mériter le respect de ses camarades, de ses collaborateurs, souvent bien plus âgés que lui-même, l'affection des peuples de l'Italie et de ses subordonnés, et dans toute l'Europe la réputation d'un homme de bien, honnête et désintéressé.

Mais s'il était naturel pour un jeune homme élevé depuis l'âge de 14 ans sur les champs de batailles de se jeter vers la trentaine encore avec une ardeur juvénile sur les batteries ennemies, comme à Wagram, de mener ses bataillons à l'assaut, comme à la Moskowa, d'être un chef calme et inébranlable, comme à Malojaroslavetz, et enfin de faire strictement son devoir de soldat, d'être rempli du sentiment du devoir, comme durant la retraite de Russie, où, n'ayant plus de troupes sous ses ordres, il ne quitte cependant pas leurs misérables restes, et à côté du maréchal Ney, un fusil à la main, fait le coup de feu avec les Cosaques pour sauver quelques malheureux fuyards; si, placé à la tête de la belle Italie, dirigé par la main géniale de Napoléon, il sut, sans trop de peine, avec un peu de bonne volonté et de bonté innée, et avec l'aide de subordonnés expérimentés et bienveillants, se faire une bonne réputation; si dans toutes ces circonstances il avait déjà eu l'occasion de montrer ses capacités plus qu'ordinaires et la hauteur de son caractère, il nous paraît, cependant, que les plus belles qualités de son cœur et de son âme se manifestèrent de la manière la plus éclatante, durant l'époque que nous venons d'examiner.

Ce n'était, en effet, point l'occasion de faire briller son intrépidité ni de cueillir des lauriers; il n'y avait pas de batailles à gagner, parce qu'au commencement il n'y avait pas les éléments pour les livrer; il n'y avait aucun espoir d'obtenir de belles victoires et d'envoyer par douzaines des drapeaux à Paris; il n'y avait pas de quoi gagner de la gloire et obtenir des honneurs, auxquels on aspire dans ses jeunes années; ce qui l'attendait était une tâche lourde, un travail invisible, ingrat; il fallait arrêter la fuite insensée d'un troupeau d'hommes, saisis d'une terreur panique, le débrouiller, y mettre de l'ordre, leur inculquer un nouvel esprit de bravoure, rétablir la discipline, non seulement parmi les soldats, mais encore parmi les chefs supérieurs, rassembler les débris dispersés de la « Grande Armée » en un corps, pour donner une première rebuffade à un ennemi, déjà un peu gâté par ses succès, quoique presque autant que lui-même exténué par les fatigues de la marche et les intempéries de la saison; arrêter le plus longtemps possible sa marche en avant, donner ainsi à son souverain le temps de rassembler de nouvelles forces pour la lutte; prendre enfin en considération les circonstances politiques, fort embrouillées; contenir un allié, en gourmander un autre, pacifier, encourager le troisième — toutes choses bien difficiles, même pour un homme plus mûr, plus expérimenté. Murat, cœur léger, n'y tint pas, abandonna tout à la grâce de Dieu et partit, laissant cette lourde tâche sur les épaules du vice-roi, le plus jeune comme âge et comme ancienneté, de tous les maréchaux d'empire.

Il mesure alors en pensée toute l'étendue de la lourde tâche qu'on lui a imposée, craint de ne pas pouvoir l'accomplir, mais le sentiment du devoir l'oblige à prendre sur lui temporairement le commandement de l'armée, jusqu'à ce que l'Empereur ait nommé un général en chef. Mais

Napoléon, chose étrange, le confirme dans ce commandement; il le confirme avec encouragement, malgré la présence à l'armée de ses vieux et expérimentés compagnons d'armes, Davout, Ney, Augereau, Berthier, Charras, républicain convaincu, explique sa décision par la nécessité qui s'imposerait à lui par le principe monarchique, d'avoir à la tête de l'armée une personne haut placée, un parent. Il se peut, certes, que cette considération ait aussi concouru à la nomination du Prince Eugène à ce nouveau poste, mais il nous semble à nous que la principale raison pour Napoléon fut sa complète confiance dans la loyauté et le dévouement de son fils adoptif; et dans les conjonctures politiques embrouillées, douteuses et chancelantes de cette époque, la loyauté du chef de l'armée acquérait une influence, peut-être prépondérante: tant qu'il restait à l'Empereur une armée fidèle — les alliés restaient fidèles aussi; que l'armée et son chef trahissent — l'Autriche trahissait immédiatement, l'Allemagne se soulevait bien plus tôt que cela n'eut lieu en réalité — et l'empire de Napoléon était irrévocablement perdu.

Le vice-roi se rendait parfaitement compte de toutes ces circonstances. Entreprenant une nouvelle tâche difficile et pleine de responsabilité, il devait sans aucun doute se poser exactement son problème, en marquer le but principal, afin de ne pas se laisser entraîner par des objets d'ordre secondaire. Toutes ses décisions prouvent, jusqu'à l'évidence, que le but qu'il s'était proposé était de conserver l'armée et de gagner du temps. C'est le fil conducteur de tous ses actes. Pour le suivre, il évite constamment la bataille, lorsqu'il n'en voit pas l'absolue utilité; il s'en va, souvent un peu trop tôt peut-être, comme de Francfort-sur-l'Oder et de Berlin, lorsque les circonstances se groupent de manière à pouvoir l'obliger à se battre, exposant ainsi l'armée à subir des pertes improductives. Il comprend qu'en reculant successivement dans l'intérieur du pays, il renforce son armée, tandis que l'ennemi ne fait qu'affaiblir la sienne, obligé qu'il est de laisser des détachements pour le blocus des places fortes et la surveillance des différents détachements de l'armée : chaque jour de gagné, chaque nouveau détachement imposé à l'ennemi doivent dans l'avenir faciliter d'autant la tâche de l'Empereur au printemps.

Il n'a qu'une seule crainte durant tout ce temps, devant laquelle pâlit celle qu'il a toujours eue de s'attirer le mécontentement de l'Empereur, c'est de se laisser battre et de perdre ainsi son armée et l'armée future, qui, il le sait, naît et s'organise petit à petit, couverte et protégée par la sienne, et avec laquelle l'Empereur se disposait à rétablir la gloire ternie de ses armes, à reprendre les provinces perdues, à rendre à son nom le prestige passé. Et Eugène sait que Napoléon doit y parvenir. Et, si même tout cela n'était pas destiné à s'accomplir, la responsabilité, du moins, pèserait alors sur l'Empereur et ne pouvait pas retomber sur lui, Eugène.

C'est donc pour cela qu'il évite de toutes façons le combat; qu'il le craint au point d'en écrire à la princesse Auguste, sa femme : « Aujourd'hui le 18 avril, anniversaire pour moi d'une bataille perdue (1); je t'assure franchement que je suis bien aise de ne m'être pas battu aujourd'hui, j'avais dans l'idée que l'issue n'en serait pas heureuse. Je te vois rire de mes superstitions... »

C'est pour cela qu'après la bataille de Möckern il ne prit pas l'offensive, n'attaqua pas Wittgenstein; il pouvait, certes, avec un peu de chance, le battre, entrer à Berlin, obliger l'ennemi à reculer sur toute la ligne, se couvrir d'une gloire éclatante, et cette pensée dut certainement plus d'une fois hanter son esprit, ne pouvait pas ne pas y naître, ne pas le tenter, après tant d'indications de Napoléon dans ce sens; mais *la gloire coûte trop cher*, écrivait-il à sa femme en prenant le commandement de l'armée et si, ne se sentant pas sûr du succès, il essuyait vraiment un revers, comme à Möckern, si son armée faisait sans résultat certain des pertes sensibles, ou si, son autre supposition que l'affaire de Möckern n'était qu'une démonstration, se trouvait être juste et qu'il fût coupé de l'Empereur juste à l'époque où la nouvelle armée s'avançait pour la lutte décisive — que serait-il arrivé alors, qu'aurait-on dit? Ne serait-il pas accablé de reproches pour son incapacité, son ignorance, ne se sentirait-il pas criminel et fautif en tout aux yeux de l'Empereur?

C'est pour cela qu'il prit comme mot d'ordre « prudence », et resta fidèle à cette conduite jusqu'au bout. Mais en revanche avec quelle allégresse et quelle énergie

(1) Celle de Sacile en Italie en 1809.

ne court-il pas à la bataille, lorsqu'il sent que les responsabilités du succès final ne pèsent plus sur ses épaules seules, avec quelle joie. comme pour rattraper le temps perdu, ne poursuit-il pas l'épée dans les reins, plus tard, après Lutzen, les ennemis en retraite; combien il se réjouit intérieurement de cette occasion d'agir après ce temps d'inaction forcée, combien joyeusement devait battre son cœur, conscient d'avoir fait son devoir, lorsqu'il entrait le premier dans Dresde reconquise!

Certes, il n'avait pas évité des fautes : la retraite sur Wittenberg et Leipzig eut des conséquences regrettables, car elle donna la possibilité aux partisans russes de pénétrer dans la basse Elbe et de passer sur sa rive gauche, causant bien des maux aux pays riverains et détournant de ce côté des forces considérables de l'armée napoléonienne, qui auraient été plus utiles ailleurs. Mais quel est le général qui n'a jamais fait une faute? Et Napoléon lui-même ne fit-il pas une faute lorsqu'il marcha sur Moscou sans avoir préparé une nouvelle base à Wilna ou Witebsk, se persuadant à soi-même qu'avec Moscou prise, ce serait la paix assurée? Et il était, lui, cependant entièrement libre de ses actions, tandis que le vice-roi devait constamment prendre en considération les plans et les désirs de l'Empereur, et, quand ils lui restaient inconnus, ou n'arrivaient pas jusqu'à lui à temps, les deviner. Il est donc facile à comprendre que ces suppositions ne concordaient pas toujours avec les intentions de Napoléon.

Il est vrai aussi qu'il ne recevait souvent sur les ennemis

que des renseignements exagérés, et qu'il voyait parfois les choses trop en noir, ce qui l'amenait à un excès de prudence, qui paraissait à beaucoup de personnes, et aux ennemis entre autres, de l'indécision, de la faiblesse. Mais ceci devient aussi compréhensible, si nous nous rappelons que *durant presque tout le temps de la campagne de 1813 il ne disposait que d'une quantité extrêmement petite de cavalerie*, tandis que l'ennemi en avait beaucoup et qu'en plus la cavalerie du vice-roi, à part quelques centaines de vieux soldats revenus de Russie, n'était composée que de jeunes conscrits, mal instruits et montant mal à cheval, montés sur des chevaux fatigués par la campagne ou mal dressés, tandis que l'ennemi, au contraire, possédait une cavalerie nombreuse et naturellement aussi apte à la guerre de guérillas que l'étaient les Cosaques, sans compter la cavalerie régulière; que ses chevaux étaient, en outre, moins éreintés que ceux des Français, qu'elle pouvait, enfin, grâce à son nombre, se relayer au service d'avant-postes, lorsqu'un corps avait besoin de repos, ce que la cavalerie française était hors d'état de faire. Il en résultait que l'infanterie du vice-roi était tenue constamment en haleine, dans la crainte éternelle d'une attaque imprévue; elle n'avait aucun instant de repos ni jour ni nuit, ce qui l'amenait parfois à un état d'esprit voisin de la panique. Ce n'est pas sans raison que le vice-roi se plaint, presque dans toutes ses lettres, de cette pénurie de cavalerie : elle le mettait dans la presque impossibilité d'obtenir des nouvelles de l'ennemi directement, par le service d'éclaireurs, et devait nécessairement provoquer dans les rangs de l'armée une impressionnabilité exagérée relativement à toutes les actions dirigées contre ses flancs et ses communications, ce qui, à son tour, amenait une estimation exagérée par l'épouvante des forces ennemies. Le vice-roi devait donc soigneusement distinguer les nouvelles vraies des fausses, suscitées par la peur, mais ceci était difficile à faire, parce qu'il n'avait aucun moyen de les vérifier directement et que dans la grande majorité des cas il en était réduit à se borner à des suppositions, à se laisser guider exclusivement par des renseignements obtenus par des voies indirectes, et ces voies étaient fort peu sûres et étaient justement celles qui exagéraient le plus. Nous avons vu l'effet de ces bruits sur Augereau qui, grâce à eux, s'enfuit pour ainsi dire de Berlin; à cause d'eux, Carra-Saint-Cyr évacue Hambourg, et si de tels hommes étaient à ce point impressionnés par des bruits pareils, quelle impression ne devaient-ils pas produire sur les chefs inférieurs, sur les soldats, en général sur toutes les personnes faibles de caractère fatiguées encore par la campagne de Russie, encore sous l'impression des horreurs de la retraite? Faut-il, après cela, s'étonner qu'en des moments de doute cet état d'esprit de personnes qui pouvaient aussi se trouver dans la suite du vice-roi, quoiqu'il évitât autant que possible d'en garder auprès de lui, pouvait tant soit peu se communiquer au Prince Eugène lui-même, et peut-on lui en faire un reproche?

Certes, pour nous, qui sommes maintenant tranquillement assis dans notre cabinet de travail, ayant sous les yeux une carte avec l'indication des forces des deux côtés et de leur disposition, de telles fautes nous paraissent impardonnables et nous nous écrions avec beaucoup d'aplomb: « Comment pouvait-on se laisser troubler par de telles vétilles et faire de pareilles fautes. Comment s'effrayer des faibles corps volants des partisans russes, qui ne pouvaient faire grand tort à l'armée du vice-roi!» Mais à la guerre, et il y a cent ans de cela surtout, quand il n'y avait ni télégraphe, ni téléphone, ni chemins de fer, on ne pouvait recueillir de renseignements sur la disposition générale des armées ennemies que par hasard, indirectement, par des espions, souvent par les journaux et après un certain laps de temps seulement, lorsque la situation était déjà changée. Et quant aux moyens directs : reconnaissances et service d'éclaireurs, nous avons vu que le Prince Eugène était à peu près privé des moyens d'en faire, au moins d'une manière satisfaisante. Dans ces circonstances, le moindre petit renseignement, le moindre indice, le moindre fait insignifiant, acquiert souvent à la guerre une importance capitale, décisive; l'apparition d'une patrouille dans une direction nouvelle soulève dans l'esprit du chef la question: « Que peut-il y avoir derrière cette patrouille, pourquoi a-t-elle surgi là, et toute une suite de considérations, de juxtapositions, de suppositions se lient dans son cerveau préoccupé, en une chaîne de conclusions erronées, amenant des actes, erronés eux aussi. Le vice-roi était placé sous ce rapport dans une situation des plus désavantageuses, des plus difficiles, est-il étonnant qu'il se soit trompé? Ainsi donc *le manque de cavalerie, la faiblesse de l'armée et la pénurie de vivres pour des masses considérables*, voilà les causes principales qui mirent l'armée du vice-roi dans l'impossibilité pratique d'agir d'une manière décisive par les armes.

Pour Napoléon, là-bas au loin, dans Paris ou à Trianon, d'où sont datées beaucoup de ses lettres à cette époque, les milliers de vies humaines nécessaires pour faire la guerre ne représentaient que des alignements de chiffres inanimés; il lui était indifférent de savoir combien il en périrait là-bas, dans les neiges de la Pologne, sur les rives de l'Oder ou de l'Elbe, combien il en tombait désarmés, affamés, grelottants dans les mains des cosaques, et cela souvent tout à fait sur les derrières, où ils étaient en droit de se croire en sûreté. Mais pour le cœur sensible du Prince Eugène, témoin constant et direct de toutes ces horreurs, c'étaient des hommes en chair et en os, et il devait se révolter à la vue de toutes ces souffrances, qu'il était hors d'état de prévenir. L'idée de devoir augmenter encore ces malheurs par une résistance acharnée, dont il ne voyait pas le but, n'avait pas place dans son esprit, car elle pouvait coûter des milliers d'existences et *ne gagner qu'un jour ou deux, trop peu dans les circonstances;* il fallait certes gagner du temps autant que possible en manœuvrant, mais à quoi bon tenir à Posen, quand Schwarzenberg et Reynier s'en allaient quand même et qu'il n'avait pas assez de troupes pour livrer un simple petit combat? A quoi bon défendre Berlin, exposer cette ville amie à toutes les horreurs d'un combat de rues, quoiqu'à ce moment il disposât de forces suffisantes pour le livrer avec succès? De toute façon, dans une semaine ou un peu plus, arriverait Wittgenstein, surviendraient les autres forces ennemies et il devrait reculer, parce que les renforts qu'il attendait étaient encore loin. A quoi bon livrer bataille après Möckern, puisqu'il ne se sentait « *pas sûr de réussir* », pourquoi risquer de se faire battre, lorsque l'Empereur approchait déjà, auquel il pouvait amener une armée tout à fait intacte, bien pourvue, exercée, reposée, et le laisser en disposer à son gré, la mener à la boucherie même, si tel était son bon plaisir? Ce péché, au moins, péché de destruction inutile et sans but de milliers de vies humaines, ne pèserait pas sur sa conscience. Qui nous dira cependant de quelle lutte intérieure cette réserve fut le fruit?

« Tout cela ne prouve pas qu'il ait eu l'étoffe d'un général de premier ordre », nous direz-vous. Peut-être que non. Pour un grand général les hommes ne doivent pas plus compter dans ces considérations que des pions qu'il fait bouger selon les règles de la stratégie, sans s'inquiéter de leur état physique et moral. Et le Prince Eugène était « un homme » dans la pleine acception du mot, et son sentiment d'humanité ne disparaissait pas même au milieu de la bataille. Et dans ce sens, au point de vue moral, toute sa campagne de 1813 ne peut qu'augmenter son prestige aux yeux de ceux qui l'étudieront avec réflexion.

Rester ferme de cœur et d'esprit lorsque tous autour

de vous ont complètement perdu la tête, étouffer en soi-même, par sentiment du devoir, tous les intérêts personnels; mieux encore, prendre en main bien malgré soi une affaire sciemment dérangée; insuffler à une foule d'hommes à moitié fous un jet frais d'esprit alerte et d'assurance et soutenir cet esprit jusqu'au bout; faire de cette foule bigarrée et disparate une véritable armée, la mettre en ordre, la conserver et la remettre intacte aux mains de son Souverain, essuyant entre temps bien des reproches souvent immérités, et traversant immuable toutes ces péripéties, mener fermement et quand même à bonne fin la tâche entreprise, tout ceci n'est-ce pas le témoignage d'un caractère ferme et équilibré, d'un esprit et d'un cœur élevés?

Raab, Wagram, La Moskowa, Malojaroslavetz, Lützen prouvent que s'il ne fut pas peut-être un général, un stratège de premier ordre, il n'en a pas moins été un des premiers sur le champ de bataille. M. Thiers, qui n'est guère favorable au Prince Eugène dans ses écrits, dit qu'il avait cependant rendu de grands services en 1813. Le roi Louis de Hollande, frère de Napoléon, dit dans son ouvrage que les débris de la Grande Armée « firent des prodiges de valeur sous les ordres du vice-roi qui peut se flatter d'avoir eu à accomplir une tâche des plus responsables et des plus difficiles, et d'avoir résolu ce problème avec prudence et gloire, et aussi avec bonheur ».

Ces « prodiges de valeur » cessèrent, la frontière russe une fois dépassée, et en 1813 il n'y eut plus l'occasion d'en faire, par la force des choses; et le bonheur, la chance? Certes, il en eut, en ce que l'offensive des troupes russes fut retardée par les différends dans le haut commandement de leurs armées, ce qui facilita la tâche du vice-roi. Mais Napoléon lui-même n'a-t-il pas dit qu'à la guerre un quart dépend de l'art et les trois quarts de la chance.

Lui-même dit plus tard, dans les tristes heures de captivité de Sainte-Hélène, que le Prince Eugène ne lui avait jamais causé le moindre chagrin et une autre fois, parlant des qualités d'un grand général, il disait qu'il devait être « carré de base et de hauteur », c'est-à-dire que l'esprit et le talent en lui devaient être en équilibre avec le caractère et le courage, et comme exemple il citait le vice-roi, « chez lequel cet équilibre était le seul mérite et suffisait néanmoins pour en faire un homme très distingué » (1).

Il nous semble que, lorsque le grand homme écrivait cette appréciation de la personnalité du Prince Eugène, il devait probablement songer surtout à la manière dont le vice-roi avait mené cette campagne de 1813 dans le courant de laquelle cet équilibre se manifesta au plus haut degré, équilibre qui souvent ne s'acquiert qu'après le martyre des luttes intimes avec divers doutes, et qui fit particulièrement voir, disons-nous, son sentiment élevé d'humanité.

(1) Las Cases, *Mémorial de Sainte-Hélène.*

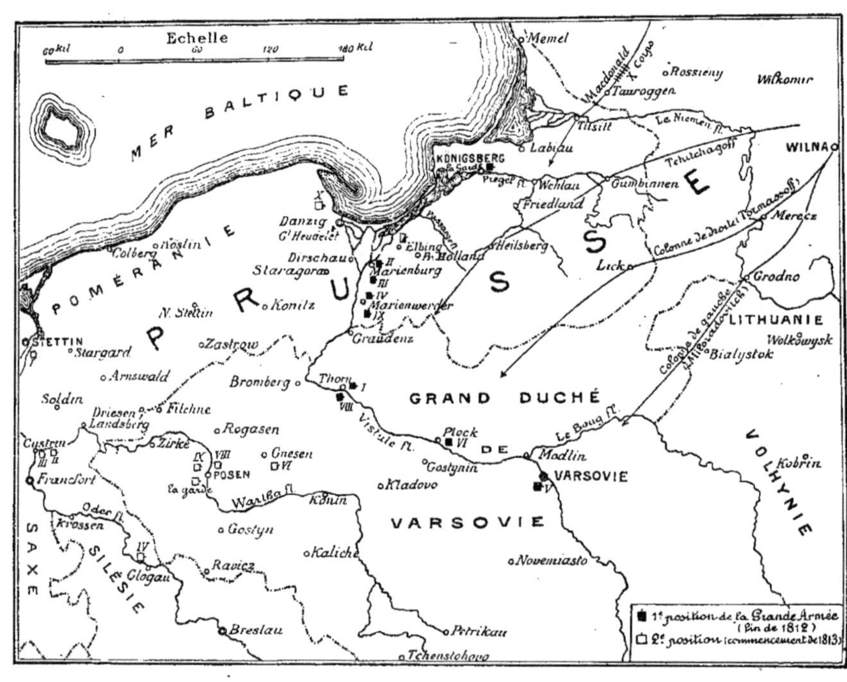
Echelle
60 Kil 0 60 120 180 Kil
MER BALTIQUE
PRUSSE
POMÉRANIE
GRAND DUCHÉ DE VARSOVIE
LITHUANIE
VOLHYNIE
SILÉSIE
SAXE
Memel
Rossieny
Wilkomir
Tauroggen
Macdonald
X Corps
Tilsit
Le Niemen fl.
Labiau
KONIGSBERG
WILNA
Tchitchagoff
Wehlau
Gumbinnen
Friedland
Colonne de droite Tormasoff
Merecz
Danzig
Elbing
Heilsberg
Colberg
Köslin
Dirschau
Staragora
Marienburg
Lick
Grodno
Marienwerder
Konitz
N. Stettin
Wolkowysk
STETTIN
Stargard
Zastrow
Graudenz
Bialystok
Arnswald
Bromberg
Thorn
Soldin
Driesen
Filehne
Landsberg
Rogasen
Vistule fl.
Plock
Le Boug fl.
Custrin
Zirke
Gnesen
POSEN
Gostynin
Modlin
VARSOVIE
Kobrin
Francfort
La garde
Kladovo
Konin
Oder fl.
Krossen
Gostyn
Kalicha
Novemiasto
Glogau
Ravicz
Breslau
Petrikau
Tchenstohovo
1re position de la Grande Armée (fin de 1812)
2e position (commencement de 1813)

ANNEXES (1)

N° 1. — *Le Maréchal Berthier au Prince Eugène* (2).

Kœnigsberg, le 1er janvier 1813.

Monseigneur. Le Roi me charge de prévenir confidentiellement Votre Altesse que le Duc de Tarente (3) après avoir attendu plusieurs jours à Tilsit le général d'York formant son arrière-garde, à un jour de marche, en a reçu hier une lettre par laquelle ce général lui mande que se trouvant dans une position à être entamé sur ses flancs et sur ses derrières il a cru devoir faire une capitulation avec les russes par laquelle lui et son corps restent neutres dans la partie de la Prusse que nous avons évacuée, à la rive droite du Niemen. Est-ce le général d'York qui a trahi son Souverain? Dans cette circonstance vous sentirez combien il est essentiel d'être sur ses gardes. J'ai expédié un courrier à M. de S. Marsan (4) et un à l'Empereur. Le duc de Tarente se trouve réduit à 5.000 hommes sans cavalerie; il paraît que le Roi ne peut faire autrement que de se reployer sur la Vistule.

N° 2. — *Du même au même.*

Elbing, le 4 janvier 1813.

Monseigneur. Nous n'avons rien de nouveau à Kœnigsberg ou le Duc de Tarente doit s'être reployé. En ce moment, nous

---

(1) Nous avons conservé l'orthographe des originaux.
(2) Major-général de la Grande Armée. Il signait généralement « Alexandre ».
(3) Maréchal Macdonald.
(4) Ambassadeur de France en Prusse.

attendons de ses nouvelles. La trahison du général d'York nous fait bien du tort et fait craindre au Roi de ne pouvoir tenir la ligne de la Pregel. Sa Majesté est arrivée ici hier et en repart demain pour Marienburg.

L'intention de l'Empereur, Monseigneur, est qu'on renvoi en France aussitôt que possible les cadres des 4e, 5e et 6e bataillons. Cette mesure s'étend aussi aux troupes italiennes, et aux troupes étrangères, en suivant les modifications de leurs organisations.

Je prie Votre Altesse Impériale de vouloir bien m'adresser un rapport et un travail qui fasse connaître les cadres, qu'Elle proposera de renvoyer, afin que je prenne les ordres du Roi pour ordonner leur départ le plustôt possible.

L'Empereur est impatient de connaître la situation de ses corps d'armée, quand on aura réuni tout ce qu'on peut espérer; il désire surtout connaître la situation de l'artillerie, des bataillons du train, des équipages militaires.

Votre Altesse dit qu'Elle n'a pas de fusils; il y en a dans presque tous les hôpitaux; il faudrait commencer par s'en emparer pour tous les hommes en santée; j'écris au général Sorbier (1) de pourvoir à tout. En général, il faut tirer des magasins de Dantzig ce dont vous avez besoin. Votre commandant d'artillerie doit s'entendre avec le général Sorbier.

N° 3. — *Du même au même.*

Elbing, le 5 janvier 1813.

Monseigneur. J'ai fait connaître à Votre Altesse Impériale qu'elle devait tirer de Dantzig, les fusils qui manquent au 4e corps d'armée; il suffit que vous envoyiez au général Rapp (2), pour lui faire connaître la quantité d'armes dont vous avez besoin. Le Roi part demain pour se rendre à Marienbourg. D'après les lettres du Duc de Tarente, il parait que le maréchal évacue aujourd'hui Kœnigsberg.

(1) Il commandait l'artillerie de la garde dans la Grande Armée.
(2) Commandant la place de Dantzig.

N° 4. — *Du même au même.*

Elbing, le 5 janvier 1813, 11 heures du soir.

Monseigneur. J'ai l'honneur de prévenir Votre Altesse Impériale que d'après de nouvelles dispositions, l'intention du Roi est que le détachement de 214 hommes montés du 1er régiment de lanciers de Berg, qu'elle avait autorisé Votre Altesse à retenir sous ses ordres, continue sa marche le 10 janvier avec les autres détachements de troupes à cheval qui arrivent le 9 à Marienwerder, pour se rendre à Elbing.

Je prie Votre Altesse Impériale de m'instruire du passage de ces détachements à Marienwerder. Le Roi ne se rendra pas demain à Marienbourg ainsi que je Vous l'avais annoncé, Sa Majesté paraît décidée à arrêter l'ennemi ici. Il est donc nécessaire que Votre Altesse veuille bien nous envoyer cette cavalerie le plutôt possible.

N° 5. — *Du même au même.*

Elbing, le 7 janvier 1813.

Monseigneur. J'ai l'honneur d'adresser à Votre Altesse Impériale copie de la lettre que je reçois de M. le comte de Saint-Marsan qui fait connaître les bonnes intentions du Roi de Prusse en notre faveur et son désaveu formel de la conduite du général d'York.

Copie.

Berlin, le 4 janvier 1813.

Monseigneur. Le Roi vien d'envoyer M. d'Arhdemberg (1) chez moi pour me communiquer ses déterminations, les voici :

Sa Majesté fera partir demain au plus tard à midi, un de ses aides de camp, le lieutenant-colonel Natzmer pour se rendre

(1) Hardenberg, ministre des Affaires étrangères de Prusse.

auprès de Sa Majesté le Roi de Naples; cet officier portera la nomination du général Kleist, comme lieutenant-général commandant le contingent. Il portera aussi le désaveu formel de la convention signée par le général d'York, l'ordre au général Kleist de faire arrêter cet officier général s'il y a moyen et de le faire conduire à Berlin, enfin l'injonction de disposer du contingent selon que Sa Majesté le Roi de Naples l'ordonnera, et d'exécuter en tout les ordres de Sa Majesté Sicilienne qui sera priée de faire accompagner M. de Natzmer, pour qu'il puisse remplir la commission dont il est chargé et aussi de faire mettre à l'ordre du jour de l'armée française les résolutions du Roi. Elles le seront également à Berlin, à Potsdam, en Silésie et on les insérera dans les gazettes. Le prince Hatzfeld reçoit l'ordre de se rendre à Paris, il portera à Sa Majesté l'Empereur l'expression des sentiments du Roi, de son attachement à la cause de Sa Majesté Impériale et de son indignation de ce qui vient de se passer. Le Roi s'occupera incessamment des moyens de réunir un autre contingent, mais sur cet objet il met en avant l'extrême détresse de ses finances et demande quelqu'acompte sur les avances faites jusqu'ici. Jusqu'à ce moment le général d'York n'a point rendu compte au Roi de ce qu'il a fait : le comte Enkel, aide de camp du Roi, qui a quitté ce général le 27 et est arrivé ici avant-hier a seulement rapporté que le général York croyait devoir se trouver dans le cas de ne pas percer et de capituler.

On n'apprendra cette nouvelle à Berlin qu'en apprenant aussi les mesures adoptées par le Roi, ce qui neutralisera, je l'espère, l'effet que pourra produire un pareil scandale. Le Roi et Son ministre paraissent de la meilleure foi. Sa Majesté a paru très inquiète et très affectée du danger que court M. le maréchal duc de Tarente. Si le corps est rentré en Prusse le Roi ne désespère point que le général Kleist ne le ramène aux ordres de Sa Majesté le Roi de Naples, mais il me parait difficile que l'ennemi et le général d'York s'exposent à cette chance. Ils ne laisseraient venir le corps en Prusse qu'autant que le Roi aurait approuvé la convention.

Je réexpédie de suite M. Boilleau avec ces notions, M. de Natzmer le suivra à quinze ou dix-huit heures de distance.

N° 6. — *Le général Reynier au roi Murat.*

Sire. L'aide de camp que j'avais envoyé porter à Votre Majesté mes lettres du 6 de ce mois, arrive de Stargar et m'apprend que Votre Majesté va établir son quartier général à Posen. Il ne me rapporte aucune lettre du Major-général. Un aide de camp du Prince Schwarzenberg est aussi arrivé sans lettres et je sais que ce prince est très peiné qu'on ne lui écrive pas dans de pareilles circonstances; il m'écrit qu'il viendra demain à Varsovie me parler ainsi qu'au Prince Poniatowski de notre position et du parti qu'il faudra prendre si les ennemis continuent à marcher sur la Basse Vistule ou s'avancent en force sur Varsovie. Les avant-gardes autrichiennes occupent toujours Ostrolenka, Ostrow et Brok; les miennes, Pniewnik, entre Liw et Drobre et Kaluszyn, j'ai un poste à Siedlec, d'où la cavalerie ennemie s'est retirée. Les troupes du corps de Saken qui s'étaient avancées à Wengrow et Liw se sont en partie retirée, mais j'ignore si c'est par crainte que je ne les fasse attaquer dans leurs cantonnements et s'éloigner... (1), ou si le général Saken se porte ailleurs avec tout son corps et continue son mouvement vers le Nord. Le général Muskin Puskin qui était à Wladimir avec un petit corps et avait menacé Zamosz, est arrivé à Brzecz après la division du général Essen.

Le corps du général Doctorow est arrivé à Szczuzyn et Radzilow le 13 de ce mois, il avait passé par Grodno et il a dû être suivi par le corps du général Milladowice mais j'ignore si ce dernier a pris le chemin de Szczuzyn et de Bialistok.

Je joints la copie d'une proclamation de l'Empereur Alexandre et d'un ordre du jour du général Kutusow.

Le Prince Schwarzenberg est persuadé que nous serons attaqués dans peu de temps, à moins que les ennemis ne portent toutes leurs forces sur la basse Vistule, qu'ils ne veulent profiter des glaces pour s'emparer de Dantzig, et nous forcer à nous retirer d'ici, en allant à Thorn et y passant la Vistule sur nos derrières.

(1) Omission dans l'original

Il est important dans tous les cas que Votre Majesté donne des ordres pour la composition de la garnison de Modlin et des instructions pour le cas ou les ennemis venant passer la Vistule à Thorn intercepteraient ma communication même avec Glogau et où je devrais aller avec les Autrichiens sur la Galicie et la haute Silésie.

Le 4e régiment de la Vistule que j'avais proposé pour former la garnison de Modlin avec le régiment Lithuanien est parti pour Posen. Je proposerai au Prince Schwarzenberg d'y mettre quelques bataillons autrichiens pour les intéresser à conserver ou secourir cette place importante quoique ses fortifications ne soient qu'ébauchées et qu'il n'y ait pas de logements pour la garnison.

Les Russes agissent avec beaucoup de politique envers le corps autrichien du Prince Schwarzenberg, sa position à Pultusk et Ostrolenka les gêne beaucoup, mais ils ne les attaqueront probablement pas et le forceront à se retirer par des mouvements sur leurs flancs, soit en les attaquant de nouveau comme il l'on fait à Wengrow et Liw, soit en marchant sur leur gauche.

Varsovie, le 16 janvier 1813.

No 7. — Davout à Eugène.

Thorn, le 13 janvier 1813, 7 h. du soir.

Monseigneur. Je n'ai encore reçu aucune nouvelle de Votre Altesse depuis sa lettre du 12, à 5 heures ½ du matin. Les renseignements que j'ai reçu sur votre direction, Monseigneur, sont très incertains. Je vous ai écrit par le général Frederick, par le général Morand, et par l'estafette.

Je suis toujours également sans nouvelles du Roi, et je ne doute point que Votre Altesse Impériale n'ait fait tout ce qu'il était possible pour être informée de ce qui s'est passé du côté de Marienbourg. Je vous réitère ma demande de nous concerter ainsi que le Duc d'Istrie.

Il parait qu'il se trouve au delà de 12.000 armes à Bromberg. J'ai beaucoup pressé le préfet de les faire évacuer sur Thorn, mais si on était obligé de quitter Bromberg sans pouvoir les évacuer, personne ne doit être plus convaincu que Votre Altesse, de la nécessité de les détruire, plutôt que de les laisser au pouvoir de l'ennemi.

J'attends avec bien de l'impatience de vos nouvelles, ainsi que de celles du Duc d'Istrie.

L'Ennemi n'était pas encore à Strasbourg hier soir 12 à 11 heures. Toute notre droite est tranquille.

N° 8. — *Du même au même.*

Thorn, le 16 janvier 1813 à 3 heures du matin.

Monseigneur. Je reçois à l'instant, la lettre de Votre Altesse Impériale datée du 14 au soir de Polischkrone. Vous me dites qu'ayant été en rapport avec les autorités du pays, il serait bien urgent que les armes et les effets d'habillement eussent été évacués ou détruits; mais le Duc d'Istrie était sur les lieux et doit encore y avoir des troupes aujourd'hui. Votre Altesse est Elle même sur le canal où il y a une très grande quantité de plomb, d'armes et d'effets d'habillement; je crois même qu'à Hackel il y en a, vous avez des troupes fraîches, celles du Major Palombini qui se dirigeaient même sur Bromberg, et je ne puis dans les circonstances actuelles quitter Thorn avant l'arrivée des Bavarois, que je ne sais pas encore en marche; il n'y a que Vous, Monseigneur, et le Duc d'Istrie, qui puissiez faire cela; les écrits seraient insignifiants, il faut des troupes et Vous seul en avez sur ce point. Enfin les troupes que Vous y enverriez même aujourd'hui ne pourraient y être compromises, puisqu'elles auraient leur retraite ou sur la forêt ou sur Inoraclaw, ou sur Thorn, où je serai encore au moins trois jours.

N° 9. — *Le prince Poniatowsky au roi de Naples.*

Varsovie, le 17 janvier 1813.

Sire. Instruit des événements qui viennent d'avoir lieu sur la basse Vistule, les suites que cette opération, effectuée sur une des extrémités de notre ligne, ne peut manquer d'entraîner pour le centre, me font un devoir de ne point perdre un moment pour supplier Votre Majesté de vouloir bien me faire connaître ses intentions relativement aux troupes polonaises et me donner les ordres éventuels sur ce que j'aurais à faire dans le cas où l'on serait obligé de prendre en arrière une nouvelle ligne de défense.

En qualité de général commandant un des corps de la Grande-Armée, je sens que je devrais borner ici la prière que j'ai l'honneur d'adresser à Votre Majesté. La confiance et les bontés dont Elle daigne depuis si longtemps m'honorer m'enhardissent à La supplier de vouloir bien m'en donner une nouvelle preuve, en m'initiant davantage dans l'ensemble des opérations. Habitué à voir Votre Majesté manifester sur mon compte une opinion flatteuse que je ne crois mériter que par mon zèle et mon sincère dévouement à la cause de la France j'aime à penser qu'Elle n'attribuera qu'à ces motifs la demande que j'ai osé Lui faire. Si, malgré cela elle Lui paraîssait indiscrète, je prierais Votre Majesté de considérer que, chargé de la réorganisation, non seulement du 5e corps; mais encore de tout ce qui existe de troupes polonaises; ayant à effectuer cette opération importante qui demande une entière tranquillité, dans un temps critique et presque sans moyens, je ne puis, ni assigner avec certitude des emplacements aux corps, ni donner une tendance convenable à toutes les mesures que je suis dans le cas de prendre, sans avoir des données positives, non seulement sur l'état momentané des choses; mais encore sur la direction, que prendra l'armée française dans le cas où il lui serait impossible de se soutenir dans le Duché. Je n'ai pas besoin, sans doute, de parler à Votre Majesté de l'embarras où je me trouverais si sans être prévenu d'avance de ce que j'ai à faire, je devais, sur le champ et sans avoir pu prendre aucune mesure préparatoire, mettre en mouvement, à portée de l'ennemi des corps et des dépôts occupés de leur réorganisation. Elle sentira parfaitement que, pouvant dans l'ignorance où je suis du système général, prendre, avec la meilleure volonté, des mesures entièrement contraires à celles qu'auraient exigé les circonstances, j'occasionnerai par là la perte du reste de nos ressources en hommes, chevaux etc. déjà si fort diminuées par l'occupation si prompte et si facile, que l'ennemi a pu faire de la plus grande partie du pays situé sur la rive droite de la Vistule.

J'avouerai à Votre Majesté, que j'aurais hésité à Lui faire cet exposé, si, ayant en avant des troupes polonaises, je savais à quoi m'en tenir sur le degré de résistance qu'elles auraient opposé à l'ennemi. Mais n'ayant pas même la facilité pour les corps qui couvrent Varsovie; ne connaissant au juste ni les intentions des généraux qui les commandent, ni jusqu'à quel point ils croiront devoir tenir dans leurs positions actuelles, je puis, à en juger par le passé, craindre avec raison de voir découvrir une grande partie du pays sur la rive gauche, assez inopinément pour qu'il me soit impossible de prévenir les suites de ce mouvement, pour les troupes polonaises.

C'est à ces titres, que j'ai osé adresser à Votre Majesté la prière de ne point me laisser étranger au secret de ses opérations ultérieures. J'ose me flatter qu'elle ne craindra pas qu'il soit compromis pour m'avoir été confié, et j'aime à croire également que le peu d'empressement que, dans chaque occasion j'ai montré pour abandonner du terrain à l'ennemi, la rassurera contre l'idée que, par des mesures précoces je pourrais ou dévoiler le plan général ou influer défavorablement sur l'esprit public. Je me bornerai donc, en laissant à la sagesse de Votre Majesté à décider sur la suite qu'elle croiera devoir donner à ma demande, à Lui présenter l'assurance, qu'elle n'a d'autres motifs que ceux que je viens d'avoir l'honneur de Lui exposer, ni d'autre but que de me mettre à même d'agir avec plus d'utilité pour la cause commune.

N° 10. — *Le maréchal Davout au prince Eugène.*

Thorn, le 18 janvier 1813.
8 h. matin.

Monseigneur. Je reçois à l'instant une lettre du Major Général, contenant un ordre du jour, qui annonce que vous prenez le commandement de l'armée, à cause de la maladie du Roi de Naples, ou pour mieux dire de son départ. Je regarde cette nouvelle comme très heureuse pour les intérêts de l'Empereur, puisque les causes qui ont fait tant de mal à l'armée depuis son départ de Vilna, vont enfin cesser. J'ose me flatter que Votre Altesse sait assez apprécier mon dévouement à l'Empereur pour être persuadée du zèle que j'apporterai à exécuter ses ordres, et à la seconder.

Le Major Général dans sa lettre me fait connaître, que Votre Altesse Impériale me laisse carte blanche pour l'organisation de la garnison de Thorn.

Je vous prie, Monseigneur, de vous faire représenter par le Prince de Neuchâtel, toutes les lettres que je lui ai écrites depuis huit à dix jours. Dans les observations qu'elles renferment, j'ai fait connaître que c'était compromettre des troupes, que de les livrer quelque temps à elles mêmes, parce que l'ennemi, avec trente et quarante obusiers, détruirait la ville, brûlerait tous les magasins et ferait beaucoup de mal à la garnison, qui serait sans abri. En disant qu'il ne faut pas conserver Thorn, je ne veux pas dire qu'il faut l'évacuer de suite; il faut, au contraire, ne l'évacuer que le plus tard possible.

Je ne connais pas assez la position de l'armée pour décider du plan à adopter, mais il me semble que si le duc de Tarente est avec tout son corps à Dantzig, si le général Grenier est à Berlin et que s'il reste dans ce pays une assez grande quantité de troupe pour en imposer aux Prussiens, je crois, dis-je que l'on peut et que l'on doit conserver la rive gauche de la Vistule. Je suis entré avec le Major-général dans le détail des dispositions à prendre. Porter de suite à Bromberg un corps de 8.000 à 10.000 hommes d'infanterie, quelque cavalerie, et une trentaine de bouches à feu. Je ne crois pas que les Russes marchent de Marienwerder sur Bromberg, en laissant Graudenz sur leurs derrières, à moins d'une trahison des Prussiens. Tout le pays entre Graudenz et Bromberg serait immanquablement évacué par les Russes, au premier mouvement que l'on ferait en avant, puisque la garnison de Dantzig doit occuper une partie de leurs troupes.

Le corps autrichien devrait recevoir l'ordre de se porter entre Varsovie et Wyzogrod, laissant les avant-postes à Sierock et Pultusk, suivant les mouvements de l'ennemi. — Le corps du général Reynier, cantonné à droite de Varsovie, ayant des avant-postes sur la rive droite de la Vistule, dans la direction de Térespol, Lublin, etc.

Les deux corps seraient en mesure, avec ce qu'il y aurait de disponible dans le Gmt (1) de déboucher sur l'ennemi par

(1) Gouvernement.

Modlin ou Praga, suivant les circonstances. Ainsi, un corps Russe qui se porterait sur Plock serait compromis, par les troupes débouchant de Modlin. Il serait bon d'avoir du côté de Plock, pour maintenir la communication entre Thorn et Varsovie, un corps de 3.000 à 4.000 hommes, dont quelque cavalerie de nouvelle levée.

Il parait que les levées d'infanterie dans le Duché vont avec assez d'activité. Il manque des armes à ces troupes. Une précaution très bonne à prendre, serait de les diriger sur les places de l'Oder : elles en renforceraient les garnisons et seraient beaucoup plus vite formées qu'ainsi disséminées dans les mauvais villages de Pologne. Ainsi, on pourrait diriger sur Glogau les recrues de Varsovie, sur Custrin celles de Kalisch et sur Stettin celles de Posen.

Je sais bien que la Vistule n'est pas un obstacle dans cette saison; cependant elle n'est pas facile à passer pour la cavalerie, et surtout pour l'artillerie, à cause de l'escarpement des rives.

Quant aux 30 bouches à feu à placer au corps cantonné à Bromberg, je ferai observer à Votre Altesse que j'en ai organisé déjà 16, ayant chacune une voiture du pays pour porter des munitions. Resterait donc 14; mais les bavarois doivent avoir 12 à 14 pièces, sans caissons il est vrai, mais on organiserait des voitures du pays.

Il me parait difficile que l'ennemi continue ses opérations par le froid qu'il fait; son infanterie est déjà dans le plus mauvais état, il achèverait de la détruire.

Votre Altesse Impériale ayant été à Marienwerder, a pu remarquer le mauvais esprit des autorités prussiennes. Il me semble que dans les circonstances actuelles, on devrait mettre les places de l'Oder en état de siège, prescrire aux Gouverneurs de prendre toute l'autorité, d'y exercer la haute police, d'ouvrir les lettres, d'observer les gens suspects et, en un mot, de se mettre à l'abri des tentatives des esprits chauds. Comme la cavalerie à pied se trouve autour de ces places, elle y pourra mettre suffisamment d'hommes armés.

Ce qui a fait notre mal depuis notre départ de Vilna, ainsi que nous l'avons plusieurs fois remarqué, c'est que l'on n'a jamais eu de plan. Il est donc nécessaire d'en adopter un, et Votre Altesse Impériale peut seule prononcer, par la connaissance qu'elle doit avoir de l'ensemble. Je désire savoir sur cet objet ses intentions; car, si l'on doit abandonner la Vistule, Thorn ne pouvant se défendre, il sera nécessaire de faire jeter à l'eau plus de 200.000 projectiles qui s'y trouvent. La plupart des obus.

Il existe dans ce pays et surtout en Prusse, beaucoup de petites villes fermées, ou de grandes maisons capables de tenir beaucoup de monde. C'est dans ces endroits qu'on pourrait cantonner l'infanterie, avec l'ordre de prendre des précautions et de faire des dispositions pour s'y défendre contre des partis de cavalerie ennemie.

Il parait constant, d'après tous les rapports, que l'ennemi ne s'est pas montré, jusqu'ici, au-delà du département de Lomza. Strasbourg, Osterode, Villemberg n'ont encore rien vu.

J'ai depuis 60 heures, un officier avec 10 chasseurs à Bromberg. Son dernier rapport est daté d'hier 17, à 7 heures du soir. Une patrouille s'était montrée à Gordon.

Le général Gérard part ce matin pour se rendre à Bromberg, où il arrivera demain 19 avec 6 pièces de canon et 1.200 hommes d'infanterie. N'ayant point de généraux de brigade, je prie Votre Altesse Impériale de m'en envoyer un de la bonne espèce, pour prendre le commandement de la ville de Thorn.

Je vous ai exposé, Monseigneur, toutes mes idées. Les ordres que je recevrai, y fussent-ils contraires, vous pouvez être certain du zèle que je mettrai à les exécuter.

J'oserai prier Votre Altesse de faire partir tous les jours une estafette française pour Thorn, et de donner des ordres pour qu'on lui remette mes lettres de Paris. Depuis que l'on est à Posen, rien ne me parvient.

J'ai fait connaître dans plus de vingt lettres au Major-général que le service de la viande et celui des hôpitaux étaient arrêtés faute d'argent. La solde et les appointements n'étaient pas payés. Je vous prie, Monseigneur, de faire envoyer par la poste deux ou trois cent mille francs.

Je crois devoir informer Votre Altesse Impériale que beaucoup de gens quittent leur poste sans permission. Le sous-inspecteur aux revues de Thorn a quitté la ville, le médecin en chef du 1er corps en a fait autant, malgré mes ordres.

Les 3.000 Bavarois, qui sont en route pour Thorn, y seront rendus le 20. J'ai l'honneur d'adresser à Votre Altesse l'itinéraire du 6e corps, qui a ordre de se diriger sur Posen. Son départ a jeté la consternation dans le pays. Je crois, Monseigneur, qu'il serait bon de faire rétrograder tout ce qui serait disponible de ce corps. On m'a assuré qu'il y avait encore environ 1.600 baïonnettes et quelque cavalerie. Faire rentrer ces hommes à Plock fera le meilleur effet et d'ailleurs on sera toujours à même de le faire retirer quand les Autrichiens feront leur mouvement.

N° 11. — Du même au même.

Monseigneur. J'ai l'honneur de vous adresser les derniers rapports que j'ai reçus et les dernières lettres du général Gérard. Ce ne sera que de Bromberg qu'on aura des nouvelles positives sur les projets de l'ennemi.

J'attends la réponse de Votre Altesse à la lettre du 17, dont je lui ai envoyé duplicata.

Il faut adopter un plan; c'est l'indécision du Roi de Naples qui nous a mis dans cette position. En continuant son système on ne peut en calculer les suites.

4.000 Bavarois commandés par le général Zollern, arrivent demain ici. Je me propose de faire porter demain à mi-chemin de Bromberg, pour soutenir le général Gérard les bataillons de 3e, 105e, deux ou trois cents vieux soldats et quatre bouches à feu, à moins que les renseignements que j'ai sur les forces de l'ennemi, ne soient inexacts et que, dans ce cas le général Gérard n'ait pu entrer à Bromberg.

Il y a dans le civil une terreur panique qui fait bien du mal et arrête les levées d'hommes et de chevaux. Le Préfet de Bromberg, les sous-préfets sont en fuite et tout le pays est désorganisé. Pour remettre les esprits, il faut des dispositions; celles que j'ai proposées à Votre Altesse Impériale me paraissent devoir remplir cet objet. Je réitère ma demande pour obtenir des fonds.

Le général Gérard au maréchal Davout.

Szulitz, le 19 janvier, 5 heures 1/2 du matin.

Un des hommes envoyés à Bromberg vient de revenir. Il confirme le rapport déjà fait qu'il y a dans cette ville 400 à 500 Cosaques avec de l'artillerie. Le colonel qui commande cette troupe a annoncé pour aujourd'hui l'arrivée de deux régiments d'infanterie et d'un bataillon de chasseurs à pied. Il a commandé 12.000 rations de vivres. Le maire, qui a donné ces détails à notre émissaire, lui a dit aussi qu'il y avait des troupes ennemies à Nackel; mais, sans en pouvoir déterminer, ni le nombre ni l'arme. Il parait au reste que toutes ces nouvelles sont débitées par le commandant russe. Je prends le parti de me mettre en route de suite, afin d'arriver de bonne heure à Bromberg, et de pouvoir y recueillir quelque chose de positif sur la postion de l'ennemi. Arrivé à Kapenziska, j'ai le projet de partager ma colonne, si les localités me le permettent. J'enverrai le colonel Dunesme avec le 5e bataillon et deux pièces d'artillerie, par la route ordinaire et moi avec le 3e bataillon je passerai la Brau à Kapenziska et me porterai à Bromberg par la route de Fordon. Cette manœuvre pourra embarasser messieurs les Cosaques, s'ils se décident à nous attendre, et à prendre la route par laquelle ils sont venus; mais s'ils ont des forces à Nackel, il est probable qu'ils feront leur retraite dans cette direction.

Aussitôt que je serai établi à Bromberg, je vous en instruirai.

N° 12. — *Davout à Eugène.*

Thorn, le 20 janvier 1813, 1 h. 1/2 après-midi.

Monseigneur. Je viens de recevoir la lettre que Votre Altesse Impériale m'a fait l'honneur de m'écrire le 18 janvier. Il eut été à désirer pour le service de l'Empereur, qu'à son départ il nous eut mis entre vos mains, mais comme toutes les réflexions qu'on pourrait faire ne remédieront pas au mal présent, je les supprime.

Je vous ai rendu compte du mouvement que j'avais fait faire sur Bromberg par le général Gérard; vous trouverez ci-joint son rapport. On peut ajouter foi à son contenu, parce que outre qu'il en a vu une partie par lui-même, les autres renseignements ont été donnés par des personnes sûres.

Les Russes comptent beaucoup sur la terreur qu'ils ont semée et sur celles qu'ils répandent par leurs agents. Je crois que les dispositions de Votre Altesse produiront sous peu leur effet.

Je laisserai dans Thorn le général bavarois de Zollern, dont on m'a dit le plus grand bien, avec 2.500 ou 3.000 Bavarois. Je mettrai sous ses ordres le colonel Piat avec 400 ou 500 français. Après l'avoir installé, je me mettrai en marche demain ou après demain pour Inowraclaw.

L'ennemi ayant un chemin direct de Bromberg sur Posen par Gnesen, je crois, Monseigneur, qu'il serait important d'occuper cette place avec l'infanterie, parce qu'autant que je m'en rappelle, cette ville est fermée et par conséquent à l'abri de la cavalerie. Dans la crainte de nuire à l'armement de la place, je n'emmenerai d'ici que la moitié des bouches à feu, que je projetais d'emmener.

Le corps bavarois qui reste avec le général de Wrede, doit avoir 20 bouches à feu, mais sans munitions; il faudrait qu'il en envoyat chercher à Custrin, car sous peu la communication de Plock à Thorn sera interrompue, jusqu'à ce que les ordres, que donnera Votre Altesse Impériale, aient reçu leur exécution.

Le mouvement du général Voronzoff prouve que les Russes sont sans inquiétude sur ce corps prussien qui est à Graudenz. Je dois observer à Votre Altesse Impériale, que si les mesures du roi de Naples et du major-général avaient reçu leur exécution, Thorn serait maintenant au pouvoir de l'ennemi, ou y serait sous peu de jours. On savait que l'état de situation des disponibles du 1er corps était nul, on ne pouvait compter que sur le 3e bataillon du 127e qui venait d'y arriver de Dantzig.

Le 8 janvier j'ai reçu un ordre d'Elbing de diriger ce bataillon sur Marienbourg; on ne pouvait pas ignorer à cette époque les mouvements que l'ennemi faisait, puisque depuis plusièurs jours on était à Elbing toujours prêt à se sauver. Ne connaissant que l'exécution des ordres, j'ai mis ce bataillon en marche, mais instruit de la fuite d'Elbing, j'ai eu le temps de le faire revenir avant qu'il ne tombe dans les corps russes.

Deux bataillons des 3e et 105e, qui, de Bromberg étaient dirigés sur Kœnigsberg, passèrent à Thorn le 7; je les ai retenus parce que l'ennemi était entré dans Kœnigsberg, et ignorant à quel corps d'armée ils appartiennent, puisqu'à cette époque, je n'avais pas encore obtenu, malgré mes demandes réitérées, l'état de la composition des différents corps d'armée et j'ai demandé des ordres sur la direction qu'il fallait leur donner.

J'ai reçu le 10, une lettre du 9, portant ordre de les diriger sur Marienbourg; les mouvements de l'ennemi ont également empêché l'exécution de cet ordre et ces bataillons ont du rester à Thorn.

Le 11, j'ai reçu l'ordre du major-général de Marienbourg, après la fuite d'Elbing, de diriger ces trois bataillons sur Posen et les chefs de ces trois bataillons recevaient aussi directement l'ordre de S. A. S. d'exécuter ce mouvement. J'avais en même temps l'ordre d'attendre pour partir de Thorn l'arrivée de 3.000 Bavarois, à qui il était impossible d'y être rendus avant le 20. Je ne fais aucune réflexion sur ces ordres, ils ne peuvent être que le résultat de la trahison ou de la plus grande ineptie.

Le passé m'ayant servi de leçon, j'ai retenu ces trois bataillons, et sans cette prévoyance, il m'eut été impossible de faire un détachement sur Bromberg et de ralentir la marche de l'ennemi, qui eut cerné Thorn sur tout les points avant l'arrivée des Bavarois. Il est à noter, que sans la précaution que j'ai prise d'envoyer des officiers à la rencontre du corps bavarois, il eut changé de direction d'après toutes les fausses nouvelles qu'il recevait en route.

En résultat je partirai, ainsi que je l'ai dit à Votre Altesse Impériale, demain ou après, avec une colonne de 4.000 à 5.000 hommes, en en laissant près de 4.000 dans la place.

Il y avait ici, ainsi que j'en ai rendu compte une grande quantité de projectiles inutiles, surtout des bombes. J'ai fait conserver ce qui était nécessaire pour l'approvisionnement de siège, tout le reste a été jeté dans la Vistule.

Je dois dire que le général Gérard avait avec lui le bataillon du 127e et les détachements des 3e et 5e divisions; autant il se loue du bataillon du 127e, autant il se loue peu des détachements de ces deux divisions.

N° 13. — *Du même au même.*

Thorn, le 20 janvier 1813 à 10 h. du soir.

Monseigneur. J'ai l'honneur d'adresser à Votre Altesse Impériale duplicata de ma lettre de ce matin, renfermant les rapports du général Gérard. J'y ajoute ceux d'un homme sûr, que j'avais envoyé ces jours-ci à Osterode et Graudenz et qui confirment la marche de l'ennemi.

J'ai vu un homme qui a compté lui même 20 bouches à feu à Schwetz, 10 à Sompolno, village entre Schwetz et Fordon, et il y en avait 9 contre le général Gérard. Il parait que toute cette artillerie est destinée contre Thorn, qu'on espère intimider et enlever de cette manière.

Le corps bavarois est arrivé aujourd'hui. Il reste chargé de cette défense, ainsi que 300 français des 85ᵉ et 108ᵉ, sous les ordres du colonel Piat. Je voulais confier ce commandement au général bavarois, mais sur ses observations, que j'ai appréciées, j'en ai chargé le général du génie Poidevin.

J'ai fait détruire tous les abris à 2.000 toises de la place, ce qui dans la saison actuelle, contribuera à sa défense.

Demain 21, je me mettrai en marche sur Posen. Il ne faut point compter sur ce qui reste du corps bavarois avec le général de Wrede, parce qu'il n'a ni munitions d'infanterie, ni munitions d'artillerie. Je pense qu'il serait convenable, à moins qu'on ne puisse lui en donner à Posen, de le faire filer sur l'Oder.

Les lettres de Varsovie disent que le corps du général Reynier est en retraite, et que tout le monde quitte cette ville. Ce ne sont au reste que des lettres particulières, car celles du Prince Poniatowski ne m'en parlent pas.

Le général Gérard au maréchal Davout.

Bromberg, le 19 janvier 1813, 6 heures du soir.

Je m'empresse de mettre sous les yeux de Votre Excellence le rapport des événements d'aujourd'hui. Parti à 6 heures du matin de Schulitz, après avoir chassé devant moi quelques Cosaques, j'ai trouvé l'ennemi qui m'attendait à une demi-lieue de la ville; mon aide de camp est venu me rendre compte qu'il y avait de l'infanterie russse. Je n'ai voulu y croire qu'après l'avoir vu moi-même. Trop près de Bromberg pour rétrograder, et ne voulant point en avoir le démenti, j'ai fait de suite mes dispostions d'attaque. Le colonel Dunesme, qui avait passé la Brau à Cierke, eut ordre de former ma droite et de suivre mes attaques. Le colonel Rome, avec son régiment, deux pièces et le 12e se dirigea par des gorges, sur les hauteurs à gauche, qui règnent et dominent sur toute la ville. Le bataillon du 127e suivit la route directe avec les trois autres pièces. Le 21e, avec une compagnie de voltigeurs du 127e, restèrent en réserve. Je fis aborder dans cet ordre l'ennemi qui fut culbuté partout; nous n'entrâmes en ville que pour en sortir de suite. Je poursuivis l'ennemi jusqu'aux bois sur la route de Schwetz. Arrivé à la tête de la forêt, il fit une nouvelle résistance, une charge du bataillon du 127e et de la 5e division, le mit dans la plus grande déroute. Il fut mené battant pendant deux lieues et demi, jusqu'à Nimsch, où je crus prudent de faire faire halte.

Tout ce trajet s'est fait au milieu d'un bois fort épais et qui nous donnait un grand avantage, attendu que l'ennemi ne pouvait guère faire usage de sa cavalerie. Il n'en eut pas été de même si cette poursuite eut continué; aussi, je me suis déterminé à venir occuper la ville et à m'y barricader jusqu'aux dents. Votre Excellence peut être sans inquiétude sur mon emplacement militaire, je n'ai rien à craindre.

D'après tout ce que j'ai appris ici, tant par les rapports d'hommes sûrs, que par les réponses d'un grenadier prisonnier, il paraît hors de doute que le corps d'armée de Tischzakoff (1) est en route dans la direction de Schwetz à Bromberg. Je n'ai eu réellement devant moi que 400 à 500 hommes d'infanterie, autant de Cosaques et trois pièces d'artillerie; mais il parait qu'il y avait 1.060 hommes dans la fôrêt et six pièces d'artillerie, qui arrivés au moment ou les autres battaient en retraite, ont été entraînés dans le mouvement rétrograde. Il parait de plus très certain qu'il y a à Topolno un corps d'infanterie et d'artillerie assez considérable, et à Schwetz également. Tous ces renseignements donnés par des gens sûrs, ne me laissent aucun doute sur le parti que je dois prendre. Je partirai demain matin pour vous rejoindre, en suivant vos instructions. Soyez sans inquiétude sur mon compte, Monseigneur, je ne compromettrai pas de braves gens dont vous m'avez confié le commandement, mais aussi soyez sûr que je ne les laisserai pas insulter impunément.

(1) Tchitchagoff.

Je ne connais point encore notre perte, elle doit être à vue de nez d'une douzaine de blessé, l'ennemi a du en avoir beaucoup plus, car nous l'avons constamment chassé. Le 127e s'est parfaitement conduit; il s'est montré digne de la réputation de ses aînés.

P. S. — Je joins ici différents rapports sur l'ennemi. Votre lettre de ce matin m'arrive seulement à l'instant.

On dit ici que l'on a entendu une canonnade du côté de Thorn, cela me fait prendre le parti de vous envoyer mon rapport par Gniewkowo. Pour moi, je tiendrai toujours ma route par Schulitz. En relisant mon rapport, je m'apperçois que j'ai oublié de vous dire que le général Romanzoff (Woronzoff) commandait ici. Il y était arrivé ce matin à 7 heures avec un parti d'infanterie. Il a déjeuné chez le Bourgmestre avec un colonel d'infanterie et le colonel des Cosaques.

N° 11. — *Le général Reynier au prince Eugène.*

Monseigneur. Le Prince de Schwarzenberg m'écrit aujourd'hui de Pultusk, que les rapports de ses postes de gauche annoncent que les ennemis continuent leur marche, qu'il croit que dans trois jours leur avant-garde arrivera à Plock et tournera ses cantonnements et qu'alors il devra se replier sur Modlin et Varsovie. Je lui écris que V. A. J. a pris le commandement de l'armée et ordonne au corps bavarois de retourner à Plock.

Le général Doctoroff était le 18 à Joanisburg et environs avec son corps, et se dirige sur Willemberg où on forme de grands magasins; le corps de Millaradowicz était à Goniods et environs. Les Russes ont dit aux avant-postes Autrichiens que toute leur armée marche, et que l'Empereur Alexandre est encore à Vilna où le grand duc Constantin est fort malade de fièvre d'hôpital.

Ils ont remis un paquet de lettres des officiers français prisonniers que j'adresse au major-général. Je joins la copie de la lettre du Prince Schwarzenberg.

Le prince Schwarzenberg au général Reynier.

Pultusk, le 20 janvier 1813.

Il m'a été impossible jusqu'à cette heure-ci de me procurer des nouvelles sur les manœuvres de Sachen et d'Essen; sur le front de ma position on ne remarque aucun changement.

Le comte Schoteck a remis les lettres des officiers prisonniers au général Wassiluzckow, il a trouvé tout dans la même position qui nous était déjà connue. On lui a dit que l'Empereur était encore à Vilna, que le grand duc Constantin avait gagné une maladie très grave en visitant les hôpitaux et que toute l'armée se portait en avant. Je joins ici un extrait du rapport de la gauche. Il s'est présenté hier de forts détachements de Cosaques à Stanislawowa et Batoczizna, qui se sont retirés en voyant ces postes occupés par de l'infanterie; ces villages sont situés en avant d'Austrolenka, il me parait que le grand mouvement de l'ennemi est bien prononcé et je m'attends à recevoir des nouvelles qui m'annonceront que les avant-gardes auront atteint Plock dans trois jours.

Ils semblent observer soigneusement leurs échelons pour ne pas s'exposer à être coupés; ils seraient d'ailleurs toujours les maîtres de se replier dans la direction du nord, tandis que les partis que j'enverrais dans leur flanc seraient pris par eux même en flanc par les troupes qui suivent les avant-gardes. Si l'armée russe continue son grand mouvement vers Plock et Thorn, il est nécessaire que je prenne la résolution d'abandonner mes cantonnements et de les prendre entre Modlin et Varsovie; il me semble que j'y serai forcé sous peu de jours.

Veuillez informer le général Dutaillis et le prince Poniatowski de la marche que les corps russes paraissent avoir définitivement adoptée et engager le premier à donner des ordres à Modlin, afin que l'on ne fasse point de difficultés de délivrer des subsistances aux troupes qui se portent du côté des grands magasins de réserve. Je vous tiendrai au courant de mes nouvelles.

N° 15. — *Le prince Poniatowski au Vice-roi.*

Varsovie, le 21 janvier 1813.

Monseigneur. Je viens de recevoir la lettre que Votre Altesse Impériale m'a fait l'honneur de m'adresser le 19 de ce mois pour m'annoncer qu'Elle s'était chargée du commandement que Sa Majesté l'Empereur avait confié à Sa Majesté le roi de Naples. J'en augure les effets les plus favorables pour les résultats d'une époque d'autant plus faite pour mettre au jour Ses grandes qualités, qu'elle offre plus d'obstacles à surmonter. Je prie Votre Altesse Impériale d'agréer toute ma reconnaissance de la confiance qu'Elle a la bonté de mettre en moi dans ces circonstances difficiles. Je ne l'ai méritée jusqu'ici que par mon entier et sincère dévouement envers sa Majesté l'Empereur; je la mériterai encore par la franchise avec laquelle je mettrai toujours sous les yeux de Votre Altesse Impériale tout ce que je croirai utile à la cause que je sers.

Les idées qu'Elle a bien voulu me communiquer sur le plan d'opération à adopter pendant l'intervalle qui s'écoulera jusqu'à ce que nous soyons en état de reprendre l'offensive, me paraissent on ne saurait plus propres, non seulement pour arrêter tous les progrès de l'ennemi, mais même pour faire tourner à son désavantage ceux que son imprévoyance l'engagerait à tenter. Si je ne craignais de montrer trop d'amour propre, j'oserais dire à Votre Altesse Impériale que le plan qu'Elle a bien voulu me confier est exactement celui que je désirais que l'on suivit, du moment qu'il a été impossible de se soutenir en Prusse, au-delà de la Vistule. Mais il ne faut pas perdre de vue, que si dans quelques semaines cette rivière présentera une ligne réelle de défense, elle n'est dans ce moment qu'un obstacle imaginaire, dont on ne peut tirer parti qu'en portant entre les places des corps intermédiaires, qui en donnant à l'ennemi de l'inquiétude pour les troupes qu'il hasarderait sur la rive gauche, l'empêcheraient de tenter ces sortes d'entreprises; en même temps qu'ils assureraient un débouché à celles que l'on pourrait vouloir effectuer soi même, sur la rive droite.

Dans cette vue, il me parait de toute nécessité d'occuper Plock, par un corps de 5 à 6 mille hommes. L'utilité de cette mesure est si généralement sentie, qu'il est difficile de se faire une idée de l'alarme générale que l'évacuation de ce point a produit dans le Duché et je me félicitais de la voir cesser, lorsque M. Désaix m'a dit que Votre Altesse Impériale se proposait de le faire réoccuper de suite par le reste des troupes bavaroises. Sous les rapports militaires, cette mesure offre de plus l'avantage de couvrir l'aile gauche du corps autrichien et le département de Plock. Sous ceux des localités, elle nous conserve les ressources du département mentionné et c'est certes un résultat précieux dans des circonstances critiques ou n'ayant pas trop de tous ces moyens, le Duché en a perdu une grande partie par l'envahissement d'une étendue considérable de pays sur la rive droite de la Vistule, suite de la retraite, au moins précoce des troupes alliées jusque sur le Bug.

Depuis mon retour à Varsovie, où j'ai trouvé la conscription décrêtée, mais non encore levée, je n'ai cessé de m'occuper de la réorganisation des troupes polonaises, mais dans l'état où elles se trouvent actuellement, il est de toute impossibilité de les employer à la défense du pays, puisque ce ne sont réellement que des recrues, qui ne savent pas encore faire le moindre usage du fusil qu'on vient de leur mettre entre les mains, et qui ne peuvent promettre d'être utiles, d'ici à quelque temps, qu'autant que, couvertes par des forces actives, elles pourront s'organiser et s'instruire au moins en partie.

On pourrait passer sur ces considérations en réunissant les troupes Polonaises autour de Varsovie, puisque le projet de Votre Altesse Impériale ne serait que d'en imposer à l'ennemi, par l'apparence d'un corps; mais il est d'autres considérations qui s'opposent à cette mesure. En voyant au juste l'effectif des corps à leur arrivée dans le pays, je les trouvai réduits à 60 ou 80 hommes au plus. Leur assigner dans cet état de faiblesse, dans des contrées éloignées, des recrues qu'ils n'étaient nullement en état d'escorter, c'eut été s'exposer inévitablement à en perdre la plus grande partie; il a donc fallu prévenir cet inconvénient, en portant, d'après le tableau que j'ai fait parvenir, il y a peu de temps à Son Altesse Sérénissime le Major Général, les régiments sur les points mêmes où ils devaient se recruter, et où ils se trouvaient en même temps à portée des autres ressources nécessaires à leur réorganisation.

Mais ce qui achève de rendre impraticable, dans ce moment,

la réunion des troupes Polonaises autour de Varsovie, c'est l'impossibilité de pourvoir à leur subsistance concurremment avec celle des troupes alliées, qu'on est obligé de tirer en entier des contrées voisines de Varsovie sur la rive gauche, le manque des moyens de transport empêchant de le faire arriver de plus loin.

Au reste, je pense qu'avec le peu de probabilité qu'il y a, que ce soit sur ce point que l'ennemi dirige ses principaux efforts, 35 à 40 mille hommes de troupes fraîches qui sont dans ce moment sur la rive droite de la Vistule, sont plus que suffisantes pour la défendre contre ce que l'ennemi a jusqu'à présent déployé ici de forces et je ne vois point encore d'apparence que, d'ici, à quelque temps, il puisse avec la désorganisation connue de son armée, se renforcer assez pour contraindre les troupes alliées à repasser la Vistule. Si contre toute attente ce cas arrivait, je prendrai le parti de me porter avec toutes les troupes Polonaises entre Kalisz et Czenstochau. Ce mouvement, qui dans le même cas, serait aussi je crois celui de M. le Général Reynier, me paraît d'autant plus convenable qu'il me mettrait à portée de Glogau et de l'Oder, et j'avouerai à Votre Altesse Impériale, que le peu de consistance dans la défense de la basse Vistule a également contribué à me décider à donner aux troupes des emplacements qui les missent hors de la portée de l'ennemi, jusqu'à ce qu'elles fussent en état d'agir.

D'après ce que je viens d'avoir l'honneur de vous exposer, il n'y aurait que les troupes Lithuaniennes qu'on pourrait employer aux garnisons de Prague et de Modlin. Mais levées depuis peu, elles n'ont pas assez de consistance pour être abandonnées à elles-mêmes et je pense qu'il serait indispensable de faire concourir les troupes Saxonnes à la défense de ces Places. Du reste les régiments Lithuaniens devaient déjà, d'après les ordres du Prince Major Général être mis en mouvement pour Posen, et ce n'est que dans la persuasion qu'il serait utile de les employer dans les Places mentionnées, que j'ai pris sur moi de les arrêter ici, jusqu'à la réception de nouveaux ordres.

En terminant cette lettre, je crois de mon devoir de témoigner à Votre Altesse Impériale, qui si rien ne peut altérer le dévouement des habitants du Duché envers la cause pour laquelle ils ont prouvé dans ces circonstances difficiles, qu'aucun sacrifice ne leur paraît trop grand, les derniers événements arrivés sur la basse Vistule, et surtout l'abandon de Plock, y ont porté un découragement, dont j'ai tâché en vain jusqu'ici d'arrêter les progrès. Je ne doute pas que le système adopté par Votre Altesse Impériale et les mesures qu'Elle ordonnera en conséquence n'opèrent cet effet mieux que toute autre chose et cela sera ajouter de nouveaux titres, à la reconnaissance, que Lui doit déjà la Nation Polonaise, pour la bienveillance qu'Elle veut bien lui témoigner.

N° 16. — *Schwarzenberg au prince Eugène.*

Monseigneur. Par la lettre que Votre Altesse Impériale a daigné m'adresser en date du 19, Elle me fait l'honneur de m'informer de la manière de laquelle la défensive se trouve organisée sur toute la ligne, m'invitant d'énoncer mon opinion sur la position des armées alliées en général.

Je vais, Monseigneur, répondre à cette marque de confiance avec une grande franchise militaire.

Après les pertes immenses qu'on vient d'essuyer dans cette campagne, il me paraît que le but principal auquel il faut viser actuellement, en lui subordonnant tous les autres, doit être celui de ménager les forces disponibles avec une économie même scrupuleuse. De part et d'autres les anciennes troupes seront bien rares dans la campagne prochaine et leur usage n'en deviendra que d'autant plus décisif.

En partant de ce principe, je crois qu'il faudrait donc éviter tous les combats en rase campagne, puisqu'il n'en résulterait que des pertes considérables et difficiles à réparer, qui ne se trouveraient nullement compensées par la conservation de quelques lieues de terrain de plus ou de moins à une époque où on a abandonné de vastes provinces.

Des troupes qui s'useroient en détail, en voulant défendre des cantonnements exposés à être sans cesse alarmés, devant être constamment sur le qui-vive et se battre, ou pour conserver leurs magasins, ou pour se procurer des moyens de subsistance, finissant peut-être même par succomber, auroient probablement repris au printemps cette même étendue de pays, en n'éprouvant que des pertes peu considérables.

C'est par des places fortes que l'on peut défendre et couvrir un pays pendant l'hiver, mais comment des troupes fatiguées par une aussi longue campagne peuvent-elles prendre une attitude imposante réduite à la plus stricte défensive au cœur de l'hiver le plus rude où les rivières et les marais n'offrent plus aucun appui, ce qui fournit à la qualité et à la quantité de la cavalerie légère de l'ennemi un avantage incalculable.

Vous me faites l'honneur de me dire, Monseigneur, que vous êtes convaincu que l'ennemi ne peut s'avancer davantage sans risquer d'être puni au printemps prochain. Il me paraît donc que l'intérêt général exige que le corps auxiliaire que je commande, ainsi que le 7e corps commandé par le Général Reynier ne doivent s'attacher à défendre ces contrées-ci qu'autant que cela peut s'effectuer sans entraîner la destruction d'une aussi bonne troupe.

Il ne faut assurément pas céder de terrain sans y être forcé par les mouvements de l'ennemi, mais je suis bien persuadé que ce serait faire la plus grande faute que de vouloir s'opposer à ces mouvements par des combats partiels.

D'après les derniers rapports que j'ai reçu d'Ostrolenka ce poste est menacé de deux côtés par plusieurs Pulks de Cosaques. Des partis venant de Guilgenbourg et Soldau ont poussé hier jusqu'à Szrensk.

Il ne paraît plus y avoir de doute que toute l'armée Russe s'avance sur la Vistule; une foule de proclamations et d'adresses aux peuples d'Allemagne, conçues en partie avec beaucoup de jactance, porterait effectivement à faire croire au projet qu'ils annoncent d'ailleurs généralement de vouloir gagner autant de terrain que possible vers le nord de l'Allemagne où ils comptent être soutenus.

Si l'ennemi achève son opération sur ma gauche, je serai forcé de m'établir au delà de la Vistule entre Modlin et Varsovie et c'est là le second cas prévu par Votre Altesse Impériale.

La place de Modlin est dans un état peu satisfaisant, puisque plus de la moitié de la garnison serait obligée de bivouaquer. Depuis le mois de septembre tous les travaux ont cessé faute de moyens pécuniaires. On a entièrement négligé les blindages et les magasins ne sont pas à l'abri de la bombe. Parmi les cent-vingt bouches à feu, la plus grande partie en est en fer. Au reste, tous les ouvrages, excepté la couronne du milieu, sont en état d'être défendus, si l'on peut y fournir la garnison nécessaire.

La tête du pont de Praga ne peut être défendu, surtout pendant que la Vistule est prise, qu'en étant soutenu par la rive gauche. Il en résulte donc que dans le cas où l'évacuation de Varsovie deviendrait nécessaire, l'occupation de la tête de pont ne pourrait plus avoir lieu.

Si Varsovie étoit suffisamment pourvu de magasins, le meilleur parti à prendre pour les deux corps serait de s'y concentrer. On y réunirait l'avantage de pouvoir opposer une grande masse de troupes à l'ennemi sans les détruire par des bivacs, auxquels l'ennemi se trouveroit forcé dans le cas où il voulut entreprendre une opération sérieuse contre un point aussi bien garni; il est à présumer qu'il y renoncerait même, puisque ce serait là le seul moyen où en évitant des combats en détail, on l'obligerait à diriger une grande force sur Varsovie, s'il voulait s'obstiner à s'en emparer.

Cependant sans magasins il est impossible de réaliser ce projet, puisque les vivres nous manqueroient bientôt, ne fusse que par le manque de moyens de transport et les Cosaques pouvant passer la Vistule sur tous les points, ne manqueroient pas de brûler et de saccager tout ce qui se trouveroit sur nos derrières, tandis qu'on pourroit tout au plus les punir de temps en temps, sans pouvoir réparer par là le mal qu'ils nous auroient fait.

Je m'empresserai, Monseigneur, de porter à la connaissance de Votre Altesse Impériale toutes les notions que je me procurerai sur les opérations de l'ennemi.

Pultusk le 22 janvier 1813.

Nº 17. — *Reynier à Eugène.*

Monseigneur. Le prince Schwarzenberg m'a écrit hier soir la lettre dont je joints copie. D'après ce qu'il me fait aussi dire par l'officier qui en était porteur, il tardera fort peu à se replier sur Varsovie et Modlin; et le général Frœlich se retirera peut être d'Ostrolenka aujourd'hui ou demain.

Les renseignements que cet officier me donne sur les ennemis, ne sont pas encore très précis; il dit que le général Winzingerode a un corps de 15.000 hommes, particulièrement cavalerie, avec quelques régiments d'infanterie, mais cela est exagéré et je l'estime à 6.000. Ce général qui a quitté le service de l'Autriche avant la guerre a le moins d'égards pour les Autrichiens et ne parlemente pas comme les autres; il a cependant prévenu le général Frœlich, qu'il va aujourd'hui à Chorzelew et qu'il prendra à dos les troupes si elles restent à Ostrolenka. L'avant-garde du corps de Milloradowicz qui est commandé par le général Wasilikow s'est arrêté près de Lomza pour parlementer, mais ce général a dit, qu'il avait l'ordre de poursuivre sa marche par Ostrolenka, Rosau et Pultusk. Sa cavalerie qui s'est avancée jusqu'aux postes autrichiens, reste au bivouac parce qu'elle est trop nombreuse pour cantonner.

Le corps de Millaradowicz qui est près de Lomza, est de trois divisions d'infanterie et deux de cavalerie; l'officier l'estime à 40.000 hommes, mais je le réduis à 25.000. Le corps de Doctorow marche à ce qu'il parait à droite de Winzingrode en intermédiaire avec Czizakow; on n'a pas de renseignements exacts sur sa force, non plus que sur les autres corps de l'armée de Kutasow qui viennent en arrière par Grodno. Le corps de Saken qui est à la gauche de Millaradowicz et a son quartier général à Ciechanowicz était d'après ses états que j'ai interceptés de 26.000 hommes présents sous les armes avant l'affaire de Wolkowick; il a perdu après cette affaire 8.000 hommes, et j'estime qu'ayant reçu le régiment de Weliki Lougi venu de Krimée il a au moins 18.000 hommes, dont 12.000 d'infanterie. Si la colonne du prince Wolkonski est comme on dit de 8.000 recrues destinés pour le corps du général Saken, ce général aura alors 26.000 hommes. Le général Milesino qui vient de la Wolhinie avec 2.000 hommes de cavalerie est arrivé avant hier à Siedlec où on dit qu'il y a aussi trois régiments d'infanterie. On dit qu'un parti de cavalerie ennemi s'est présenté hier à Plock, et le général Winzingrode peut y arriver dans trois ou quatre jours et y passer la Vistule pour y intercepter la route de Posen à Varsovie.

D'après ces renseignements les ennemis pourront, lorsque nous seront concentrés à Varsovie et Modlin, nous présenter environ 50.000 hommes sans compter les troupes qui peuvent suivre en arrière; ils auront aussi de la cavalerie sur nos flancs et nos communications; nous n'aurons à opposer que 27.000 Autrichiens présents sous les armes et 13.000 hommes du 7e corps, dont j'en devrai détacher 2.000 à Modlin. Si le dégel venait promptement et rompait la Vistule, nous aurions des moyens de manœvrer et d'arrêter les ennemis, mais le froid est toujours très vif et je crains de ne pouvoir engager les Autrichiens à une opération vigoureuse contre le premier corps ennemi qui s'approchera de nous.

Je viens de recevoir la lettre que le major-général m'a écrite le 22 de la part de Votre Altesse pour me prévenir de l'ordre donné au général Daendels de venir prendre le commandement de Modlin; c'est un général qui a beaucoup de vigueur et de ressources et qui tirera parti de la place, quoiqu'elle soit encore bien faible, si nous pouvons y mettre une garnison passable. J'y enverrai deux bataillons de la division Durutte et deux bataillons saxons. Le major général annonce encore, qu'il écrit au prince Poniatowski de composer la garnison de Praga, et que je devrais former un tiers de la garnison; j'observerai que la tête de pont de Praga n'est actuellement, tant que la Vistule est gelée, qu'un retranchement en avant de Varsovie et qu'il n'a de valeur que par la protection qu'on lui donne en occupant cette ville; mais que si nous sommes forcés à l'abandonner, on ne pourra y conserver garnison. Si le dégel venait, cette garnison serait nécessaire comme tête de pont et les Autrichiens aideraient aussi à l'occuper.

Tant que nous occuperons Varsovie, Praga entrera dans la défense de notre position.

P. S. — Je reçois un rapport qui m'annonce que mes avant-postes ont été attaqués ce matin à Zimnawoda sur la route de Stanislawow à Siedlec et repoussés sur Kaminska. Je crois cependant que ce n'est encore qu'une forte reconnaissance qu'on repoussera. Mais la cavalerie ennemie s'étendra sur ma droite et peut aller passer la Vistule entre Gora et Pullawy parce-que les Polonais n'ont pas encore de troupes formées à leurs opposer.

Schwarzenberg à Reynier.

Pultusk, le 23 janvier 1813.

Le colonel Latour doit m'ariver aujourd'hui; je lui avais dit de demander à M. Wassiluzchow d'aller trouver les commandants des avant-postes devant mon front et revenir par Brock où il croyait me rejoindre sur ma course que je faisais; j'espérais pouvoir apprendre de cette manière des nouvelles sur le mouvement de Saken, mais je n'osais jamais me flatter qu'on lui accorderait ma demande; cependant à ma grande surprise, il m'écrit de Lomza qu'on ne s'était aucunement opposé à son projet, ce qui me convient infiniment, car nous allons avoir des renseignements positifs.

Le capitaine comte Chotek aura l'honneur de vous informer des notions que Latour s'est procuré à Lomza. Toute l'armée russe se porte sur la Vistule, mouvement qui était à prévoir depuis longtemps; je crois que sous peu de jours je me verrai forcé de passer la Vistule. Déjà l'avant-garde du général Frœlich est tellement exposée que si je n'espérais pas gagner quelques jours, me fiant sur ce que les Russes ne commenceront pas volontiers les hostilités, voulant à cette époque-ci me ménager et éviter tout ce qui pourrait nous aigrir, je serais très blâmable de ne pas l'avoir retiré depuis trois jours. Winzingerode doit être aujourd'hui à Chorzelew; il faut donc nous attendre à voir dans peu de jours des Cosaques au delà de la Vistule.

Le capitaine Choteck est chargé de se rendre à Varsovie avec l'individu que vous désignerez pour convenir à Varsovie des cantonnements à régler dans cette ville en cas que le gouvernement déclare pouvoir nous fournir les moyens de subsistance. Je n'ai pas reçu de nouvelles encore si le gouvernement s'y engage ou non, cependant le temps presse. Je serais charmé de pouvoir conserver ma position, mais tout militaire doit sentir l'impossibilité de la part des Russes de laisser un corps à Ostrolenka et Pultusk tandis qu'ils marchent vers Dantzig et la basse Vistule.

Nº 18. — *Schwarzenberg au prince Eugène* (1).

Monseigneur. Le général aide de camp de Votre Altesse Impériale m'a remis hier la lettre dont il a été chargé. Je vous supplie, Monseigneur, d'agréer l'expression de ma respectueuse reconnaissance d'avoir bien voulu m'envoyer quelqu'un qui parait jouir de votre confiance et qui est bien fait pour en inspirer, par la manière franche et loyale dont il aborde les questions.

Je pardonne aux Polonais les plans extravagants qu'ils forgent sans cesse et dont ils me destinent l'honneur de l'exécution; ils sont une suite naturelle d'un sentiment de patriotisme que je sais apprécier. Il est tout simple qu'ils doivent désirer me voir risquer le dernier homme du corps auxiliaire d'Autriche n'y eût-il qu'une faible lueur d'espoir de ne gagner même par là que quelques jours encore. Mais je ne saurais jamais leur pardonner le jugement téméraire qu'ils se permettent sur ma personne, si je ne connaissais que trop la versalité de leur caractère qui les porte à juger les autres d'après eux-mêmes.

Je connais les intentions de mon Souverain qui observe scrupuleusement ses engagements et il doivent vous être un sûr garant, Monseigneur, que dans tous les mouvements, que les circonstances m'obligent de faire, je ne puis avoir d'autre but que de combiner le bien être de la cause des alliés en général avec la conservation du corps d'armée qui m'est confié, dont la ruine totale à cette époque-ci serait une perte irréparable pour la campagne prochaine et de laquelle je serais responsable à Sa Majesté l'Empereur mon Maître.

Si le corps auxiliaire après avoir essuyé toutes les fatigues de cette campagne, fait plus de 400 milles d'Allemagne, avoir encore à l'heure qu'il est plus de 12 bataillons constamment au bivouac pour border la lisière des bois en soutient des avant-postes, si ce corps, dis-je, ne se trouve plus en état de tenir campagne au mois de février, sans l'exposer à une destruction

(1) Sans date, mais probablement du 26 ou 27 janvier.

presque inévitable, aucun militaire assurément ne sauroit en être surpris, car on n'ignore pas combien huit mois d'une campagne aussi active, dont trois mois dans l'hiver le plus rude, minent les forces du soldat; il se voit au reste isolé, se croit donc sacrifié et seul en butte aux entreprises d'un ennemi, dont l'unique avantage consiste principalement à désoler les cantonnements d'hiver par des nuées de ses nombreux Cosaques, et parvenir ainsi à démoraliser le soldat ennuyé par tant de fatigues et de longues souffrances. Des hommes mutilés par le froid, et beaucoup d'autres attaqués d'une fièvre nerveuse, encombrent journellement les hôpitaux.

Toutes ces considérations importantes m'obligent à éviter dans ma position actuelle tout engagement sérieux, puisque je perdrais infailliblement un corps précieux pour les alliés sans pouvoir espérer d'en obtenir jamais un grand résultat. Je le répète encore une fois, Monseigneur, les Polonais ne peuvent pas calculer ainsi.

Comme le corps du général Sacken semblait manœuvrer sur la droite du général Reynier, j'ai fait passer le Bug à une division en la dirigeant vers Okuniew; elle occupera la grande route et le terrain entre cette route et le Bug. Une autre division est établie à Sierock et Modlin et passera la Vistule lorsque je croirai devoir achever mon mouvement sur la rive gauche. J'ai une avant-garde à Nasilsk, une autre à Pultusk; la troisième division arrive demain à Varsovie; trois régiments de cavalerie sont en réserve entre Wisogrod et Varsovie pour couvrir la route de Posen dans le cas où l'ennemi gagneroit Plock, ce qu'il paroit vouloir faire incessamment. C'est ainsi que j'attendrai les mouvements ultérieurs de l'ennemi.

Le général Millaradowitch a son quartier général à Prasnitz; les divisions de cavalerie sous les ordres des lieutenants-généraux Korff, Pahlen et Wassiliczikoff sont cantonnées autour de lui; le quartier général du prince Kutusoff, où se trouve l'Empereur Alexandre est à Willenberg. Permettez-moi, Monseigneur, de vous observer que l'ennemi n'a jamais été en force à Bialystock et c'est une des raisons pour lesquelles il n'y a pas eu le projet de diriger sa manœuvre principale sur moi en partant de ce point; la plus grande partie de son armée a passé la frontière à Grodno ou Mérecz. Il était donc tout simple qu'il ait marché par échelon en tournant l'aile gauche de mes cantonnements, qui se trouvait à Ostrolenka absolument en l'air. C'était le moyen le plus sûr de me forcer à replier cette aile aventurée et me faire craindre pour mes communications.

Les troupes qui se trouvoient le 14 à Gutstadt étaient des corps de Wittgenstein, Tchitchagoff ou Platof dont la destination importante étoit de poursuivre le Roi de Naples et de gagner la hauteur de Danzig. Le mouvement sur Plock avec peu de monde n'auroit probablement pas tourné à leur avantage, et en le faisant avec les forces suffisantes, ils les détournoient de leur but principal.

L'ennemi a poussé les corps qui suivaient les armées alliées dans leur retraite de Vilna vers le Nord; les autres qui depuis Orcha ne pressaient plus leur marche, viennent d'arriver depuis peu. Le général en chef doit nécessairement appuyer le mouvement des premiers. Il me parait donc naturel que Kutusoff s'avance en manœuvrant avec toutes ses forces autour de ma gauche; il m'oblige à quitter mon cantonnement ou à l'attaquer. Il ne doit pas craindre le dernier parti, sachant que cela ne pourroit me conduire qu'à me faire ramener avec de grandes pertes et jeter sur le corps de Sacken, sans m'offrir aucune chance favorable, vu la position générale des deux armées.

La manœuvre des Russes me semble fondée dans la nature des circonstances, mais j'espère que leur témérité sera punie au printemps prochain. Ils n'ont pas besoin, je crois, de forcer un passage, ils choisiront un ou deux points favorables où ils établiront des têtes de pont et lors du dégel ils auront soin d'y jeter des ponts.

J'espère recevoir des nouvelles sur les mouvements ultérieurs de l'ennemi et je m'empresserai de les porter à la connaissance de Votre Altesse Impériale.

N° 19. — *Reynier au prince Eugène.*

Okunew, le 26 janvier 1813.

Monseigneur. Le colonel comte Latour, que le prince Schwarzenberg avait envoyé chez le général Wasilikon, et qui est allé de-là au quartier général du général Saken, m'a envoyé l'extrait ci-joint des renseignements qu'il a recueillis sur l'armée russe et ses mouvements. Ces nouvelles paraissent exactes et s'accordent avec les autres rapports qui annoncent l'arrivée du quartier général à Willenberg. Je crois seulement qu'il a un peu exagéré les forces du Général Millaradowicz. Le mouvement des ennemis paraît bien prononcé; s'ils trouvent que les corps de Sacken et de Millaradowicz ne suffisent pas pour nous attaquer à Varsovie, ils pourront faire marcher de Willenberg d'autres troupes sur nos derrières.

Mes avant-postes ont été attaqués hier à Pniewnik, Zimno-Woda et Kaluszyn, les grands guardes se sont repliées et les ennemis sont restés établis dans les villages voisins. Deux prisonniers disent qu'il est arrivé de nouvelles troupes et beaucoup d'artillerie à Sokolow. J'ignore encore si les ennemis ont voulu seulement faire une reconnaissance et étendre leurs cantonnements, ou s'ils commencent un grand mouvement. Le départ du Général Sacken de Ciechanowiez et les dispositions générales annoncent que si la retraite des Autrichiens de leurs cantonnements ne m'oblige pas à me replier sur Varsovie, je ne tarderai pas à être attaqué dans mes cantonnements par le corps de Sacken. Je vais visiter mes avant-postes et attendre des nouvelles ou des ennemis ou du Prince Schwarzenberg pour faire concentrer mes troupes.

Lorsque les deux corps seront réunis à Varsovie on aura de la peine à les nourrir, quoique on ait prévenu depuis un mois que nous devions nous y concentrer et y vivre, l'administration n'a presque rien fait pour assurer les subsistances.

Le Prince Poniatowski a beaucoup de peine à réunir l'infanterie nécessaire pour former la garnison de Modlin avec les quatre bataillons que j'y enverrai et remplacer les régiments Lithuaniens. On aurait besoin de plus de canonniers et de sapeurs pour Modlin; le Grand-Duché manque aussi d'officiers d'artillerie. Le chef du bataillon d'artillerie française Jaquet commande un dépôt de munitions françaises à Modlin. Il pourrait être nommé commandant de l'artillerie de la place.

Extrait des dernières notions recueillies sur l'armée Russe et ses mouvements actuels.

La grande armée Russe commandée immédiatement par le Prince Kutusoff est composée de trois corps du Général Tormanssoff, Doctoroff et Milaradowitch, et de plusieurs corps volants. Le premier corps est le plus nombreux, les gardes en font partie et l'Empereur Alexandre et le Prince Kutusoff sont toujours avec lui; il est arrivé le 21 à Lyck en Prusse, la ville a célébré l'arrivée du Monarque Russe par une illumination générale; le 22 il y a séjourné et ensuite continué sa marche sur Willenberg où le quartier général doit décidément arriver le 27. Le corps de Milloradowitch, duquel la 7ᵉ et la 8ᵉ division d'infanterie sous les ordres du général Korff, Pahlen et Wasilzikoff font partie, était le 22 à Lomza et Plock et les deux dernières divisions formaient son avant-garde vis-à-vis de la gauche du corps auxiliaire autrichien. Le corps de Doctoroff se trouve entre celui de Milloradowitch et celui de Tormassoff. Le corps volant du Lieutenant Général Winzingerode, qui marche sur Prasnitz et le corps du Général Sacken qui a porté son quartier général le 23 de Ciechanowitz à Sterdin, sont immédiatement sous les ordres du Prince Kutusoff; ce dernier corps n'a point fait, comme on l'a supposé, un mouvement par sa droite, il avait simplement étendu ses cantonnements pour subsister avec plus de facilité. Il paraît ainsi que le corps de Milloradowitch est destiné à se porter sur Varsovie.

Le Général Wittgenstein n'a point quitté son corps, comme on l'avait dit; c'est lui qui soutient le blocus de Dantzig formé par ses troupes légères.

L'Admiral Tchitchagoff occupe Marienburg, Sheve et Marienwerder et le Hetman Platow pousse déjà ses parties jusqu'à Konitz.

Les corps de Tormassoff paraîssent se diriger vers Thorn, mais ce ne sera qu'au delà de Willenberg que leur mouvement pourra être jugé décidément, pouvant se porter de là aussi bien à Plock et Varsovie comme le seul point de la Vistule défendue encore par une armée.

Les Russes font monter toutes ces forces à 180 mille hommes, ce qui peut être exagéré, mais ce qui ne l'est point, c'est que

Sacken depuis les renforts qu'il a tirés de la Volhynie est fort de 25 mille hommes et Milloradowitch avec les corps qui en dépendent de 35 à 40 mille hommes.

Il n'y a qu'une voix parmi eux sur le projet de porter l'offensive jusqu'aux abords de l'Oder, que leur droite et leur centre se flattent d'atteindre sans résistance.

N° 20. — *Le prince Poniatowsky au prince Eugène.*

Varsovie le 29 janvier 1813.

Monseigneur. Je viens de recevoir la lettre que Votre Altesse Impériale m'a fait l'honneur de m'adresser le 27 de ce mois, pour me faire part tant de ce qu'Elle exige du Prince de Schwarzenberg, que du mouvement qu'Elle compte effectuer Elle-même sur Thorn. Je suis convaincu que si quelque chose peut diminuer les inconvénients du Plan adopté par le Commandant Autrichien, c'est l'opération qu'Elle se propose d'entreprendre. Je m'empresse de mettre sous les yeux de Votre Altesse Impériale, la lettre que je viens de recevoir de sa part, ainsi que l'itinéraire qui s'y trouvait joint.

Il serait d'autant plus superflu que j'ajoutasse quelque chose à tout ce que j'ai déjà pris la liberté de Lui représenter à cet égard, que M. le Général Giflingat Lui rendra plus amplement compte du résultat de la mission dont Elle l'a chargé.

Votre Altesse Impériale me permettra de Lui parler encore des régiments Lithuaniens. D'après une lettre que M. le Général de division Comte Monthion m'a adressé le 27 de ce mois, il paraîtrait que ces régiments devaient d'après leur première destination être envoyés à Posen. Cependant, comme je n'en reçois pas l'ordre formel, je La prie de vouloir bien me faire connaître Son intention à cet égard.

J'oserai cependant encore dans le cas où Votre Altesse Impériale croierait devoir faire venir un régiment à Posen, Lui représenter que quoiqu'en général, il soit utile de mettre des conscrits dans les places où ils peuvent servir en même temps qu'ils s'instruisent cette opération suppose par elle-même, que ces Places ne sont pas menacées d'une manière assez prochaine, pour ne point laisser le temps de donner aux Conscrits au moins les premiers éléments de l'instruction. Or Modlin et Prague, allant être découverts sous peu de jours, il se trouverait que ces Places auraient pour défenseurs des hommes ne sachant pas même manier un fusil. Je laisse à Votre Altesse Impériale à peser si avec environ 2.000 hommes de troupes françaises et saxonnes, qu'on destine à la garnison de Midlin, cette Place qui en exige environ 8.000, on peut compter sur une bonne défense. Les 3e et 17e régiments destinés à former la garnison de Modlin, ne comptent encore ensemble que 1.019 hommes et il n'est pas possible de les renforcer de suite, parce que les départements de la rive droite, qui fournissaient leurs conscrits, sont au pouvoir de l'ennemi. Il s'en suit donc qu'avec les régiments Lithuaniens, la garnison de Modlin serait loin d'être complète.

Si ces derniers corps formés il y a quelques mois ne sont pas assez exercés pour être employés en campagne, leur instruction est assez avancée pour contribuer utilement à la défense d'une place et c'est, je crois, la manière dont on pourrait le mieux les employer. J'attends au reste les ordres de Votre Altesse Impériale, mais si le besoin de faire venir de suite à Posen les régiments Lithuaniens n'est point assez urgent pour exclure toute autre mesure, j'oserai pour le bien du service, La supplier de laisser encore ici les régiments Lithuaniens, qui ne peuvent que rendre de bons services dans cette destination.

J'ai l'honneur de mettre ci-joint sous les yeux de Votre Altesse Impériale, les renseignements qui me sont parvenus sur l'ennemi.

Schwarzenberg à Poniatowsky.

Zegrze, le 28 janvier 1813.

Copie.

Mon Prince. Le général Sacken s'étant porté en avant, ce qui obligea le général comte de Reynier de reserrer ses cantonnements et de les rapprocher de Praga, tandis que le général Miloradowitch suit les trois divisions de cavalerie de Korff, Pahlen et Wasiltchikoff sur la route de Pultusk, et que le corps de Winzingerode en débordant entièrement ma gauche, se dirige vers la Vistule, et menace mes communications, j'ai résolu d'abandonner mes cantonnements et de faire un mouvement général, duquel j'ai l'honneur de vous informer, mon Prince, en vous communiquant ci-joint le plan de la marche des différentes divisions et corps détachés. Le général Frelich enverra un régiment de hussards à Stow, pour couvrir notre gauche, le général Wrede se portera au-dessus de Varsovie pour empêcher les partis ennemis d'inquiéter notre flanc droit.

N° 21. — *Reynier au prince Eugène.*

Monseigneur. Le prince Schwarzenberg m'a écrit hier la lettre dont je joins copie. Il doit venir ici aujourd'hui me parler de la nécessité du mouvement et convenir des dispositions. Il m'a fait dire par le colonel Latour qu'il croyait prendre des arrangements pour avoir plus de temps, j'y engagerai le prince Schwarzenberg, mais le froid augmente, au lieu de diminuer on ne croit pas ici que la Vistule puisse rompre avant quinze jours et si comme il le parait plusieurs corps de l'armée russe viennent passer ce fleuve entre Modlin et Thorn, plus nous attendrons, plus ma retraite sera difficile.

D'après les renseignements que le prince Schwarzenberg m'a fait passer, il parait que l'amiral Czyczakow a détaché quelque troupe devant Thorn et qu'une partie du corps de Doctorow est aussi arrivé à Gollub près de cette ville.

Le général Wintzingrode marche sur Plock, le général Lanskoy qui fait partie de son corps y arrivera peut être aujourd'hui. On dit que Wintzingrode a 18.000 hommes, mais d'après ce que j'ai pu savoir des régiments d'infanterie et de cavalerie qu'il a, je réduis sa force à 8.000 hommes. L'Empereur Alexandre a quitté Willemberg et est venu à Janowo; le corps de Tormanzoff et les Gardes sont avec lui et paraissent aussi prendre la direction de Plock. Le corps de Millarodowicz s'avance sur Pultusk et Ciechanow et le corps de Saken sur Wegrow.

Il est probable que la route directe d'ici à Posen ne sera plus sure dans deux ou trois jours et il conviendra que les courriers viennent par Kalisch et Petrikau. J'envoie aujourd'hui à Modlin les quatre bataillons, que j'ai dû fournir pour la garnison.

Lorsque j'aurai parlé avec le prince Schwarzenberg et que les dispositions seront définitivement arrêtées, j'enverrai à V. A. J. un officier pour l'en instruire.

Varsovie, le 31 janvier 1813.

Schwarzenberg à Reynier.

Zegrzé le 30 janvier 1813.

L'ennemi continu son mouvement; un corps considérable s'approche de Plock, ou les Cosaques sont attendus à toute heure; Miloradowicz pousse tout son corps en des cantonnements très reserrés vers Pultusk; il ne peut plus y avoir aucun doute sur le but de la manœuvre. Miloradowicz et Sacken se réuniront devant Praga, tandis que le corps qui va arriver à Plock inquiétera très essentiellement nos derrières et nos communications. Etant très décidé à ne pas m'exposer à un combat inégal et sans but réel, puisque bien certainement il m'est impossible d'arrêter l'ennemi; je vais achever le passage de la Vistule.

Le danger pour Varsovie est le plus éminent, et je vous prie, Monsieur le Comte, de me faire savoir si vous en informez les autorités, ou si vous aimez mieux que ce soit moi qui m'en charge. Le chemin direct de Posen ne sera guère plus sûr pendant plus de deux à trois jours.

Le colonel comte Latour est chargé de vous parler de ma part sur la situation de nos affaires.

Le préfet de Plock à Schwarzenberg.

Plock, le 29 janvier 1813 à 6 h. du soir.

Monseigneur. En quittant Plock pour des raisons que j'ai dites à M. le comte Krasinsky je le fais partir aussi en faisant part à Votre Altesse par la présente, des nouvelles que je viens d'apprendre dans le moment et qui ne sont que trop sûres.

Vous avez, mon Prince, devant vous, une armée du centre commandée par le général Kotuzow qui est forte de 40.000 hommes.

Hier, le matin, se trouvaient cinq régiments de Cosaques à Netawa et un régiment de cuirassiers dont une partie est près Kacezk et Drobin, de manière que cette nuit, ils peuvent arriver à Plock ou le mouvement de l'ennemi parait se diriger et dont il ne fait nullement secret; cette cavalerie appartient à la division du général Lanskoy, qui avait, hier encore, son quartier général à Skremsk, à deux milles de Netawa. Le général Platow devait arriver à Vineck un mille de (sic).

L'infanterie de l'ennemi se trouvait hier, le matin, de l'autre côté de Stetowo, vers Soldau, et toute la force de l'armée du centre était en mouvement se dirigeant du côté de Willemberg sur Netawa.

Le sous-préfet de Stetawa a eu l'ocasion de m'envoyer ce rapport de bouche, par un citoyen qui est venu exprès chez moi pour me prévenir de tout ceci.

Probablement je ne serai plus en état de continuer ma correspondance avec Votre Altesse, si ce ne serait après mon retour à Plock. Je garderai toujours un agréable souvenir des relations qui m'ont donné l'occasion de faire la connaissance de Votre Altesse.

N° 22. — *Schwarzenberg à Eugène.*

Monseigneur. J'ai eu l'honneur de recevoir hier la lettre, que Votre Altesse Impériale a daignée m'écrire en date du 27.

Il m'est arrivé hier et aujourd'hui deux émissaires, que j'avais envoyé en Prusse; leurs renseignements partent de très bonnes sources et portent en substance, que toute l'armée se dirige sur la Vistule et qu'elle la passera sur plusieurs points. L'aile gauche sous les ordres du général Miloradowicz marche directement sur Praga. Un corps de 5 à 6.000 hommes doit gagner incessamment Plock sous les ordres du général Wintzingerode, l'armée du centre doit passer la Vistule à Wrocawick, le quartier général de l'Empereur Alexandre étoit annoncé pour aujourd'hui à Mlava. Le général Sacken s'avance directement sur la route de Stanislawow.

Le général Mussin-Pusskin s'avance avec 6.000 hommes de Wlodimir et Ustilug. On mande de la Galicie que le général Tolstoy a passé Zietomir avec un corps nouvellement formé de 60 à 80.000 hommes, problablement pour inquiéter la haute Vistule.

Je continuerai à concentrer mes troupes autour de Varsovie, je tiendrai le plus longtemps, qu'il me sera possible, une forte avant-garde devant Praga, une autre devant Modlin. J'établirai mon quartier général à Okencic à une petite lieue de Varsovie.

Zegrz, le 31 janvier 1813.

N° 23. — Poniatowsky à Eugène.

Varsovie, le 2 février 1813.

Monseigneur. Le mouvement rétrograde du prince Schwarzemberg, paraissant malgré les intentions de Sa Majesté l'Empereur qui lui ont été annoncées par Votre Altesse Impériale, n'être éloigné que de très peu de jours, j'ai jugé convenable, pour préparer celui qu'Elle prescrit au 5e corps, d'ordonner aux différents régiments de prendre les emplacements dont j'ai l'honneur de Lui soumettre ci-joint le tableau. Je dois cependant prévenir Votre Altesse Impériale, que le 5e corps, ainsi que le reste des troupes polonaises, n'offrant dans ce moment que des régiments en formation disséminés sur toute la surface du duché, d'après l'exigeance des circonstances et de leur réorganisation, il est important de ne point s'en promettre dans cet état, des mouvements d'ensemble ou des opérations qui ne peuvent être effectuées que par un corps organisé.

Votre Altesse Impériale connaît suffisamment mon zèle et le désir que j'ai, de voir au plutôt en activité les troupes que je commande, j'ose donc me flatter qu'Elle n'attribuera le soin que je mets à bien éclaircir cet objet qu'à son motif réel, qui est, d'empêcher un mécompte qui pourrait avoir des suites fâcheuses pour les opérations en général.

Je suis effrayé quand je pense à toutes celles que cet état des choses va entraîner pour les troupes polonaises composées jusqu'ici presqu'en entier, de conscrits non habillés, n'ayant encore aucune habitude des fatigues de la guerre, privées de tout moyen de complettement par l'occupation successive de tout le duché, elles vont nécessairement se fondre sans avoir été d'aucune utilité. Supposez même, qu'au bout de peu de semaines, elles puissent rentrer dans le pays, leur retraite actuelle n'en aura pas moins entraîné la perte de toutes les ressources en matériaux d'habillement et d'équipement, réunis jusqu'ici, dont le manque de fonds a arrêté la confection et qu'il devient impossible d'emporter faute de moyens de transport, entièrement enlevés par les marches des troupes alliées. Les 1.100.000 florins qui viennent récemment d'être mis à ma disposition ne m'ont encore été d'aucune utilité pour cet objet, puisque le bilan de Piémont dans lequel ils ont été versés en caisse, n'ayant aucun cours dans le pays, ce n'est que par des opérations de change qu'on peut en tirer parti.

Le prince Schwarzenberg me communique dans ce moment même les renseignements ci-joints, mais sans me faire part du mouvement qu'il compte faire en conséquence.

Je partirai donc demain pour Petricau d'où je dirigerai les troupes polonaises d'après ce que m'a prescrit Votre Altesse Impériale. Je la prie de vouloir bien m'adresser dans cet endroit les ordres qu'Elle aura à me donner.

Le 2 février 1813.

D'après des nouvelles certaines les généraux Miloradowitch, Wasilsikow, Korff, Uwarow, Uczakow, Müller, Przeppurejew se trouvaient hier à Plonsk, on y a vu un nombreux parc d'artillerie.

Le corps de Milloradowitch doit infailliblement passer la Vistule demain entre Czerwinsk et Zakroczyn, il est aujourd'hui dans les environs de Przyborowice.

Les troupes qui se trouvaient déjà très en force vis-à-vis de Wyszogrod font partie du corps de Winzingerode, qui parait aussi devoir passer la Vistule sur les deux points de Plock et Wyszogrod et qui est suivi d'une autre partie de la Grande Armée russe. Le général Pahlen est entré hier à Pultusk.

Nº 21. — *Reynier à Eugène.*

Monseigneur. J'ai reçu la lettre que Votre Altesse Impériale m'a fait l'honneur de m'écrire le 31 janvier. Le prince Schwarzenberg a fait connaître à Votre Altesse ses projets et les renseignements qu'il a sur les mouvements des ennemis. Le centre de l'armée ennemie avec l'Empereur Alexandre et le général Kutusoff a passé Mlawa et se dirige sur Vroclawck, où l'on dit qu'il doit passer la Vistule; l'avant-garde du général Winzingrode est depuis avant hier à Plock. Le général Millaradowicz était hier à Plonsk avec huit généraux et veut venir demain à Zakroczyn près Modlin. Le général Sacken s'est présenté aujourd'hui devant Okunew où il a des postes autrichiens et veut s'y établir demain.

Le 7ᵉ corps est en marche pour aller au devant des ennemis qui débordent notre gauche. Tout ce qu'on a pû évacuer de Varsovie part aujourd'hui et il n'y reste que des troupes autrichiennes. Le prince Schwarzenberg verra la détermination qu'il devra prendre pour Varsovie; j'attendrai entre Lowicz et Skierniewice qu'il me la fasse connaître. Lorsqu'il quittera Varsovie, je marcherai entre Lenzyc, Szadek et Warta pour couvrir la route de Kalicz ou tâcher d'y prévenir les ennemis. Si les ennemis ne nous préviennent pas sur cette route, et n'y font pas marcher leurs troupes, il sera peut être convenable de rester en Lenczyce, Petrikau et Kalish et si nous pouvons y prendre des quartiers tranquilles parce que cette position conviendrait au corps autrichien, qui avant d'abandonner la route de Cracovie, et la communication directe avec leur pays devraient faire des dispositions préparatoires et quoique tout annonce beaucoup (?) de fidélité à la cause peuvent attendre de nouvelles instructions avant de s'éloigner de leur ligne d'opération et de leurs communications directes.

Les maladies ont tellement augmenté depuis quelque temps, que malgré le départ de plus de 3.000 malades français, il en restera encore à Varsovie près de 3.000 du 7ᵉ corps. Les Polonais en laissent 1.500 et les Autrichiens peut être 2.000. Le prince Schwarzenberg espère faire quelqu'arrangement pour les malades lorsqu'il évacuera Varsovie.

Le général Daendels est arrivé ici hier soir, sans officiers, sans chevaux et sans argent. Il va de suite à Modlin parce qu'après demain les Autrichiens ne (illisible) plus cette place. Il est fâcheux que ce général qui a beaucoup de vigueur et de ressources n'ait pas une meilleure place et une meilleure garnison. Je ne doute pas qu'il tire tout le parti possible de ce qu'il a, mais une partie de la garnison, n'ayant pas d'abri, et étant obligé de bivouaquer dans cette saison, les maladies vont la réduire bien promptement, et il n'y a pas d'hôpital dans la place.

J'ai écrit à Sa Majesté le Roi de Saxe pour le prier de faire avancer Vers Kalish sous les ordres du général Thielman, les troupes qu'on doit m'envoyer pour compléter le corps. Ce sera une réserve dont je pourrai disposer en m'approchant de Kalisch.

Varsovie, le 3 février 1813.

N° 25. — *Schwarzenberg à Eugène.*

Monseigneur. J'ai eu l'honneur de recevoir hier les deux lettres de Votre Altesse Impériale du 30 et du 31 janvier.

Les mouvements de l'ennemi nous ont engagés à prendre toutes les précautions nécessaires pour garder notre gauche; le 7e corps s'est dirigé en conséquence vers Blonie et l'avant-garde du général Gablenz arrive demain à Lowitz. Je tiens Varsovie et Praga et occupe les villages au-dessus et au-dessous de cette ville. Le général Frelich s'étant vu tourné sur ses deux flancs, a été obligé de se rapprocher de Modlin pour ne pas être coupé de la Vistule. Le général Milloradowitz avait déjà le premier du mois son quartier général à Plonsk, ou on a vu 20 pièces d'artillerie légère. La direction de sa marche allait vers Zakroczin. Le corps de Wintzingerode occupe depuis trois jours Plock.

Je m'attends à toute heure d'apprendre que mon poste de Wiszogrod aura été forcé de se replier.

D'après les derniers renseignements le centre continuait son mouvement vers Wrocawick. Saken ayant marché hier par sa droite pour tourner l'avant-garde que j'avais à Okuniew, j'ai du la replier sur Praga.

La manœuvre de l'ennemi étant générale, est combinée, une résistance partielle deviendra difficile; en attendant nous occupons le terrain entre Varsovie et Lowitz, pour observer les projets ultérieurs des armées russes.

Si je me trouvais forcé de quitter cette position, je tâcherai de me rapprocher le plus que possible de la direction de Kalisch mais Votre Altesse Impériale daignera juger que le grand mouvement de l'armée russe rendra la marche de mon corps sur ce point très pénible, puisque l'ennemi se trouve sur une ligne plus courte.

Je charge le colonel prince de Hohenlohe de remettre la présente dépêche. Le prince est entièrement instruit de tous les détails qui ont rapport à notre position présente.

Varsovie, le 3 février 1813.

N° 26. — Poniatowski à Eugène.

Cracovie, le 5 février 1813.

Monseigneur. J'ai eu l'honneur de porter en son temps à la connaisance de Votre Altesse Impériale le mouvement que je me suis vu dans le cas de faire sur Czenstochow. Je m'empresse de porter aujourd'hui à Sa connaissance que ce mouvement assez difficile à effectuer par la marche lente des dépôts de toute espèce que j'ai taché de sauver, a été achevé sans que nous ayons éprouvé la moindre perte, sous tel rapport que ce soit. Le corps autrichien ayant avant même que les troupes polonaises fussent arrivées à leur destination, abandonné la ligne de la Pilica pour se porter vers Cracovie, j'ai cru devoir pour prévenir tout embarras convenir avec M. le général Frimont de nos emplacements respectifs. D'après ce qui a été réglé sur cet objet, le corps autrichien dont la droite s'étend jusqu'à Celow, appuie sa gauche à la route qui mène de Cracovie à Czenstochow en passant par Sic, Przeginia, Chechlo, Radaki, Ogrodzionice, Kromolow et Wlodowice où se termine la ligne des postes autrichiens. La route mentionnée même, et l'espace sur sa gauche jusqu'à la frontière de la Silésie étant réservée exclusivement pour les cantonnements des troupes polonaises, je les ai disposé de la manière suivante :

Une brigade d'infanterie à Bendzyn et Czeladz;
— — Niwki et Krzanow;
— — Nowagora, Stawkow et Olkusz.

La division de cavalerie du prince Sulkowski occupe la contrée entre la Warta et la frontière de la Silésie.

La brigade de cavalerie du général Tolinski est placée à Otsztyn, Zarki et Wlodowice où elle se joint à la gauche des postes autrichiens.

Ces dispositions assurent nos communications avec Czenstochow, que j'ai fait mettre en état de défense et donnent la possibilité de ménager un peu les ressources des environs de Cracovie; contrée ou j'ai placé les dépôts, qui s'étendent d'un côté vers la frontière autrichienne, et de l'autre le long de la Vistule, jusqu'à Brzesko Slomiane.

Jusqu'à présent rien n'annonce que nous soyons dans le cas d'être contraint à abandonner bientôt ces emplacements. Cependant, comme cette circonstance est possible et que ne sachant pas si j'aurais pu alors me permettre d'entrer en Silésie ou en Galicie, j'ai fait connaître au roi l'embarras ou je me trouvais. Sa Majesté ayant fait traiter cet objet par ses ministres à la cour de Prusse et d'Autriche, le dernier vient de me faire connaître que la Cour de Vienne lui avait fait déclarer : « que le général Frimont, commandant le corps autrichien, avait reçu l'ordre de s'entendre avec moi, ainsi qu'avec le général Gablentz sur la position à prendre en réunion avec le corps autrichien, ou de concert avec lui; que quoique S. M. J. espérait que le général Frimont aurait des forces suffisantes pour se maintenir avec les troupes dans la partie du duché de Varsovie qu'elles ocupent, le cas existant cependant où les circonstances obligeraient ce général à se replier en Gallicie, il était bien entendu, que les troupes polonaises et saxonnes, protégées dans leur retraite par le général Frimont se retireraient également dans cette province autrichienne et y resteraient à la disposition de Sa Majesté le roi de Saxe ».

J'ai tout lieu de penser que les ordres que le cabinet de Vienne a fait expédier en conséquence au général Frimont sont d'accord avec la déclaration ci-dessus et ne laissent aucun doute sur ses dispositions favorables. Ce général étant venu me trouver ici avant hier pour se concerter avec moi sur divers objets relatifs à notre position actuelle, je dois d'autant plus rendre justice aux manières franches et amicales qu'il a déployé, que je n'ai qu'à me louer de la facilité avec laquelle il s'est prêté aux arrangements qu'exigeait la circonstance sous le rapport des subsistances de l'emplacement des hôpitaux.

D'après les derniers rapports qui me sont parvenus, les Russes ayant porté leurs principales forces sur l'Oder n'en ont guère ici à nous opposer. Au 1er de ce mois ils n'avaient occupé ni Wildawa, ni Wielun et il n'avait paru à Pétricau qu'un détachement d'environ 500 Cosaques, qui se sont retirés de suite, après avoir pris des vivres et des fourrages. On avait annoncé la marche d'une colonne sur Radom; mais il paraît que cela n'était également qu'un parti envoyé à la découverte.

Un rapport du général Stanke, gouverneur de Zamosc, en date du 27 février, porte que les Russes occupaient toutes les routes qui conduisaient à cette place, mais ne s'en étaient encore guère approchés ni encore moins tenté une attaque. La garnison avait fait plusieurs expéditions qui toutes avaient réussi, il coûte du monde à l'ennemi.

Je n'ai point de nouvelles directes de Modlin; mais d'après celles que disent avoir des officiers autrichiens, les Russes ont dut tenter plusieurs attaques contre cette place qui n'avaient abouti qu'à leur occasionner une perte très considérable.

Votre Altesse impériale sait mieux que moi ce qui se passe en Prusse; je me bornerai donc à lui dire que d'après les nouvelles que je reçois, l'effervescence qui s'était d'abord manifestée, s'est déjà un peu calmée. Des officiers polonais qui ont traversé une partie de la Silésie, rapportent qu'ils y ont été traités avec beaucoup d'honnêteté et que notamment les militaires ont cessé de parler politique.

Je ne cesse pas de travailler à la réorganisation des troupes polonaises. Mais je n'ai pas besoin de dire à Votre Altesse Impériale, combien cette opération déjà si difficile vu le dénument de notre trésor, l'est devenue encore plus depuis qu'il n'existe aucune rentrée. Je fais cependant mon possible pour tirer parti de ce qui a été sauvé. Je tache également de remédier au défaut de munitions en faisant des contrats avec divers particuliers pour des fournitures de poudre et de plomb. Mais ces mesures ne peuvent produire des résultats considérables.

M. le général de division Woyczynski auquel j'ai confié le commandement des troupes polonaises, qui ont suivi le mouvement du 7e corps, aura sans doute déjà représenté à Votre Altesse Impériale l'impossibilité d'achever la réorganisation de ces troupes sans un secours que le trésor du duché entière ment nul dans ces circonstances, est hors d'état de fournir

En recommandant à Votre Altesse Impériale ces troupes qu'un peu de bien-être achèvera d'animer du meilleur esprit, j'ose croire que sa bienveillance autant que la justice qu'Elle veut bien rendre à nos efforts, ne Lui fera pas regarder comme dépensées en pure perte les sommes qu'Elle croirait convenable de destiner pour cet objet.

N° 27. — *Reynier au prince Eugène.*

Monseigneur. La lettre, que Votre Altesse Impériale m'a fait l'honneur de m'écrire le 3 m'est parvenue cette nuit. Le mouvement sur Lowicz, qu'Elle m'indique, était déjà fait, ainsi que je l'ai annoncé à Votre Altesse dans ma lettre du 3. Un corps de flanqueurs de 1.000 cavaliers saxons et polonais et 1.200 hommes d'infanterie française et saxonne que j'avais à Lowicz, y est remplacé aujourd'hui par des hussards autrichiens et va à Bielawy et Piontek; il envoie aujourd'hui des partis vers Kutno et Wladowa, où on a vu des Cosaques. Le reste de mes troupes cantonne à Brzeczyn, Glowno et Strikow et je crois les faire séjourner demain, ensuite elles se rapprocheront de la Warta, mon corps de flanqueurs ira à Lenczyc, et de là à Kollo, lorsque toutes mes troupes auront passé la Warta. Les hussards autrichiens suivent le mouvement par Glowno et Strikow et continueront à se lier à ma gauche jusqu'à la Warta.

J'ai eu l'honneur d'écrire à Votre Altesse qu'on ne pouvait pas espérer, que le prince Schwarzenberg abandonnât toutes les communications et toutes les ressources qu'il attend pour remettre ses troupes en état de faire la campagne prochaine et marchat en ce moment vers Kalicz et Posen. Son but actuel est d'éviter des affaires ou des marches, qui l'exposeraient à perdre de ses troupes, de procurer de bons cantonnements à son corps et de le faire reposer. il croit que tout ce que nous tenterions dans ce moment pour arrêter un ennemi supérieur et disputer des pays ouverts, nous ferait éprouver des pertes très nuisibles à la réorganisation de notre armée, qui bien reformée au printemps regagnera facilement alors le pays ou les ennemis auront achevé de ruiner leur armée par des marches, qui les éloignent toujours plus de leurs réserves et de leurs ressources.

Ce que je crois pouvoir faire de mieux dans ce moment c'est de ne me séparer des Autrichiens que le plus tard possible, d'engager le prince Schwarzenberg à cantonner ses troupes entre la Pilica et la Warta, lorsque je passerai la Warta et à rester aussi sur le flanc des ennemis. Je tâcherai de conserver cette position et d'être toujours en correspondance très active avec le prince Schwarzenberg, tant que l'ennemi ne marchera pas sur mes communications de Kalich à Glogau, ou que je ne recevrai pas d'autres ordres de Votre Altesse Impériale. Il serait peut être utile pour différents motifs que je ne me sépare pas du prince Schwarzenberg; comme nous avons pu craindre que l'ennemi ne me prévienne sur Kalicz, nous avons parlé de ma retraite avec son corps dans la direction de Cracovie, qui me séparait de mes comunications par Glogau et m'empêcherait de recevoir les hommes et effets, qui doivent venir pour les Saxons et la division Durutte, puisqu'on ne peut pas les faire passer par la haute Silésie; il m'a montré une lettre qu'il a reçu il y a quelques jours de l'Empereur d'Autriche, qui lui recommande de me donner toujours l'assistance et tous les secours dont je pourrais avoir besoin suivant les circonstances. Dans cette même lettre l'Empereur lui dit de tâcher de faire reposer ses troupes et de les remettre en bon état pour la campagne prochaine, de faire s'il le veut quelques arrangements pour la tranquilité des cantonnements, mais d'avoir soin que rien ne puisse donner le moindre doute de la fidélité à la cause qu'il a embrassé et qu'il veut soutenir. Le prince m'a parlé des propos que tiennent ses officiers et de leur conduite aux avant-postes avec les Russes.

Il dit que le bavardage est un vice que leurs officiers ont depuis longtemps et qu'il ne peut corriger; que dans cette circonstance ils forment des conjectures et parlent sans règle, qu'il ne peut leur annoncer qu'il profite des égards des Russes, pour éviter des combats inutiles et faire marcher tranquillement ses troupes et prendre les quartiers qui lui conviendront, parce que les Russes le sauraient et qu'il perdrait cet avantage.

Le prince de Schwarzenberg m'a fait dire hier qu'il retarderait son mouvement d'un jour, que le colonel de Latour, qu'il avait envoyé au quartier général russe, n'était pas encore de retour; qu'il espérait faire des arrangements pour la libre évacuation des hôpitaux de Varsovie; qu'il croyait que les

Russes entreraient aujourd'hui à Varsovie, mais que ses avant postes ne quitteraient pas jusqu'au 8 la ligne de Lowicz, Wiskitki, Nadarzyn et Warka. Il doit m'envoyer après le retour du colonel Latour, la marche qu'il compte faire en quittant cette ligne.

Quelques rapports envoyés par le prince Schwarzenberg ont pu être inexacts ou exagérés, mais il est certain que le général Saken qui devait passer hier la Vistule entre Varsovie et Modlin pour se joindre au corps de Millaradowicz à Cuczkow a au moins 20.000 hommes; que Millaradowicz, qui passe la Vistule à Zakroczyn et Czerwinsk, en a environ 20.000, que Doctoroff qui était hier à Wyszogrod en a 15.000; que le corps de Tormanzow et les gardes, faisant environ 25.000 hommes, sont arrivés à Plock avec l'Empereur Alexandre et le général Kutusof. On dit qu'ils devaient passer hier la Vistule à Plock. Un rapport du sous-préfet de Gumbinen, qui vient de m'arriver de Lowicz, annonce que hier un petit corps avec 12 pièces de canon a passé par Gumbinnen et s'est dirigé sur Omolin; que des corps de Cosaques sont allés à Kutno et Klodowa.

Il n'est pas probable que l'Empereur Alexandre eut marché avec l'armée, s'il n'avait pas outre les corps de Czyczakow et Witgenstein au moins 80.000 hommes et s'il n'avait pas des projets plus grands que la prise de Varsovie. Nous allons voir si les ennemis se contenteront d'avoir établi leur armée sur la rive gauche de la Vistule avant le dégel et occupé Varsovie, ou s'ils voudront pousser jusqu'à l'Oder. La direction de la marche de l'Empereur Alexandre pourrait faire penser qu'il voulait aller directement vers les frontières de la Silésie pour se faire voir aux Prussiens et engager le roi de Prusse à changer de parti. Dans ce cas je serai sur son passage et il ne pourrait plus me prévenir à Kalicz, à moins que les troupes passées à Plock, n'aient suivi hier, sans que je le sache encore, les Cosaques, qui sont allés à Kutno et Klodawa. Un officier revenu hier de Breslau, où il a des parents de distinction et que j'avais chargé de prendre des informations, dit que l'armée prussienne dans la haute Silésie peut être de 50.000 hommes fort bien organisés, que les officiers parlent très hautement contre nous, mais que le roi se montre toujours fidèle à l'Empereur.

Le prince Poniatowsky est allé à Pétrikau où il a fait marcher ses dépôts et les troupes que l'on réorganise; il les dirigera de là par Kalich. Il m'a proposé d'envoyer pour joindre à mes flanqueurs la cavalerie dont il pourra disposer.

Brzeczyn, le 6 février 1813.

N° 28. — Schwarzenberg au Prince Eugène.

Monseigneur. Le corps d'armée de Miloradovicz et de Doctoroff, s'étant avancés hier avec toutes leurs forces sur la Vistule entre Wiszogrod et Czerwensk, mes avant-postes ont dus se replier; le corps du centre sous Tormasoff étant arrivé en même temps à Plock, tandis que l'avant- garde sous le général Pauczalusof occupait Gostchin et le corps de Wintzingerode Brzesc, j'ai résolu de faire un mouvement rétrograde, ne pouvant pas espérer d'arrêter plus longtemps une marche aussi concentrée d'une armée bien supérieure. Pour adoucir autant que possible le sort des habitants de Varsovie, j'ai envoyé un parlementaire au général Milloradowicz, qui s'avance vers Trzuskow et auquel la plus grande partie de Sacken doit se joindre par Iablonna. Je remettrai la ville suivant les usages de la guerre, afin de prévenir le pillage des traînards, et de la populace même. Varsovie sera évacué aujourd'hui et je tâcherai de conserver la ligne de Lowicz et Nadarczin jusqu'au 8 pour couvrir la marche du 7e corps sur Kalisch; une colonne, qui remontera la Vistule, observera les mouvements de l'ennemi dans mon flanc droit, tandis que je me dirigerai sur deux colonnes vers Pétrikau; je prendai des cantonnements entre cet endroit, que je laisserai derrière mon aile gauche et Radom qui se trouvera en avant de mon aile droite; j'aurai mon quartier général dans 3 ou 4 jours à Opoczna.

Ce n'est que de cette manière que je puis sauver mes hôpitaux, mes grands dépôts d'artillerie, que j'ai dû évacuer de Varsovie, mes nombreux convois de vêtements pour la troupe; tous ces objets précieux se trouvent encombrés dans le cercle de Radom, faute de moyens de transport suffisants. J'espère donc que Sa Majesté l'Empereur Napoléon ne désapprouvera pas ce mouvement, d'autant plus que la marche de flanc vers Kalisch dans la position actuelle, serait trop dangereuse. Je pourrais me trouver poussé vers la Silésie, où le passage me serait probablement interdit, je n'oserai jamais me flatter d'atteindre la route militaire de Glogau, l'ennemi par sa position présente ayant déjà gagné plusieurs marches sur moi. D'ailleurs les pertes que je ferais en abandonnant tous mes dépôts mettraient le corps bientôt hors d'état de servir puisque nous manquerions de tout.

Je tâcherai d'inquiéter le flanc de l'ennemi et de me lier au 7e corps.

C'est avec le plus grand empressement, que je porterai à la connaissance de Votre Altesse Impériale toutes les nouvelles que je me procurerai; Elle daignera se convaincre, que les émissaires que l'on payait à Varsovie, en forgeaient à leur aise, qui ne ressembloient en rien au véritable état des choses. L'Empereur Alexandre doit être arrivé hier à Plock; on le voit tous les jours à cheval, marchant à la tête de ses gardes. L'escorte qui avait accompagné le Général Dandels à Modlin, m'a annoncé en rentrant, que le Général y est arrivé le 4 à 7 heures du soir. Le colonel, comte Latour, que j'avais envoyé en parlementaire, revient à l'instant; il avait manqué le Général Milloradovicz, qui venait de quitter Plonsk, quand il y était arrivé, ce qui lui fourni l'occasion de voir les troupes en marche, il a compté plusieurs bataillons, qui ont tous été de 500 hommes à peu près. Les habitants de Plonsk l'ont assuré que ce qui avait passé par cet endroit, pouvait monter à 40 ou 50.000 hommes et 100 bouches à feu. M. de Latour en trouvant le Général Milloradovicz à Glousk près de Zakroczin, n'a pas pu obtenir une convention pour Varsovie, que l'on déclarait une place entièrement ouverte. On lui disait que la proclamation de Sa Majesté l'Empereur Alexandre assurait à tout habitant du Duché la sûreté personnelle. Quant aux malades dans les hôpitaux, que je demandais à déclarer comme n'étant pas prisonniers de guerre, on s'y est refusé positivement.

Comme je viens d'acquérir la certitude que tous les corps d'armée ont passé la Vistule et que les corps de Tormassoff, Doctoroff, Milloradovicz, Sacken et Winzingerode montent à plus de 80.000 hommes sans y compter Tschitschagoff et Wittgenstein, j'ai ordonné aux troupes, qui occupent Varsovie, de quitter cette ville demain le 7, puisque je ne pourrais en m'opposant plus longtemps à des forces aussi nombreuses et concentrées, que perdre le corps d'armée, que je commande par une résistance mal calculée.

Au moment où je voulais expédier la présente dépêche, il m'est arrivé un courrier de Votre Altesse Impériale avec une lettre du 8 de ce mois.

Je m'empresse, Monseigneur, d'y répondre sur le champ. Votre Altesse Impériale ne doutera plus présentement de la vérité de mes rapports, qui annonçaient le mouvement général des corps ennemis et de leur direction, mais la seule différence qu'il y a, c'est que le mouvement s'est opéré avec plus de concentration, que mes renseignements ne le portaient, puisque Tormassoff a passé à Plock, Doctoroff à Czerwensk et Miloradovicz à Zacroczin. Le dernier étant seul plus fort que moi, sans compter Sacken, qui par sa position pourrait tourner complètement ma droite, il me semble évident, que le parti de la retraite est le seul, qui me restait, pour soustraire à l'ennemi une victoire trop facile et conserver de bonnes troupes pour des évènements plus décisifs, que la jactance des russes nous paraît présager.

Quant à la retraite sur Kalisch, je crois y avoir déjà répondu dans le commencement de ma lettre. J'espère au moins que le 7-ème corps parviendra à atteindre ce point, grâces aux soins que j'ai pris de couvrir sa marche de tous les côtés, ou l'ennemi auroit pu l'entâmer.

Talenty, le 6 février 1813.

N° 29. — Du même au même.

Monseigneur. Je m'empresse de porter à la connaissance de Votre Altesse Impériale, que d'après les ordres de mon Souverain, je vais me rendre directement à Vienne après avoir remis aujourd'hui le commandement ad interim du corps auxiliaire d'Autriche au lieutenant général Baron de Frimont.

D'après les instructions que j'ai laissé au général, il conduira le corps dans les cantonnements, entre Pétrikau et Radom; il se liera vers la Warta avec le 7-ème corps, tachera de se maintenir dans cette position, et mettra un soin particulier, à donner un peu de repos à ses troupes, pour pouvoir enfin tirer à lui les convois de vêtements et souliers et en faire la distribution; les soldats en ont effectivement le plus grand besoin. Le général Frimont aura l'honneur d'annoncer à Votre Altesse Impériale tout ce qui pourra avoir rapport aux mouvements militaires de l'ennemi ou à ceux du corps auxiliaire.

J'ai chargé mon aide de camp, Monsieur de Böhm, de présenter à Votre Altesse Impériale cette lettre, ainsi que les sentimens d'un profond respect....

Novemiasto, le 9 février 1813.

N° 30. — Reynier à Eugène.

Monseigneur. Le colonel comte Latour, m'ayant dit qu'un aide de camp du prince Schwarzenberg portait à V. A. des lettres et pourrait lui donner les renseignemens qu'il m'a donnés, je ne les écris pas ici.

Hier les postes que j'avais à Brudzewo et Vniejewo ont été attaqués et repoussés avec perte de 10 prisonniers et 25 hussards blessés. Cette nuit le général Gablens a été attaqué à Turek par un corps de cavalerie, qui a été fort bien reçu par l'infanterie légère Saxonne et a été repoussé avec beaucoup de perte, après être revenu trois fois à la charge. On a pris plusieurs hussards du régiment de Czuskow et un plus grand nombre de chevaux. Un détachement, que j'avais à Grzymyszen a aussi été attaqué en même temps et a repoussé l'ennemi, mais a perdu 10 hommes. Un autre détachement d'avant-garde, qui occupait Dobra, a aussi été attaqué et a repoussé l'ennemi.

Les prisonniers disent que Tureck a été attaqué par deux escadrons d'hussards Czuzkow et les hussards Tatarski sous le commandement du colonel Knoring et qu'il est soutenu par le général Tuskow avec quatre escadrons de dragons, quatre escadrons de cuirassiers et 4 escadrons de hulands Saviersky, avec 6 pieces de canon; que le général Tuskov était avant hier à Holo et qu'ils Sont l'avant garde du corps qui marche sur Kalisz. Les hussards étant depuis longtemps détachés de l'armée, peuvent donner peu de renseignemens; Konin est occupé par 2,000 hommes d'Infanterie et un Pulk de Kosaques; un autre détachement ennemi est arrivé à Seisern; on dit que les troupes qui sont à Konin et à Seisern sont des flanqueurs d'un corps qui marche sur Posen et que les troupes qui viennent par Kota et Vniejéwo, sont l'avant garde du corps qui marche sur Kalicz.

J'apprends de Kalicz, que des partis ennemis ont été hier sur la route de Kalicz à Posen et que c'est ce qui a empêché le courrier d'arriver hier.

Je compte marcher sur la route de Posen par la rive gauche de la Prosna et de la Warta et envoyer le plus promptement possible des détachemens à Novemiasto et Czrem pour assurer la communication avec V. A. Je tacherai aussi d'empêcher que les ennemis ne me préviennent sur la route de Glogau, et couvrir mes hôpitaux et parcs, que j'y envoie ainsi que l'évacuation des dépôts Polonais, qui sont à Kalisz. J'écris encore au prince Poniatovski, qui doit étre parti de Pétrikau pour le presser de faire venir à Kalisz tout ce qu'il a encore en arrière. Le 7-ème corps sera demain réuni à Kalisz à l'exception des avantgardes, qui devront tenir l'ennemi éloigné, s'il est possible et s'étendre sur la gauche vers la route de Posen. Je n'ai pas d'état de situation de la garnison de Modlin, le général Dutaillis qui est allé au quartier général, doit en avoir une, ainsi que le prince Poniatovski. J'y ai envoyé le 1-er B-on du 133-e Régiment, le 3-ème B-on du Reg-t de Wurzbourg, le 2-e B-on du Rég-t Saxon Mesemiechel, je sais qu'il y a quatre régimens Polonais, chacun de deux bataillons et des canonniers français et polonais. Je joins une note sur la situation de la Place, faite par un aide de camp, que j'y ai envoyé deux jours avant mon départ de Varsovie.

Modlin a été bloqué le lendemain de l'arrivée du général Dandels, c'est le général russe Czapla, qui commande le blocus.

Les russes veulent faire à ce qu'il parait une ataque de vive force sur Thorn et mettent beaucoup d'importance à avoir cette place pour en faire leur centre d'opération sur la Vistule.

Kozminek
12 février 1813.

Nº 31. — *Du même au même.*

Je suis arrivé aujourd'hui à Glogau avec le 7-ème corps et ai laissé à Schlichtigsheim et Hundpass une arrière garde pour couvrir l'arrivée de quelques voitures, qui étaient restées en arrière. J'ai fait des marches rapides pour arriver avant un corps qu'on disait aller à Lissa et Fraustadt pour me couper la retraite; j'aurais pu être gêné quand il ne serait venu que des cosaques sur les parcs et les bagages Polonais, qui marchaient devant moi.

Mes troupes vont cantoner en arrière de Glogau et je leur donnerai un peu de repos, dont elles ont le plus grand besoin; les dernières marches surtout les ont excessivement fatiguées; la division Durutte n'a aujourd'hui que 1,800 hommes présents sous les armes, elle en avait encore près de 6,000 en partant de Varsovie; les maladies l'avaient déjà beaucoup réduite, ensuite elles ont continués et un grand nombre d'hommes a été trainé sur des voitures, les autres sont restés dans des villages sur la route. Les jeunes gens, dont elle est composée, n'ont nullement soutenu les fatigues de la campagne et la plupart des colonels et des commandants de compagnie n'ont eu aucun soin de leur conservation malgré les ordres et les peines que le général Durutte s'est donné. Le nombre des Saxons est aussi beaucoup diminué; la cavalerie qui me reste et celle qui est avec le général.... (1) est entièrement à refaire; j'attends pour la renvoyer à ses dépots en Saxe, ainsi que les petits depots des régimens que le général Thilman m'envoie quelques escadrons, qui ont été nouvellement formés en Saxe. J'attends des nouvelles de ce général.

Deux régiments d'Infanterie Polonaise et les dépots de neuf régimens de cavalerie sont arrivés et sont cantonnés en arrière de Glogau sur les chemins de Bunzlau et de Lüben; ils séjourneront aussi demain. Il sera nécessaire que les régiments de cavalerie soient renvoyés en arrière vers l'Elbe, pour se réorganiser sur des points plus couverts, où ils puissent recevoir les

(1) Vide dans l'original.

armes, équipement et chevaux, qui leur manquent. Je les enverrai en attendant les ordres de Votre Altesse vers les frontières de Saxe et en tirerai un détachement de 200 chevaux pour éclairer les bords de l'Oder entre Glogau et les frontières de la haute Silésie; je me servirai d'un autre détachement que j'ai pour éclairer l'Oder au dessous de Glogau. Les deux régiments d'Infanterie ont l'un 900 hommes et l'autre 700; ils ont quelques vieux soldats et beaucoup de recrues; il me semble qu'on pourrait les faire rester à Glogau, dont la garnison n'est pas suffisante, avec le dépot d'un régiment de cavalerie et un détachement de cavalerie.

Je n'ai pas encore vu la place de Glogau, mais d'après ce que le gouvernement et le commandant du Génie m'ont dit, il y manque beaucoup de choses et la garnison est très insuffisante. J'envoie voir qui occupe actuellement Crossen; ce point est important à cause du pont, mais la rive droite dominant beaucoup à Crossen la rive gauche, si on n'a pas un corps assez fort pour tenir position en avant et sur la route de Crossen à Fraustadt, on ne peut être sûr de défendre ce pont depuis Crossen; il sera peut être nécessaire de le brûler et de faire passer les convois par Guben.

Glogau
le 18 février 1813.

N° 32. — *Le général Frimont au prince Eugène.*

Monseigneur. Monsieur le major Boehm m'ayant appris à son retour, que les mouvemens de l'armée russe ont engagé Votre Altesse Impériale de quitter ses positions de Posen, pour se rapprocher de l'Oder et Monsieur le général comte Reynier m'ayant fait connaitre, qu'il s'est vu obligé d'évacuer Kalisch après un combat assez vif et qu'il se retire sur Glogau, je n'ai plus cru pouvoir rester dans ma position derrière la Pilica. Mon flanc gauche se trouve entièrement découvert par la distance considérable qui me sépare de l'armée de Votre Altesse Impériale, ainsi que par la retraite du 5-ème Corps sur Czenstochow, auquel s'est joint l'avant garde du général Reynier sous le général Gablenz, que l'ennemi est parvenu de séparer de lui, et la marche des corps des généraux Muschkin-Puschkin et Rott mençoit serieusement ma droite, j'ai donc pris le parti de me retirer derrière les fôrets et les gorges de Kielce et de Mallagoscz. J'ai commencé ce mouvement hier 19 et j'arriverai vers la fin du mois dans ma nouvelle position, j'appuyerai ma droite vers Rakow sur la Vistule et ma gauche se liera du côte d'Olkuscz au 5-me Corps, qui occupe des cantonnements entre Czenstochow et Krakovie, je prendrai mon quartier général à Miechow, ou je serai le 25.

Votre Altesse Impériale daignera sentir combien le danger, auquel je m'exposerois, en conservant plus long temps une position aventurée et entièrement isolée, serait contraire au grand but de conserver nos forces intactes pour le moment ou les efforts du Corps auxiliaire pourront devenir très importans et décisifs.

Le Prince Poniatovski m'a fait l'honneur de me mettre au fait de sa position; ses régimens ne sont encore que des dépots et ont besoin d'un certain tems pour être organisés et pour qu'on puisse en attendre des bons services, je me ferai donc un devoir de lui prêter les secours, dont il pourrait avoir besoin et tant que faire se pourra.

J'ai encore vis à vis de moi le Corps du Général Sacken; une partie de celui de Milloradowich parait ne pas avoir quitté jusqu'ici les environs de Varsovie.

Lopuschno 20 février 1813.

No 33. — Augereau au prince Eugène.

Berlin, le 18 février 1813.

Mon Prince. Monsieur le Maréchal St. Cyr m'écrit pour que je donne l'ordre à la 2-ème Brigade de la 35 Division et à tout ce qui est disponible de la 31-e, de se porter sur Stroberg; d'après cette demande il ne me restera aucune troupe à Berlin. J'ai tenu bon jusqu'ici, quoique n'ayant plus aucun commandement, ni même celui du 11-e Corps, vu qu'il a eté remis au Maréchal St Cyr.

La ville de Berlin se trouve menacée d'insurrection et d'invasion par les russes; il ne m'est plus possible, étant déjà coupé sur mes dérières, de pouvoir garder plus longtemps cette position.

Le Corps de troupes Russes, que à eté attaqué hier à quatre lieues de Berlin, était un parti de 500 cavaliers composés de dragons, husards et de cosaques russes; il a été repoussé jusqu'à Werneuchen avec perte de 7 à 8 hommes, il fut impossible de le poursuivre plus loin dans une plaine couverte de bois, qui au rapport fait au Général Poinsot était occupée par 2,000 hommes de cavalerie, qui attendait des renforts.

L'ennemi fait des débarquements à Wrietzen, ce qui m'a décidé moi même, à lui envoyer ce matin un renfort d'un second bataillon. Le rapport d'aujourd'hui porte que l'ennemi a été de nouveau rencontré dans une reconnaissance et qu'il lui à été tué un chef de cosaques; il paraissait en forces, ce rapport est dâté des hauteurs de Blankemberg.

Je crois que ce petit corps de troupes de cavalerie n'est autre chose que pour masquer un grand mouvement, que l'ennemi fait sur notre gauche. Mes rapports sont que le G-al Witgenstein avec 25.000 hommes veut couper les communications entre l'Elbe et l'Oder, ce qui lui serait trés facile, vu que nous n'avons aucune troupe à lui oposer.

La ville de Berlin est extrêmement agitée, l'esprit public y est très mauvais, il empire même chaque jour. Il faudrait pour contenir ce pays, que l'armée de Votre Altesse se portât en avant de cette capitale et en masse.

Je prie Votre Altesse Impériale, de me faire savoir dans le plus brèf delai, si je dois faire partir la 2-de Brigade de la 35 Division.

L'ordre donné au Général Commandant la 31 Division n'à pu arriver à Stettin, d'ailleurs les troupes du 1-r Corps sont devenues trés nécessaires à la garde du pont de Swetz aussi me voilà sans troupes et sans commandement.

Je prie, Votre Altesse Impériale, de m'autoriser à me rendre en France, pour y soigner ma santé, vu que ma présence n'est plus nécessaire ici. J'avais demandé à V. A. I. par ma dernière, quel serait le point de ma retraite si j'était forcé dans Berlin; je n'ai point encore reçu de reponse, mais, si j'était forcé, je serais obligé de faire ma retraîte, avec les troupes que j'ai ici et je marcherai sur Leipzig, d'où je dirigerai la 2-e Brigade de la 35 Division sur Glogau pour se réunir à l'armée de V. A. et de là je partirai pour la France.

Cependant il est possible que cette nuit ou demain, je sois attaqué, avec des forces supérieures et que je ne puisse recevoir à temps les ordres de V. A.

Je la prie d'autoriser M-r le Général Ménard, mon chef d'état major, de se retirer en France pour y soigner sa faible santé.

J'attends avec grande impatience le retour de mon aide de camp qui est porteur de ma dépêche, afin que j'apprenne de Votre Altesse ce qu'elle jugera convenable d'ordonner dans ces circonstances.

N° 34. — *Lauriston à Eugene.*

Monseigneur. Je reçois à l'instant la lettre de Votre Altesse Impériale, en date du 23. Les ordres sont exécutés sur les deux rives au sujet des bacs, des officiers supérieurs et des détachemens sont partis pour cette opération, il y aura quelques murmures de la part des autorités prussiennes, des plaintes seront portées à la Régence Prussienne, mais Votre Altesse étant sur les lieux, peut lui faire sentir la nécessité de cette mesure, au surplus cela se fait avec ordre et des reçus sont donnés au propriétaires des bateaux. Cette gêne ne peut durer qu'un moment. J'ai cru devoir envoyer à Vittenberg des B-ons d'un de mes régiment qui venait d'Erfurt; j'y ai fait passer du Canon, j'espère que le pont sera bien gardé, j'y ai envoye aussi le g-al la Grange et 300 chevaux. Quant à ma gauche elle est gardée par un régimens de gendarmerie jusqu'au point que m'indique Votre Altesse, mes premiers bataillons arriveront après demain et jours suivans le tout sera à Magdebourg. Je leur ferai faire très souvent l'exercice à feu, mais je doit prévenir Votre Altesse qu'ils sont très exercés sous ce rapport, ainsi qu'aux évolutions de ligne; pendant la campagne dernière on les a fait beaucoup travailler; ce sont des hommes de bien bonne volonté, bien disciplinés et fort vigoureux. J'en connais les trois quarts que j'ai inspecté en me rendant à Magdeburg. Les B-ons que j'ai envoyé à Vittenberg et qui viennent d'Erfurt étaient déjà entre Halle et Bernburg; ils n'ont eu q'un léger détour à faire. Ils viendront à Magdeburg lors qu'ils seront remplacés.

Magdeburg le 24 février 1813.

No 35. — Le maréchal Saint-Cyr au prince Eugène.

Berlin, le 28 Fevrier à 1 1/2 après midi.

Monseigneur. J'ai l'honneur d'envoyer à Votre Altesse Impériale un rapport du G-al Bronikoski qui donne quelque chose de positif sur l'opération des Cosaques vers Potsdam et que si les troupes veulent bien deffendre les portes il n'y a pas moyen de passer, je vais faire partir demain de grand matin le b-on de la 31 D-n qui est envoyé à Berlin pour renforcer ce point pour plus de sureté. Je viens de voir un homme, domestique du G-l..... (1) qui avait été pris par les cosaques et qu'ils ont relaché (1)..... en observant toujours qu'il n'était point combattant.

Il dit que pendant plusieurs jours on leur a fait retrograder, mais qu'avant hier matin ils ont eu ordre de marcher de nouveau sur Berlin et en effet il s'est mis en marche avec eux et les a quittés aux portes de la ville, il prétend qu'ils trainent avec eux 300 ou 400 prisonniers, dont ils ne savent qui faire; comment se fait il qu'ils ne les renvoyent par sur les derrieres, il dit qu'ils n'ont point d'infanterie, mais pres de cinq mille chevaux. J'aurai l'honneur (1).... que tous les ordres (1).... votre Altesse et je la prie d'agrier l'hommage de mon respectueux dévouement.

(1) Illisible.

N° 36. — *Le général Reynier au prince Eugène.*

Monseigneur. J'avais envoyé au Général Thielmann, l'ordre d'aller promptement sur la route de Breslau, pour chasser le parti ennemi, qui est avancé à Loewenberg et Laubau; mais en même temps on lui avait expedié de Dresde des ordres différents. Le roi l'a chargé d'aller à Torgau pour presser les travaux de défense, et a appelé auprès de lui les Cuirassiers pour la garde et pour couvrir Dresde. S. M. m'a écrit pour me prévenir de ces dispositions. Je joins l'extrait d'une lettre que j'ai en même temps reçu de Dresde; elle fera connaître à V. A. I. ce qu'on pense à Dresde.

J'ai écris à Dresde pour demander que les cuirassiers aillent au moins à Bautzen, d'ou ils pourront toujours se retirer à Dresde; je marche par ma droite vers la route de Breslau pour éloigner cette cavalerie ennemie, garder cette route qu'il est probable que l'ennemi suivra lorsqu'il sera renforcé et couvrir mes trains d'artillerie et équipages, que je renvoye de l'autre côté de l'Elbe, ainsi que ce qui me reste de malades.

Je ne peux marcher jusqu'à Steinau pour forcer ce qui a passé l'Oder à le repasser et détruire les barques, parce que pendant le temps qu'il me faudrait pour y marcher, l'ennemi aura probablement fait passer plus de troupes que je n'en peux réunir et que ma retraite serait d'autent plus difficile, que les Prussiens seront peut être alors declarés contre nous et me prendraient à dos.

Un officier que j'avais envoyé en parlementaire pour porter de l'argent pour les malades prisonniers, a rencontré le 24 une brigade de cavalerie, hussards et cosaques entre Lissa et Fraustadt, une brigade d'infanterie arrivait le même jour à Lissa. Le général Winzingrode était le même jour à Guhrau et le général Lanskoy à Hernstadt, occupés à arranger les passages de l'Oder à Stainau et Koeben. D'après le rapport d'un homme venu de Steinau, il y passe encore des troupes et on a fait venir des barques de la haute Silésie pour le pont auquel on travaille.

Le parti, qui est venu à Loevenberg, est commandé par le colonel Prendel, et composé de 500 hussards et cosaques. Il m'a pris environ 1,000 malades et 30 caissons de l'administration des hôpitaux Saxons, partis de Varsovie 4 jours avant moi et qui se sont trop arrêtés en route. Comme j'ai eu l'honneur de l'écrire à V. A. I. j'ai été fort affaibli outre la séparation du Général par les malades. J'ai laissé près de 3,000 malades à Varsovie, j'en ai fait partir avec moi 4,000, dont je ne sais encore l'arrivée que d'une partie; j'en ai eu en route près de 3,000 français et Saxons, qui sont en avant avec moi, ou en arriére. Lorsqu'on sera retiré sur l'Elbe et qu'on aura formé la garnison de Turgau, il me restera bien peu de troupes. Les levées qu'on ferait pour completter le contingent saxon vont étre suspendues, il y a eu quelques petits mouvements populaires dans les cantons pour empêcher ces levées.

J'ai écrit de faire réunir à Turgau toutes les barques qui sont sur l'Elbe, si on voulait éviter de les brûler et de s'emparer de ce qui sera nécessaire pour la destruction des ponts de Dresde et de Meisen. Il est facheux qu'on ai commencé la démolition des fortifications de Dresde par celle de la rive droite de l'Elbe, qui aurait pu nous servir de tête de pont. Le sous officiers d'hussards que j'avais envoyé observer le bord de l'Oder vers Grauben et qui a passé cette rivière déguisé pour aller à Karga, dit qu'il n'y a pas d'ennemis dans cet endroit, qu'il n'y a qu'un petit corps de 2,000 hommes à moitié chemin de Karga à Posen et qu'il ne parait pas que les ennemis marchent sur Crossen. La route de Breslau n'étant plus libre, j'écris à Dresde d'evoyer des courriers à Breslau et à Cracovie par la Bohême, afin d'être instruit de ce qui s'y passe.

Sagan, le 26 février 1813.

No 32. — Au général Reynier, sans signature.

L'officier, porteur de la présente, remettra à V. Ex. une dépeche du Roi de Saxe. Sa Majesté me charge de vous écrire sur les mêmes objets que sa lettre contient et je m'acquitte de cette commission avec la franchise et la loyauté, que nous devons tous à un Général qui s'est constaté l'ami et le protecteur des Saxons. C'est dans cette qualité, mon Général, que je vous soumets les observations suivantes.

La position du Vice-Roi et la votre prouve que vous ne voulez et que vous ne pouvez pas défendre la ligne de l'Oder. Je crois qu'àprés un calcul très modéré, nous pouvons compter les forces que les Russes ont porté sur l'Oder à 80,000 hommes. M-r de St. Marsan lui même commence à se douter des mauvaises intentions de la Prusse et nous sommes presque surs que 80,000 hommes Prussiens se réuniront dans peu de jours aux troupes de l'Empereur Alexandre. C'est dans ce moment que le Vice-Roi sera obligé d'effectuer sa retraite sur l'Elbe. Il ne sera jamais en état de défendre cette ligne contre des forces aussi majeures et nous n'avons aucune espérance pour sa défense, que des troupes dont S. M. l'Empereur Napoléon annonce l'arrivée pour le commencement du mois prochain. L'armée Saxonne est ruinée. Le seul régiment d'infanterie qui nous restait intacte, est retenu à Stralsund malgré les promesses du Vice-Roi et de l'Empereur même, de nous le renvoyer. Nous manquons entièrement d'officiers. On ne peut se dissimuler, que la populace d'un pays commerçant est très peu disposée pour le système français que notre gouvernement à adopté et qu'il doit soutenir jusqu'à la dernière extrémité. L'indiscipline des troupes françaises et alliées qui ruinent le pays jusqu'au moment actuel, achève de donner de l'humeur aux habitants et je dois assurer qu'il est inutile d'espérer à pouvoir réorganiser l'armée Saxonne avant l'arrivée d'une armée, qui peut nous rassurer sur la défense de notre pays.

Jusqu'à ce moment le Gouvernement doit à son honneur et aux principes de loyauté que le Roi a toujours su maintenir, des préparatifs que lui garantissent avant tout, la tranquillité dans le pays et la sureté de la personne du Roi. Il lui faut une garde suffisante pour pouvoir prononcer sa volonté partout, pour risquer des motions dont nous avons déjà vu les commencements. Il est de la plus grande importance, que le Roi reste jusqu'au dernier moment à Dresde et que s'il est forcé de quitter la capitale, il choisisse une autre ville de la Saxe pour y attendre les secours que l'Empereur nous a promis sur l'Elbe. Dans tous les cas il lui fait encore des troupes pour garantir sa personne des insolences des troupes de passage, auquelles on n'est que trop habitué déjà.

La grande route de Breslau à Dresde est tout à fait ouverte, nous ne savons pas si la nouvelle de l'arrivée d'un pulk de cosaques à Parchwitz sera constatée, mais vous m'avouerez que le fait n'est pas impossible et que vous n'avez pas les moyens de nous couvrir de ce côté là.

Toutes ces raisons ont déterminé le Roi a rassembler la brigade de cavalerie allemande et 400 hommes de la garde à pied, à Dresde, où leur présence devient absolument nécessaire depuis quelques jours. Il a ordonné à cette brigade d'avoir des postes jusqu'à Gorlitz, sur la route de Breslau. Le 1 Bataillon de recrues et la cavalerie légère se rendent à Sorau pour y attendre vos ordres. Cela serait exténuer une armée déjà abimée, en voulant reunir le plus beau régiment de cavalerie qui nous reste aux autres troupes avant l'arrivée d'une armée qui peut nous faire espérer des succès sur l'ennemi. Le Roi a enfin ordonné au Général Thielmann de se rendre à Torgau pour accélérer les travaux du seul point de la Saxe, que nous devons croire pouvoir défendre jusqu'à l'arrivée des troupes françaises.

Le Roi espère que vous ramenerez le reste de notre infanterie à Torgau pour la livrer à la plus honorable destination qui lui reste, jusqu'à sa réorganisation. Il vous prie de renvoyer l'escadron de hussards et les hulands, que vous avez avec vous, avec le dépot de cavalerie aussitôt que possible, derrière l'Elbe, pour leur donner le temps de se refaire. Cette cavalerie réunie à la brigade de cuirassiers nous fournira un noyau précieux pour la réorganisation de la cavalerie. Je répète que cela n'est qu'après l'arrivée de la nouvelle armée française, que nous pourrons espérer de vous remettre un nouveau corps d'armée bien organisè. Certainement celui ci trouvera alors, comme par le passé son orgueil dans l'honneur d'être commandé par Vous, mon Général, que nous aimons et estimons.

N° 38. — *Reynier à Eugène.*

Monseigneur. Je viens de recevoir de M-r de St. Marsan la lettre dont je joins copie. Un officier Autrichien m'a aussi apporté des lettres du général Frimont, dont une pour V. A. I. que je joins. Ces deux courriers sont venus de Breslau par Lignitz, Hanau et Breslau sans rien rencontrer des ennemis. Le parti du colonel Prendel est venu hier à Laubau et a pris un officier Saxon, envoyé de Dresde à Breslau; des cosaques sont venus hier à Waldau, et seront probablement aujourd'hui à Goerliz. Je marche pour leur couper la retraite avant que le G-al Winzengrode, qui fait passer ses troupes à Steinau et Koeben, d'après tous les rapports, ait joint et renforcé ce parti.

Le général Frimont m'annonce la nouvelle ligne de cantonnement qu'il prend et qu'il fait cantonner le corps du g-al Gablenz et Proszowice près Cracovie.

Les Polonais se sont dirigés sur Turgau, le g-al dit n'avoir par reçu l'ordre de laisser les deux régiments d'infanterie à Glogau. Un bataillon de Croates, étant arrivé à Glogau, la garnison de cette place aura cependant reçu, une partie du renfort nécessaire.

J'envoie l'ordre à ces Polonais de se cantonner de l'autre côté de l'Elbe, en arrivant de Turgau et de Meissen. Il serait nécessaire d'avoir un général de division pour les commander; le g-al Zoltowski, qui commande la brigade d'infanterie a pris le commandement du tout, comme le plus ancien, mais il n'est pas en état de commander et il ne se trouve pas un général de D-on Polonais au Quartier général ou à Dresde, il feudra diviser le commandement et que le général Loszniski commande la cavalerie. Si on donne des armes et de l'argent pour acheter des selles, on pourra avoir de suite 1,600 hommes de cavalerie, et si on donne aussi des chevaux 3,000.

Stalbau, le 27 février 1813.

Saint-Marsan au général Reynier.

Copie d'une lettre adressée au G-al Reynier.

Monsieur le Comte. J'ai reçu la lettre que vous m'avez fait l'honneur de m'écrire le 21 du courant.

S. M. le roi de Prusse a fait déclarer à l'Empereur Alexandre, que S. M. l'Empereur Napoléon, ayant convenu dans son traité d'alliance, que la haute Silésie, le comté de Glatz, les seigneuries de Breslau, Oels et Brieg seraient éxemptes de passage de troupes françaises et cette neutralité ayant été exactement respectée par les armées françaises, elle entendent que les armées russes dussent aussi la respecter et ne point entrer dans cette partie de ces états.

En attendant S. M. fait des armemens pour soutenir cette neutralité et pour ne point donner lieux aus russes de se plaindre d'une infraction. Elle a exigé que les convois de malades, blessés et les hommes isolés français et alliés, qui se sont presentés pour traverser ce pays, ne passassent point armés, il y a passé environ 2,000 Saxons, qu'on a au reste pourvu de charriages et même de vivres. Il n'y a eu que très peu d'individus français, j'ai pris tout le soin possible de ceux qui ont été à ma connaissance et les ai dirigés dans le commencement sur Berlin et ensuite sur Gorlitz.

Les armes des Saxons et peut être de quelques français sont ici; on me dit qu'il pourra y avoir environ 1,800 fusils, on les remettra certainement dès qu'ils seront demandés, je n'ai pas cru devoir faire aucunes démarches à ce sujet parcequ'avant d'avoir reçu des ordres de S. M. l'Empereur sur l'état des choses actuel, je n'en dois faire aucune officielle qui constate en quelque sorte les mesures prises par le gouvernement à l'égard de cette neutralité, mais si vous jugez à propos, monsieur le Comte, de les faire demander, je ne doute point qu'on les envoie ou vous l'indiquerez hors de la ligne de démarcation.

Les nouvelles levées que fait le Roi peuvent porter la force de son armée en Silésie à 50,000 hommes, y compris les anciennes troupes, des quelles seront organisées (et on y travaille avec activité). S. M. a promis de mettre son contingent aux ordres de S. M. l'Empereur. Il n'y a pas encore de réponse de l'Empereur Alexandre relativement à la neutralité demandée, mais le Général Commandant l'avantgarde a promis de la respecter, s'il ne recevait point d'ordres contraires et en ce cas d'avertir 48 heures d'avance; les dispositions militaires qui se font ici, sont dirigées vers les frontières de la Pologne.

Voila, Monsieur le Comte, l'état des choses au moment ou j'écris; je m'empresserai de vous informer de tout ce qui pourrait interesser votre position et je vous serais bien reconnaissant de m'avertir dans le cas où vous feriez quelque mouvement pour savoir où diriger surément ma correspondance.

Nº 39. — Davout à Eugène.

Magdeburg, le 4 mars 1813.

Monseigneur. En réponse à la demande que j'avais faite d'un congé pour me rendre à Paris, j'ai reçu l'ordre d'aller à Leipzig. Je partirai demain ou après. Les bataillons des 30-éme et 33-éme s'étaient déjà portés à Wittenberg. J'écris au général Pouchelon de les faire retrograder sur Leipzig.

Indèpendamment des bataillons du 1 corps qui devaient s'organiser à Erfurth et se diriger sur Leipzig, il y en a des 2-e et 3-e corps entr'autres des 18-e, 24-e, 26-e, 4-e, 72-e, 2-e, 37-e, 93-e, 46-e et 19-e regiments. Ces bataillons devront être également retenus à Leipzig. Ayant été informé indirectement, Monseigneur, que le général Grandeau, Gouverneur de Stettin ètait très malade et devait avoir confié son commandement au général Defresse, qui n'y est aucunement propre et que ce dernier devait avoir reçu de Votre Altesse Impériale une nouvelle destination. Informé aussi, que suivant toutes les apparences, ces derniers ordres ne seraient sans doute pas parvenus au général Defresse, j'ai profité de la présence à Magdebourg d'un aide de camp du général Grandeau, pour écrire à son général la lettre dont copie est c'y jointe; persuadé que Votre Altesse Impériale n'en dèsaprouvera pas le contenu, par les motifs qui l'ont dictée. Des gendarmes d'élites qui ont été pris entre Meseritz et Posen, allant faire le quartier général à Posen, se sont échappés et ont passé à Schwedt le 23. Ils y ont trouvé le général Ravieux qui y était avec trois bataillons du 1 corps, ayant brûlé les ponts. Il avait l'instruction de se retirer sur Stettin à l'approche de forces superieures. Je ne doute point qu'il ne l'ait fait.

Suivant ce que m'a dit l'aide de camp du général Grandeau, vos ordres au général Morand de diriger sur Stettin le régiment Saxon, qui est à Stralsund, ne seraient pas parvenus. Je crois qu'on peut encore communiquer avec Stralsund, en passant par le Mecklenbourg.

Le général Morand a fait demander à Paris des instructions sur la destination à donner à la troupe, dans le cas ou l'ennemi se dirigerait en force sur lui.

Il me semble, Monseigneur, qu'il serait bien essentiel qu'il eut l'ordre de tout diriger même les marins sur Stettin et de manœuvrer de maniere à ce qu'on ne puisse lui couper la retraite sur cette place.

Nº 40. — Le maréchal Davout au général Grandeau (1).

Magdebourg, le 28 février 1813.

Je viens d'apprendre indirectement, mon cher général, que vous étiez bien malade et que vous aviez été obligé de remettre le commandement au général Defresse. J'espère que vous serez rétabli. Votre aide de camp, que vous avez expédié le 17 pour le quartier général est revenu par Magdebourg; des partis ennemis l'ayant empêché d'entrer dans Stettin. Cependant, un gendarme d'élite parti de Stettin le 23, vient d'arriver ici. Il était venu jusqu'à Tenislin avec un capitaine porteur de dépêches pour les Ducs de Feltre et de Bassano. Ce capitaine, sur le bruit de partis ennemis, a retrogradé sur Stettin et a remis ses dépêches au gendarme; elles sont parties pour Paris. Votre aide de camp désirant vous rejoindre, s'est chargé de cette lettre ci; d'après ce qu'il m'a déclaré le général Bruni a du être envoyé à Stettin pour y remplacer le général Dufresse, qui avait une autre destination. D'après ce qu'il parait, le général Bruni n'a pas pu vous rejoindre. Quoiqu'il en soit, la santé du général Defresse et le peu d'habitude qu'il a des troupes, ne le rendent pas propre à prendre dans les circonstances actuelles, le commandement comme celle là. Il me semble convenable pour l'intérêt du service de notre Souverain, que dans le cas ou vous seriez hors d'état de continuer votre commandement, les généraux s'assemblassent et désignent celui qu'ils en jugeront le plus digne. Il y a le général Chamburlhiac qui doit étre le plus ancien, qui a une grande habitude de la deffense des places. Il pourrait avoir le commandement; cet officier a beaucoup de fermeté et d'honneur. D'ailleurs il serait secondé par le bon esprit de M-rs les Généraux qui sont à Stettin.

(1) Gouverneur de Stettin.

On m'a assuré que les habitants des environs de Stettin s'étaient opposés à ce qu'on entrât dans la place des fourrages et des bestiaux. Il ne faut pas tolérer cet esprit de révolte. Déclarez que vous enverrez des troupes pour brûler les villages qui refuseraient d'obtemperer à vos réquisitions.

J'ai appris indirectement que le général Ravieu avait, suivant ses instructions, brûlé le pont de Schwedt. S'il a bien brûlé le pont de bateaux et les petits ponts qui sont sur la chaussée, il aura rendu un grand service, car ils ne sont pas faciles à rétablir.

Je suppose qu'on a exécuté mes instructions de détruire tous les bateaux, bacs et nacelles. C'est aussi une bonne opération. Si elle n'est pas entièrement terminée, il faut y employer des batimens montés par des hommes armés. Il faut déployer une grande fermeté envers les habitants. Faites sortir toutes les bouches inutiles et celles qui ne sont pas approvisionnées. Pour cela, il ne faut pas attendre au dernier moment.

Le général Ravieu avait des pièces de canon attelées, qui pourront vous être de la plus grande utilité, d'ailleurs il ne faut pas balancer pour lever des chevaux dans le pays, afin d'organiser une batterie mobile de 20 bouches à feu pour tenir la campagne. Si la garnison de Stralsund est dans le cas de devoir se retirer, elle doit bien entendu, le faire sur Stettin, cela augmentera d'autant votre garnison. Votre aide de camp a vu arriver la tête de colonne du corps d'observation de l'Elbe, formé d'une partie des cohortes. Les hommes sont bien animés, robustes et instruits. Le 5 mars il y aura 40.000 hommes de cette troupe aux environs de Magdebourg. Il y a maintenant 30 bataillons qui se dirigent sur Wittenberg; 16 étaient déjà passés à Erfurth.

Enfin tout est en mouvement et dans le courant du mois, il y aura plus de 100.000 hommes de troupes fraiches sur l'Elbe. Vous pourrez donner ces nouvelles au général Rapp. Écrivez lui en vous servant du chiffre qui était dans les papiers du général Liebert. Si les communications avec Magdebourg venaient à être interceptées, écrivez en au gouverneur, en vous servant du même chiffre.

Il est bon de mettre un officier général au fort de Damm. Quoique je n'aye pas de mission pour vous écrire et que la place de Stettin ne soit pas sous mon commandement, je n'hésite pas néanmoins à vous écrire en raison des circonstances. Je suis convaincu que l'Empereur et le Vice Roi, à qui je donne communication de cette lettre, n'en dèsaprouveront pas le contenu. Vous pouvez annoncer aussi au g-al Rapp que la France s'est montrée digne de son Souverain.

Indépendamment d'une levée de 500.000 hommes prise presque toute sur les anciennes conscriptions, et en partie déjà effectuée, les villes, communes et les particuliers de France et d'Italie, ont fait des offres de cavaliers montés et équipés. On compte que cela produira 100.000 hommes de cavalerie, ce qui portera le nombre des troupes à 600.000 hommes. Vous pouvez ajouter au général Rapp que presque tous ces cavaliers sont déjà rendus dans les différants dépots. Donnez ma parole au général Rapp que je n'exagere rien. Je suppose que vous avez fait évacuer les casernes de la ville, qui étaient occupées par les habitants. Faites travailler avec activité aux travaux qui peuvent être nécessaire. Ne vous laissez pas arrêter par le manque d'argent. Empruntez en à la ville pour être rembourser par le gouvernement français. Il faut prendre sur des procès verbaux tout ce qui sera nécessaire pour les travaux et l'approvisionnement de la place.

N° 11. — *Reynier à Eugène.*

Monseigneur. Deux officiers, qui reviennent d'auprès du Général Gablenz et de Cracovie, ont passé il y a deux jours par Breslau; ils disent que les troupes sont en marche pour aller sur la frontière, que l'avant garde devait arriver hier à Lignitz où on dit que l'armée prussienne doit se rassembler. Le roi de Prusse a envoyé à Hartemberg des aides de camp au devant de l'Empereur Alexandre, qui devait y arriver en venant à Breslau. On dit qu'aussitôt qu'il sera arrivé la Prusse se déclarera.

L'un de ces officiers, qui est français, a été insulté par la populace de Breslau et obligé de se mettre en bourgeois pour aller chez l'ambassadeur de France, qui lui a dit que ses domestiques étaient exposés aux mêmes insultes et qu'il pouvait encore me joindre par la Silésie, mais il ne lui a pas donné de lettres pour moi. L'autre officiers est Saxon; les officiers Prussiens et Russes, qui sont à Breslau, lui ont dit qu'ils comptaient les avoir bientôt avec eux. On dit à Breslau que le Général York a maintenant plus de 30.000 hommes et qu'il doit passer l'Oder à Schwedt où se sont dirigé les corps de Witgenstein et Czyczakow, à l'exception des détachemens, qui ont été laissés pour observer Dantzig et de celui qui a passé par Posen sous les ordres de Woronzow et d'un autre général.

Les corps, qui ont passé par Kaliz, sont celui de Winzingerode qui a été formé après le passage du Niemen de quelques régiments d'infanterie et de cavalerie les plus en état de marcher et pris sur tous les corps; le corps de Doctorow, le corps de Milloradowicz, celui de Tormanzoff et les gardes; le G-al Saken a suivi le corps Autrichien, ainsi qu'un petit corps commandé par le G-al Muskin-Puskin, qui vient de la Wolynie. Il est resté peu de troupes à Varsovie et pour observer les places de Modlin, Thorn et Dantzig; on attend des réserves qui viennent en arrière et qui sont chargées de bloquer les places.

Les forces russes qui viennent sur l'Oder en réduisant les malades, qu'ils ont pu avoir depuis le passage de la Vistule et qui ne les ont pas affaiblis autant que nous, parce qu'ils ont marché plus commodement, par cantonnemens moins serrés, et que les hommes restés en arrière, ne sont pas perdu pour eux, doivent-être estimés, ainsi qu'il suit.

Les corps de Witgenstein et de Czyczacow, qui sont sur le bas Oder à 30.000 hommes, aux quels il faudra joindre le corps d'York. Le corps de Winzingerode 8.000, celui de Doctorow 8.000, Tormanzoff et les gardes 15.000, Millaradowicz 15.000, aussi le corps qui vient par Koliz passer l'Oder vers Glogau où à Breslau, peut être estimé à environs 45.000 hommes; lorsque la Prusse sera déclarée, le corps sera joint à Lignitz par 20.000 prussiens d'anciennes troupes et à peu près autant de nouvelles levées.

D'après les lettres du G-al Gablens, il est cantonné en arrière de l'armée autrichienne, que prend tranquilement ses nouveaux cantonnemens. Les troupes polonaises sont entre Czenstochau et Krakovie.

Il y a à Cracovie 800 malades français et des hommes isolés que je donne ordre au major Calhasson, commandant les cinq compagnies de voltigeur de la division Durute, de joindre à son détachement tout ce qu'il pourra réunir, afin que si le

Corps rentre en Autriche ces hommes le suivent. J'écris aussi au baron Bignon, ministre près le gouvernement du grand duché, de faire fournir à ces hommes par le gouvernement ou la ville les effets qui leur seront nécessaires et de faire soigner les malades, qui sont très négligés faute d'administration française.

Les exprès que j'ai envoyé à Steinau et Koeben ne sont pas revenus, ainsi je ne sais rien de précis sur la construction du pont et sur les troupes qui y ont passé, et se sont avancées vers Glogau; il y a deux jours, le parti du colonel Prandel n'avait pas encore été joint par ces troupes.

Je n'ai pas de nouvelles du général Gérard, j'ai encore écrit au général Rechberg de tacher de communiquer avec lui et de marcher à sa rencontre pour protéger sa retraite, s'il en a des nouvelles.

Le roi de Saxe qui est bien inquiet de voir ses états près d'être envayis et peu de troupes pour défendre l'Elbe, envoye auprès de V. A. I. le Général Langenau, qui était chef de l'état Major du corps Saxon, il rendra compte à V. A. I. de l'état des fortifications de Torgau, de sa garnison, des lenteurs des recrutements necessaires pour completter le contingent et la garnison de Torgau; des maladies qui continuent à nous affaiblir et des renseignemens qu'on aura sur les ennemis.

Bautzen le 5 mars 1813.

N° 12. — *Lauriston au prince Eugène*

Magdeburg, le 8 mars 1813.

Monseigneur. Sa Majesté croyant encore Votre Altesse à Berlin n'a pas envoyé ses dispositions, parce qu'elle craignait qu'elles ne fussent interceptées, je devais les envoyer en chiffres à Votre Altesse si elle eut été encore à Berlin. Les voici : « Si jamais les ennemis poussaient leurs pointes sur Dresde et que le Vice Roi crut devoir abandonner Magdeburg à ses propres forces, mon intention est que vous y laissiez 4 à 5 compagnie d'artillerie, une de sapeurs et les deux divisions toutes entières du 1-r et 2-me Corps qui se réunissent à Dessau et à

Wittenberg, ce qui ferait une force de plus de 16.000 h. Vous y laisseriez 2 à 300 chevaux, selon que le Général Haxo (nommé gouverneur) le jugerait convenable. Vous y laisseriez aussi la valeur d'un Régiment Westphalien. Le reste et tout votre corps avec celui du Vice-Roi, et sous les ordres du Vice-Roi manoeuvrerait pour défendre le Wesel et Cassel. Il est donc nécessaire que vous preniez Votre ligne d'opération sur Wesel, à cet effet vous pourez prendre Votre ligne d'étape sur Cassel et de Cassel sur Wesel. Ecrivez ces dispositions au Vice-Roi. Bien entendu qu'il doit garder Berlin et l'Elbe aussi longtemps que ce sera possible. J'ai nommé le Général Haxo gouverneur de Magdeburg et le Général Lapoyr (?) gouverneur de Spandau ».

J'ai l'honneur d'adresser en même temps à Votre Altesse une lettre ouverte que Sa Majesté m'à envoyé pour le prince d'Eckmühl, je la prie de la lui faire parvenir cacheté ou non comme elle le jugera à propos.

Je prie Votre Altesse de donner les ordres à l'intendant général pour que les 2 millions de Brunswick soient envoyés à Magdeburg pour les approvisionnements, le payemens des troupes, surtout de la cavalerie, sans quoi il n'y aura plus de cavalerie. Il n'y a plus de fonds dans nos caisses.

J'envoye à Votre Altesse copie d'une lettre que lui a écris Sa Majesté, pour le cas ou elle ne l'aurait pas reçu.

N° 13. — Napoléon à Eugène.

Mon fils. Dans la situation actuelle des choses, il serait inconvenant de faire marcher en avant de votre corps d'armée les 28 seconds bataillon d'Erfurt. Ces bataillons ont besoin de se former. Il sera plus convenable de réunir les 12 bataillon du 2-me corps en une division à Dessau où ils garderont le pont. Envoyez y un général de division et deux généraux de brigade. Vous avez du en garder à cet effet et ceux qui on été à Erfurt peuvent servir. Les 16 bat-ons du 1-r corps formeront une autre division à Vittenberg, où ils garderont le pont et la ville. Vous leurs enverrez également un général de division et 3 g-aux de brigade. On organisera à chacune de ces divisions une batterie de pièce de canon. Ou le Prince d'Eckmühl commandera les deux divisions et portera son quartier g-al à Vittenberg, ou bien le duc de Bellune ira prendre à Dessau le commandement du 2-e corps et dans ce cas le prince d'Eckmülh ne comman dera à Vittenberg que la division du 1-r corps. Vous leur recommenderez bien de faire exercer les bataillons. Il faut que les généraux de brigade leur fassent faire l'exercice à feu et tirer à la cible. Ces deux divisions se trouveront ainsi intèrmédiaires entre Torgau et Magdebourg. Quand elles auront leurs batteries de canon et qu'elles seront un peu formés nous verrons à les envoyer à Stettin; mais telle qu'elles sont aujourd'hui, il serait imprudent de les exposer en route et de les envoyer en avant.

J'ai ordonné que les 28 4-me bataillons des mêmes régiments partissent de France dans le courant de Mars. Cela fournira deux autres divisions, qui pourront également se réunir sur l'Elbe.

Paris, le 2 mars 1813.

N° 44. — Lauriston à Eugène.

Magdeburg le 5 Mars 1813.

Monseigneur. J'ai reçu hier soir la lettre de Votre Altesse, en date du 3 par laqu'elle elle m'annonce son départ de Berlin. Ainsi Magdeburg a commencé hier à être à découvert. J'ai pris de suite les mesures nécessaires pour completter l'approvisionnement. J'espèrais que Votre Altesse viendrait sur Magdeburg et qu'elle y laisserai pour garnison les troupes qui sont fatiguées et qui auraient mieux servi à la défense d'une place, que de nouvelles troupes. Cependant comme je n'ai aucune instruction le nombre des troupes à laisser dans cette place, j'agirai pour le mieux en mobilisant mon corps autour de Magdeburg. Je prie Votre Altesse, de vouloir bien, lorsqu'elle sera à Vittenberg, me prévenir de ce qu'elle fera, afin que j'aie le tems de jetter dans Magdeburg la garnison et les moyens necessaires, s'il faut laisser cette place à ses propres forces. Si Votre Altesse reste à Vittenberg ou en deçà de l'Oder vis-à-vis ce point, je pourrai me porter plus sur ma gauche; si elle quitte l'Oder, je ne puis rester en l'air, et j'ai besoin à cause de Magdeburg d'étre prévenu. Je crois que l'intention de l'Empereur est de former un noyau. Si j'eusse pu etre prévenu 2 jours avant du départ de Votre Altesse de Berlin, tout aurai été fait dans Magdeburg avec calme, j'aurai une cavalerie légère en avant pour éclairer avec de l'infanterie. L'Empereur a mis provisoirement sous mes ordres la partie disponible du 2 Corps de Reserve, afin de l'utiliser au besoin, je lui ai donné l'ordre de se rendre à Magdeburg. Le courrier me presse; je prie Votre Altesse de me faire connaitre ses intentions.

P. S. Mes lettres de Hamburg portent que le G-al Witgenstein a passé l'Oder à Zellin avec 35,000 h. d'infanterie et 16,000 chevaux, il parait que ces nouvelles viennent de Berlin; que ferons nous de Hamburg. Votre Altesse ne pense t'elle pas qu'il faut remettre cette ville en gage aux Danois et tous passer sur la rive gauche? Mon artillerie n'arrive que le 7 mars; j'emprunte 16 Bouches à feu au G-al Reigner (?), que je rendrai.

N° 15. — *Du même au même.*

Magdeburg, le 6 Mars 1813.

Monseigneur. J'ai reçu par un officier de l'Etat major la lettre de Votre Altesse Impériale en date du 4 Mars. J'ai l'honneur de vous envoyer un de mes aides de camp le Cap-e Marescot, afin qu'il me rapporte les intentions et les ordres de Votre Altesse après son arrivée à Wittenberg.

Le Prince d'Eckmühl est parti ce matin et se rend auprès de Votre Altesse. Il est possible, qu'après avoir causé avec lui, Elle change quelques unes de ses dispositions; dans ce cas mon aide de camp viendroit m'apprendre ce qu'Elle auroit décidée. Quant aux dispositions qu'Elle me prescrit pour mes Divisions, se sont précisément celles que j'ai exécutées. Mais si Votre Altesse occupe le pays de Dessau je pourrai rendre mobile une Division de plus et alors contenir l'ennemi même sur le bas-Elbe.

Ainsi, Monseigneur, jusqu'à présent la Division Lagrange occupera tout le pays depuis la Gauche de la Grande armée jusqu'à Magdeburg et aura son quartier Général à Bernbourg ou Dessau. Une autre sera à Magdebourg, occupant des postes devant la tête de pont avec de la cavalerie et de l'infanterie, ce qui contribuera, non seulement à éloigner l'ennemi de la place, mais même à le tenir en respect le long de l'Elbe. Une troisième division sera tout à fait rendue sous trois jours à Steindal. Elle occupera des postes le long de l'Elbe et surtout vis-à-vis le canal de Plauen et celui de Havel. Elle observera également Verben, Lentzen et s'étendra jusque vis-vis avec Dommitz. La 4-ème Division, qui arrivera à Magdebourg le 11, 12 et 14, sera cantonnée en arrière de cette ville, pour se porter partout ou besoin seroit. Ce que j'aurai de cavalerie servira à éclairer le pays et sera soutenu par l'infanterie. Mon artillerie commence à arriver le 14 Mars et successivenent le 17, 19 etc. par convoi de 60 voitures; cependant, j'ai organisé jusqu'à ce moment, par les soins du Général Reigne, deux batteries formant 16 bouches à feu, dont le matériel m'appartient, mais dont les chevaux sont à la grande armée. Aussitot après l'arrivée de mes chevaux je m'empresserai de rendre ceuxci au Général Reigne. J'établis mon grand parc d'artillerie à Halberstadt, afin de ne pas avoir d'encombrement de voitures. Les nouvelles de Hambourg portent que la ville est plus tranquille, mais que l'on n'a pu encore rétablir la ligne de douanes, et qu'ainsi la contrebande s'y fait toujours. Les Danois se conduisent bien, ils ont offert des troupes, soit pour Hambourg, soit pour Lubeck dans le cas ou on en aurait besoin. Comme la ville de Stade et son arrondissement sont en pleine révolte, j'ai donné l'ordre au Général St. Cyr d'inviter les Danois à faire entrer de leurs troupes dans Hambourg; d'envoyer le Général Gorris, commandant le Département, avec les deux bataillons qui sont à Hambourg et les deux pièces de canon contre Stade, de saisir les agitateurs et prendre des ôtages, en un mot ramener ce pays à l'obeissance; ensuite ces mêmes troupes reviendront entre Haarbourg et Lunebourg, garderont la rive gauche de l'Elbe ou repasseront à Hambourg, si le Roi de Westphalie envoye une division sur ma gauche, comme je l'en ai invité de la part de l'Empereur; dans tous les cas j'ai ordonné au Général St. Cyr de rester avec les autorités françaises à Hambourg, en remplissant toujours ses fonctions de Gouverneur, même avec les troupes Danoises.

N° 46. — Davout à Eugène.

Leipzig le 9 Mars 1813.

Monseigneur. J'ai reçu la lettre de Votre Altesse Impériale, dâtée de Duben du 9, où elle me fait connaître que je dois porter le plutôt possible sur Magdebourg les seconds bataillons du 1 corps, en attendant que les circonstances puissent les porter en Poméranie.

Cette lettre m'a été remise lorsque j'était en chemin pour me rendre chez Votre Altesse Impériale, afin d'y prendre ses ordres et de lui soumettre mes observations sur les mesures, qui me paraissent les meilleures dans les circonstances actuelles. Votre Altesse Impériale m'a remis une lettre du 2 Mars de l'Empereur, où Sa Majesté me fait connaitre qu'elle vous a donné ordre, Monseigneur, de réunir à Wittenberg les 16 bataillons du 1 Corps. L'Empereur dans cette lettre a prévu le cas ou vous seriez obligé de vous replier sur l'Elbe; alors les bataillons des 1 et 2 corps sont destinés à former la garnison de Magdebourg. L'Empereur prévoit le cas où l'ennemi passerait l'Elbe et s'avancerait en Allemagne. Je soumets par écrit à Votre Altesse Impériale mes observations, que je lui ai faites verbalement sur les mesures à prendre, en s'écartant le moins possible de celles prescrites par Sa Majesté..

L'objet essentiel est d'empêcher le passage de l'Elbe. Le Général Lauriston a des troupes sur le bas Elbe, vis-à-vis les points où l'ennemi a le plus de facilité pour jetter des forces: ces points sont le canal de Plauen et l'embouchure de celui de la Hawel. Tous les bacs et bateaux, qui éxistaient depuis Torgau, ont du être enlevés, mis sur la rive gauche, ou détruits. Votre Altesse Impériale a donné des ordres pour mettre la tête de pont de Wittenberg en état de résister à des partis de cavalerie et à une avantgarde et dans le cas, où on devrait évacuer Wittenberg, elle a donné l'ordre de bruler le pont.

Nous sommes dans la saison des grandes eaux et des mauvais chemins, qui ôtent à l'ennemi la possibilité d'amener des èquipages de pont. Il ne lui reste donc que le seul pont de Dresde pour faire le passage de l'Elbe. Il me paraît donc indispensable, Monseigneur, que l'on porte promptement des forces sur ce point. Les débris du Corps du Général Reynier ne sont pas à beaucoup près suffisants. Ce Corps, d'après les derniers Etats de situation, n'étant que de 4 à 5.000 hommes de 15 à 16,000 qu'il était à son départ de Varsovie. Un corps, qui a perdu les 2/3 de son monde, doit être en outre bien démoralisé.

Vous avez, Monseigneur, organisé une division, que vous estimez à 10,000 hommes, que doit commander le Général Gérard. Je proposerai à Votre Altesse Impériale de faire porter de suite cette division à Dresde et environs et d'y diriger en même temps les 7 Bataillons du 1 Corps, qui sont en ce moment à Leipzig, savoir : les 30-e, 33-e, 61-e, 11-e, 85-e, 57-e et 21-e. Ces 7 bataillons sont forts chacun de plus de 700 hommes, ce qui fait en tout environ 5,000 hommes; on réunirait par là, dans les environs de Dresde, un Corps de 20,000 hommes y compris le Corps du général Reynier, non compris 2 ou 3,000 bavarois et la garnison de Torgau. Il serait oiseux d'entrer dans des détails Monseigneur, pour expliquer les effets avantageux que produirait, soit sur l'ennemi, soit sur l'esprit des allemands, une mesure pareille.

Je propose à Votre Altesse Impériale de me charger provisoirement de ce commandement et de la défense de l'Elbe depuis la frontière d'Autriche, c'est à dire depuis Koenigstein jusqu'à Wittenberg, jusqu'à ce que Sa Majesté ait fait connaître ses intentions. En demandant à Votre Altesse Impériale de diriger sur Dresde les 7 bataillons du 1 Corps, je sais qu'il ne serait pas prudent de mettre en prémière ligne des troupes aussi neuves; mais cela n'en fait pas moins nombre pour l'ennemi, à qui cette marche, d'ailleurs, fera supposer que tout ce qui appartient au 1 corps, sera destiné à se porter sur ce point.

Si l'ennemi se portait avec des forces majeures sur Dresde, ce qui ne pourrait avoir lieu que dans la supposition, que les Prussiens sa réuniraient aux Russes après avoir profité de toutes les positions pour disputer ce passage, je prendrai toutes les mesures nécessaires pour faire sauter le pont.

Je dois ajouter qu'il serait nécessaire aussi de mettre à ma dispositions 1,200 ou 1,500 chevaux et les 20 pièces d'artillerie, qui j'ai organisées à Magdebourg et qui sont arrivées aujourd'hui près de Leipzig.

Il éxiste ici 5 bataillons du 2 Corps qu'il faudrait aussi diriger de suite sur Magdebourg et envoyer l'ordre à Cassel, de diriger sur cette place les bataillons des 1 et 2 Corps qui s'y trouvent.

Je n'ai plus d'autres observations à faire à Votre Altesse Impériale, que celle, dans le cas où elle agrérait ma proposition, de donner au Général Reynier une autre destination, non que (je) revoque en doute les talents de ce Général et son dévouement à notre Souverain, mais je crois qu'il serait contrarié de servir sous mes ordres.

N° 17. — *Du même au même.*

Magdeburg le 11 mars 1813.

Monseigneur. Je viens de recevoir des lettres de Sa Majesté en dâte du 6-e Mars, qui me prescrivent des dispositions pour couvrir le Hanovre et Cassel. Sa Majesté ignorait encore à cette époque l'évacuation de Berlin, cette évacuation ne change rien à ces dispositions et au contraire elle les confirme d'avantage. Ces dispositions sont de couvrir le Weser, de faire reconnaitre les passages de Minden et Hameln; d'y établir des têtes de pont, afin de pouvoir conserver toujours la retraite et les communications sur Wesel et Cassel. Sa Majesté m'ordonne aussi de faire reconnaitre les montagnes du Hartz où Elle a mandé à Votre Altesse de prendre position, dans le cas ou elle serait obligée d'abandonner Magdebourg à ses propres forces. Je crois, Monseigneur, devoir laisser le soin de faire reconnaitre ces montagnes à Votre Altesse puisqu'elle en est plus rapprochée et que m-r Athalin que Sa Majesté m'avoit dit d'y envoyer, a éte expédié par moi à Paris; cependant si Votre Altesse n'y envoyait par un officier du génie, je la prierais de me le faire savoir, parce qu'alors je ferais reconnaître ces montagnes. J'envoie un officier du génie à Hameln et à Minden pour reconnaitre ces positions; voir s'il reste quelque tracé ou quelque fermeture, de manière à pouvoir y faire une tête de pont et connaitre également les difficultés que peuvent présenter les routes de Magdebourg à Hanovre et à Minden et de Minden sur Hameln.

Sa Majesté me mande dans toutes se lettres, que d'après ce qu'Elle a écrit au Roi de Westphalie, je dois avoir sur ma gauche, c'est à dire sur le Bas Elbe une division Westphaliénne composée de cavalerie et d'infanterie; mais le Roi de Westphalie m'a écrit qu'il ne pourait pas l'envoyer; m-r le baron Reinhard, ministre à Cassel, qui est en correspondance avec moi et que je presse à cet effet, m'écrit en dâte d'hier, que le Roi de Westphalie a reçu de nouvelles lettres près pressentes de l'Empereur et que le Roi ne peut envoyer ni cavalerie, ni infanterie, ni sa garde qu'il veut garder auprès de lui. Ainsi, Monseigneur, pour remplir les vues de Sa Majesté et couvrir autant que possible le Hanovre et la 32-e D-on M-re, non d'un attaque régulière de la part de l'ennemi, mais de quelques partis de cosaques, qui y semeraient la revolte et l'insurrection; je prends le parti d'envoyer à Brunswick le g-al Rochambeau avec sa division, afin de pouvoir se porter au besoin sur Celle et par là couvrir le Hanovre. Il y a à Brunswick de la cavalerie du premier corps, qui n'est pas considérable, mais qui jointe à l'infanterie, peut former des colonnes mobiles et en imposer au pays. Je prierai Votre Altesse Impériale, d'avoir la bonté de donner l'ordre au général, qui commande la cavalerie du 1-er corps à Brunswick, de s'entendre avec le g-al Rochambeau, si les circonstances nécéssitent cette formation de colonnes.

Aujourd'hui ma 2-de division de cavalerie légère, forte de 650 chevaux se place depuis Bitkau jusqu'au dela de Werben, ayant le gros de ces troupes à Steindal; cette cavalerie doit patrouiller le long de l'Elbe et servir concurrement avec l'infanterie. La 4-e division de cavalerie légère a son quartier général à Volmierstadt et tient depuis Bitkau jusqu'à Magdebourg; couvre la tête de pont de Magdebourg en servant également avec l'infanterie.

Ma division de grosse cavalerie est à Helmstadt et se repose.

Les troupes de la 2-e d-on de mon corps d'armée sont toutes placées comme j'ai eu l'honneur de la mander à Votre Altesse. Le 3-e étranger continue à rester du côté de Lentzen qui est un des points les plus essentiels à surveiller.

Je crois, Monseigneur, avoir pris les dispositions nécessaires pour remplir le but principal du moment qui est d'empêcher le passage de l'Elbe aux partis de cavalerie ennemie. Lorsque les deux divisions des 1-ers et 2-e corps seront arrivées, je ferai ce que j'ai eu l'honneur de dire à Votre Altesse par ma lettre d'hier, c'est à dire face au Bas-Elbe.

J'ai l'honneur de repêter à Votre Altesse, que la position de mes troupes, ne les disperse pas, qu'elles sont réunies au moins par bataillons; ainsi les exercices se font de toutes parts tant au feu qu'à la cible.

J'avais envoyé un officier de génie pour détruire tous les bateaux sur la droite de l'Elbe; cet officier qui a été fort contrarié par le temps, m'écrit que jusqu'à la hauteur du canal de Plauën, toutes les barques ont été détruites. De là il a été à Tangermunde, mais en passant devant le canal de Plauën à l'entrée duquel il n'a pas apperçu de bateaux, il a reçu à demi portée une fusillade par des cosaques, qui étaient derrière des tas de bois (ce qui prouve que c'en étaient, c'est qu'il n'a pas eu un seul homme d'égratigné) il n'en a pas moins continué son examen et sa route sur Tangermunde sur l'Elbe; comme il ne me dit pas qu'il ait epperçu d'autres barques, je suppose qu'il n'y avoit pas de rassemblement vis à vis Perchland, comme on me l'avait assuré. Cet officier a été jusqu'à Langermunde sans cesse tiraillé, il avait un détachement de 160 hommes d'infanterie et 12 sapeurs; ce qu'il voyoit à terre était triple de ces forces et alors il n'a pas jugé à propos de descendre et il a bien fait. J'attends le rapport du général Puthos que j'ai envoyé hier sur ce point et qui aujourd'hui doit y avoir placé de l'infanterie et de la cavalerie.

N° 18. — *Le général Reynier au prince Eugène.*

Monseigneur. L'officier, que j'avois envoyé en Parlementaire, est revenu de Rauden entre Polkwitz et Steinau; les partis de Cosaques, qui entourent Glogau, l'ont empêché d'aller dans cette place et l'on conduit le 8 à Rauden où est le regiment d'hussards Alexandrisky, qui fait partie de la brigade Landskoy. Il a attendu 30 heures à Rauden le reçu des lettres qui avaient été envoyées à ce Général à Helrastadt, de l'autre côté de l'Oder. Il a appris que le pont sur l'Oder n'était pas encore construit, quoi qu'on ait fait dessendre des barques de

Breslau, mais qu'il doit être achevé aujourd'hui, qu'il n'y a de ce côté que de la cavalerie et un petit détachement d'infanterie à Steinau; que *toutes les troupes et l'artillerie étaient encore sur la rive droite de l'Oder; que* l'Empereur Alexandre est arrivé à Rawitz, où il a auprès de lui un Général Prussien, probablement le Général Scharnolz. On dit que le Roi de Prusse doit y aller, mais cela n'est pas certain. L'Empereur Alexandre a près de lui dans les environs de Rawitz *sa garde et les corps de Milloradowitz et de* Tormonzow. Le corps de Saken est resté devant les Autrichiens. Le Général Woronzoff est vers Crossen avec quelques mille hommes; l'amiral Czyczakoff est plus à la droite, mais on ne sait pas s'il a passé l'Oder et suit le corps de Witgenstein, *qui doit être arrivé à Berlin.*

Cet officier, en allant, a rencontré à Sorau trois pulks de Cosaques formant 1.000 chevaux commandés par le Prince Madatow, qui s'était avancé à Sorau; sur un rapport qu'il y était resté des voitures d'artillerie et des effets, qu'il n'y a pas trouvé *à son retour, il l'a vu hier 10 à Sangan et ce corps* devait aller aujourd'hui à Sprottau pour se rapprocher de Glogau et en resserer le blocus. Ce prince Madatow, colonel du régiment Alexandrinsky, avait fait avant d'aller à Sorau, une sommation au commandant de Glogau, qui a fait trois *petites sorties dans les villages environnants,* dans lesquels quelques Croates ont été pris. Les officiers Russes ont dit que Thorn avait capitulé, mais pas d'une manière bien assurée. Les officiers Russes se plaignaient de ce que leur armée s'arrêtait aussi sur l'Oder et de ce que l'on ne les faisait pas marcher. Ils *pensaient qu'il y avait des négociations* et disaient que la paix cependant leur ferait plaisir.

Les officiers Prussiens auxquels mon officier a parlé, lui ont dit que le roi de Prusse n'avait pas encore déclaré le parti qu'il prendrait, que *les troupes prussiennes ne marchaient* pas encore. Il a encore rencontré plusieurs détachements de jeunes gens qui vont de Berlin à Breslau.

Je joins le rapport d'un espion qui revient des bords de l'Oder et qui confirme que l'infanterie et l'artillerie ennemie *n'ont pas passé cette rivière.*

La gazette de Breslau du 6 ne contient rien d'intéressant.

Le peuple de Dresde est tranquille aujourd'hui, on a arrêté quelques mutins et on s'occupe d'en arrêter d'autres. Ayant peu de troupes françaises et craignant d'exciter des rixes très dangéreuses avec les troupes Saxonnes, je n'ai voulu employer à la police et à remettre l'ordre, que la garde nationale et les troupes Saxonnes. Je m'en remets pour la vengeance à l'honneur et à la fidélité des autorités et des troupes Saxonnes. Le désordre aurait été de suite reprimé hier, Si les troupes qui ont fait la campagne n'avaient pas été en avant et si j'avais eu ici d'abord d'autres troupes que la garde nationale et des recrues.

Dresde le 11 mars 1814.

D'après les relations d'un bourgeois de Waldau, ayant passé l'Oder le 7 du courant entre Glogau et Breslau, beaucoup d'infanterie et de cavallerie russe s'est trouvé auprès de Köbau et le long de tout le rivage droit de l'Oder. Malgré qu'on ait construit un pont de vaisseaux auprés de Köbau et qu'on ait rassemblé auprès de Ratochiz tous les bacs du voisinage, il n'y a eu que très peu de troupes sur la rive gauche. L'artillerie n'a pas pu suivre à cause des mauvais chemins, 40 pièces ont été placées, vis-à-vis de Koebau près de Rabizsch. Sur toute la route de l'Oder jusqu'aux frontières de la Saxe, il n'y a point de troupes russes et à Goerliz, par où cet homme a passè le 9 au soir, il a trouvé des gardes auprès des portes et une garnison d'à peu près 400 chevaux, aussi Reichenbach par où il est passé le 10, était occupé par quelques troupes, dont on ignorait le nombre et le premier piquet de 6 cosaques se trouvait à Schöps, auberge entre Reichenbach et Weissenberg.

Dans tous les endroits le long de l'Oder, on a raconté, que le gros de l'armée Russe se dispose de marcher en descendant l'Oder et que l'Empereur de Russie soit arrivé à Breslau. Un détachement de Cosaques du corps du Général Benkendorf est venu le 9 à Herzberg et a annoncé l'arrivée du Corps de ce général qu'ils ont dit fort de 3.000 hommes.

Le 10 à 8 heures du soir une patrouille de 15 cosaques du même corps est venu à Elsterwerda et a dit que son corps dévait marcher sur Meissen.

N° 49. — Lauriston à Eugène.

Magdeburg le 12 Mars 1813.

Monseigneur. Je viens de recevoir la lettre de Votre Altesse en date du 10 Mars, contenant les dispositions pour la défense de l'Elbe, j'attends M-r le Maréchal Duc de Bellune pour lui remettre la gauche de Magdebourg et la garnison de la place, car je pense que le Duc de Bellune devant garder la place par la suite, doit y faire entrer tout ce qui ne sera pas nécessaire pour la gauche de Magdebourg, je prie Votre Altesse de me faire connaitre ses intentions à cet égard, parce qu'alors j'établirai mon quartier général à Bernbourg, Dessau ou Halberstadt comme le désirait Votre Altesse.

Je crains bien que le corps Westphalien sur lequel compte l'Empereur et Votre Altesse ne s'avance pas de sitôt, le Roi m'a écrit qu'il ne pourrait terminer son organisation qu'à la fin du mois.

Mon artillerie a du commencer à arriver aujourd'hui ou hier à Halberstadt, elle part de Mayence tous les deux jours par convois de 60 voitures, j'ai l'annonce du 6-e convoi parti le 9 Mars devant arriver le 25, ainsi j'en aurai le 11, le 15, 17, 19, 22 et 25. Je crois que les chevaux seront très fatigués, parce qu'on a fait prendre la route de Nordhausen qui est affreuse, enfin je pourrai dire demain à Votre Altesse l'état dans lequel sera arrivé le premier convoi.

Mes postes n'annoncent rien de nouveau pour la journée d'hier.

J'ai reçu les lettres de Sa Majesté, qui me donne de nouveaux ordres pour Erfurth, elle désire qu'au lieu de 2 mois d'approvisionnement ou y mette pour 4, elle réitère l'ordre de faire palissader des tambours aux portes de la ville, afin que les 12 à 1500 hommes, qui seront dans la citadelle, puissent rester constamment maitres de la ville et la maintenir à l'abri des courses des cosaques.

Votre Altesse veut elle bien donner les ordres à Erfurth; Sa Majesté ignorait encore son arrivé à Leipzig et je suis bien éloigné d'Erfurth.

Sa Majesté me mande qu'il doit y avoir de l'argent dans la caisse de Magdebourg, j'ai l'honneur de prévenir Votre Altesse que les payeurs n'ont plus d'argent, mais des traites pour 5 à 600.000 fr., que l'on ne peut négocier dans les circonstances actuelles; je la prie de vouloir bien ordonner l'envoi de fonds, pour le payement de tout ce que l'Empereur accorde pour la cavalerie et l'infanterie en gratification de toute espèce et qui font un grand effet moral.

Sa Majesté m'annonce l'envoi de 12 bataillons composant la division de Hambourg, il est pressant que ces 12 bataillons y arrivent; les danois ne veulent pas occuper la ville pendant l'expédition que j'avois ordonné contre les rebelles de l'arrondissement de Stade, il n'y a que l'arrivée du régiment Saxon qui puisse donner au Général St.-Cyr la faculté de mouvoir les 2 bataillons qu'il a. L'Empereur me presse de faire venir auprès de moi le 152-e régiment (qui fournit 2 bataillons à Hambourg, 1 à Stade et 1 à Bremen); si je ne consultais que ma propre satisfaction, il y a longtemps que ce régiment serait auprès de moi, mais l'intéret de Sa Majesté s'y oppose. L'on m'annonce que 4 Bricks anglais ont mouillé le 6 mars devant Shilingen, l'embouchure du Weser et de la Jahde; ils auront été obligé de prendre le large les 7, 8, 9, mais depuis ils seront revenus pour jetter des armes. Il faudroit que les 12 bataillons fussent conduits en voiture à Bremmen et Hambourg. Les douaniers ne se sont pas en général bien montrés.

Sa Majesté me demande dans quelle situation se trouve la place de Wittenberg; Sa Majesté désire que l'on rétablisse les redoutes qu'elle avait fait construire pour lier Wittenberg avec l'Elbe, que l'on fasse les ouvrages de campagne nécessaires, en palissadant la ville, que l'on fasse venir de Torgau 2 Comp. d'artillerie Saxonne avec 6 pièces de 12, 12 pièces de 6 ou de 8. 6 obusiers et 6 petits mortiers et répartir ces 30 bouches à feu sur les différents point de l'enceinte ce qui avec l'artillerie de campagne de la Division mettra la place suffisamment à l'abri d'un coup de main, que la place doit être approvisionnée pour 2 mois pour 3,000 h.; je mande à Sa Majesté que j'ai écrit ses dispositions à Votre Altesse.

Sa Majesté me marque que dans le cas ou Votre Altesse serait obligé de quitter Berlin, elle pense qu'il faudrait établir un camp à une ou deux lieues de Magdebourg et le fortifier par quelques redoutes, que je me trouverais ainsi dans une position offensive, que le campement rétablirait la discipline, enfin que cette position en avant de Magdebourg lui parait très bonne et qu'il faudrait que l'ennemi vint avec 150,000 hommes et me reconnut plusieurs jours de suite avant que d'oser m'attaquer, qui bientôt il y aura 300 bouches à feu. Je prie Votre Altesse de me transmettre ses ordres à cet égard, je suis prêt, lorsqu'elle l'ordonnera, à établir le camp en avant de Magdebourg, je ne crois pas qu'il serait facile à l'ennemi de l'attaquer. Pour trâcer et déterminer l'emplacement de ce camp, ce serait l'affaire d'une forte reconnaissance et d'une seule marche en avant, pendant laquelle on tracerait les redoutes, mais pour cela il faudrait que le duc de Bellune fut arrivé avec ses 2 divisions, afin que la gauche de Magdebourg fut gardée.

Je réitère à Votre Altesse la demande de fonds; ils sont né cessaires pour les nouveaux régiments; je lui adresse aussi une lettre que m'écrit l'ordonnateur, elle verra que les lenteurs ont nui à l'approvisionnement, qui par suite deviendra plus cher que si le marché eut été approuvé.

Le Prince Eugène à l'Empereur.

Copie.

V. M. me demande pour quoi j'ai laissé le général Grandeau à Stettin. Je ne connaissais point cet officier : il avait en sa faveur, qu'il venait d'être nommé tout récemment Général de division par V. M. sur présentation et rapport favorable du Prince d'Eckmuhl. V. M. me demande, que font les Généraux Fournier d'Albe, qui commande à Custrin et Laplanne, qui commande à Glogau; *voyant dans la correspondance de ces officiers peu d'assurance de leur part, j'avais désigné* (1) (?) *le Général...* (2) *pour Glogau et le Général de division Delagrange pour Custrin.* J'en informai de Posen le ministre de la guerre, qui, en réponse, m'a renvoyé de nouvelles lettres de

(1) Fort illisible.

(2) Illisible.

service pour les Généraux Fournier d'Albe et Laplanne à Spandau il y avait le Général Barthelmy, qui est un mauvais officier; il était d'ailleurs fort malade, je l'ai remplacé par le Général Bruni, qui n'avait pu se rendre à Stettin, les communications avec cette place ayant été interrompues par la cavalerie ennemie.

Nº 50. — *Davout au prince Eugène.*

Dresde 13 Mars 1813.

Monseigneur. Je suis arrivé à Dresde avec la divsion Gérard. Quelques partis de cosaques se sont montrés sur la rive droite, vis à vis de Dresde à la lisière des bois. Toutes les nouvelles sont que jusqu'ici, il n'y a que des troupes légères du partisan Brendel, qui est sur la route de Bautzen, et du général Beckendorf qui a fait hier cette ridicule sommation au général Reynier et qui vient par la route de Berlin.

Demain j'établirai quelques centaines d'hommes d'infanterie sur les differents débouchés à un couple de lieues d'ici. On n'a pas encore la nouvelle que les Russes aient passé l'Oder sur le pont de Steinau. Le pont de Crossen n'était pas encore réparé et il ne pouvait pas l'être avant 7 ou 8 jours.

J'ai visité aujourd'hui ce qui reste de la tête de pont. Je crois Monseigneur, qu'il serait utile que vous envoyassiez de suite le général Rogniat ici pour reconnaitre les travaux que l'on pourrait faire pour la mettre à l'abri d'un coup de main, puisqu'il ne peut étre que très avantageux de conserver cette tête de pont.

Des nouvelles de Berlin parlent des tentatives que les Russes se proposent de faire sur Vittenberg, mais ils échoueront puisque, d'après ce que m'a dit Votre Altesse Impériale, on est parvenu à mettre 6 à 7 pieds d'eau dans les fossés et qu'on peut réunir assez d'artillerie sur la rive gauche pour flanquer cette tête de pont.

La cavalerie du général Reynier est nulle, les escadrons de cuirassiers étant partis; il ne reste que quelques centaines de recrues.

Il ne pourrait étre que fort utile de pousser des partis d'infanterie et de cavalerie sur la rive droite pour avoir des notions certaines sur le mouvement de l'ennemi.

Les nouvelles de Breslau disent que Stein est dangereusement malade. Le général Reynier part cette nuit pour se rendre à Leipzig.

N° 51. — Lauriston à Eugène.

Magdebourg, le 13 Mars 1813.

Monseigneur. Je viens de recevoir les 3 lettres (deux du 11 et une du 12) de Votre Altesse Impériale. J'aurai l'honneur de lui faire connaître comme elle le désire, le résultat des approvisionnements de Magdebourg. A présent nous agissons par réquisitions qui se rendent journellement dans les magasins de Magdebourg.

Les nouvelles qui me viennent de mon côté, de Hambourg où le commerce reçoit des lettres de Berlin, annoncent effectivement que le Prince Repnin est entré à Berlin avec 4,000 hommes de cavalerie et 1,000 h. d'infanterie, qu'il avait pris le gouvernement de la ville, mais qu'après l'arrivée d'un Général Kutusoff, aide de camp de l'Empereur, il lui avait remis ce gouvernement et s'était en allé. On m'annonce par la même lettre que Willengsten n'a pas encore passé l'Oder. Mes rapports de l'autre côté de l'Aller portent que les cosaques se montrent par 5, 6, 10 et 12 du côté de Lintzen, Gonnern; 4 ont été vu à Sikau, petit village à une lieue et demie de la ville et enfin que Czernischef est à Siezar, il paraitroit donc être là pour observer la communication de Magdebourg à Brandebourg.

Votre Altesse demande le point ou en sont les redoutes que j'ai du faire établir en face des débouchés des canaux de Plauen et du Havel. J'ai l'honneur de lui faire observer que je ne suis réellement établi sur ces points que depuis deux jours. L'on doit travailler à ces redoutes dans ce moment et cela ne sera pas une affaire longue. J'y ai envoyé un chef de bataillon du Génie, qui doit m'en rendre compte et qui est chargé de leur construction. Je l'avois aussi chargé de voir si on ne pourrait pas couler des bateaux chargés de pierres à l'entrée des canaux. Le major Collin n'est pas encore de retour de son expédition sur l'Elbe, pour faire descendre tous les bateaux à Hambourg. Sa dernière lettre était datée du 8 Mars, vis-à-vis de Lentzen. Les habitants de ce bourg prussien, aprés quelques résistances et pour-parlers ont livré leurs bacs et bateaux. Depuis ce temps il a fait descendre tous les bateaux vers Hambourg et je reçois du Général St.-Cyr l'avis qu'il a envoyé un officier à Dommitz pour aviser aux moyens avec le Major Collain de conduire ces bateaux. Depuis ce temps il doit avoir dépassé Lauenbourg et le G-al St.-Cyr avait envoyé sur ce point les douaniers et la Gendarmerie, afin de l'aider. Mais, Monseigneur, cela ne remplit pas le but, car il eut fallu prendre tous les bateaux, qui étaient dans les canaux de Plauen et de Havel et cette opération ne pouvait se faire qu'à Brandenbourg. Il faut donc éxercer une continuelle surveillance sur les débouchés de ces deux canaux et c'est ce que je fais. Dans ce moment il ne peut y avoir à craindre que quelques partis de cavalerie; mais plus tard il pourrait y venir de l'infanterie; c'est à quoi remédierait le camp que Sa Majesté a ordonné en avant de Magdebourg, qui faisant craindre l'offensive, empêcherait l'ennemi d'entreprendre quelque chose. Le refus qu'a fait le Roi de Westphalie d'envoyer de la cavalerie me force à détacher un des bataillons du 3-me étranger, en plusieurs colonnnes mobiles qui doivent se concerter et s'entendre avec les gendarmes Westphaliens; il serait pénible de penser que 8 à 10 lieues que l'on aurait négligé de garder (entre Dommitz et Bolzenbourg) laisseroient à l'ennemi le moyen de jetter des partis dans le Hannovre. Le Général Bourcier qui se trouve à Hanovre me mande qu'il a 5,000 hommes et 5,000 chevaux dont il va se trouver embarrassé, parce qu'il n'a pas un homme parmi eux qui soit complêtement armé et qu'il a 5,000 chevaux dont les deux tiers ne sont pas enharnachés. Ce Général me mande en même temps, que les rapports de la Gendarmerie Westphalienne portent que des cosaqùes ont été vus entre Perleberg et Dommitz (c'est à Lentzen surement) qu'ils se sont montrés. J'ai reçu le même rapport du colonel qui commande le 3-me étranger, mais depuis que ce régiment est arrivé sur ce point, je crois bien que l'ennemi ne fera aucune tentative de passage, d'autant plus qu'il ne pourrait passer tout au plus que sur une petite barque. Le Général Belliard doit aussi étre à Hannovre, celui qui commande le dépôt du 1 Corps à Brunsvick demande aussi s'il ne doit pas évacuer le matériel et le personnel de ce corps. Vous voyez, Monseigneur, que tout le monde prend l'alarme sur les derriéres, d'autant plus que du côté de Hambourg et sur la côte, les affaires ne sont pas dans un état rassurant. Je ne puis pas toujours demander les ordres à Votre Altesse pour prévenir les événements. Je puis donc quelque fois faire des mouvements qui ne s'accordent pas avec les idées de Votre Altesse, surtout ne connaissant pas ce qui se passe à sa droite. Mais jusqu'à ce moment, j'ai eu le bonheur de ne faire faire aucune contremarches aux troupes, j'ai arrêté en partie la division Rochembeau à Halberstadt; Votre Altesse aura vu par ma lettre precédente que je le faisais venir à Magdebourg. Ses derniers ordres m'engagent à porter deux des régiments sur les trois à Wolmirstadt et environs, afin d'appuyer le Général Puthod. J'ai ici le 135 (4 division), qui partira demain pour Wolmirstadt, je fais venir le 150 et je laisse à Halberstad et Kollembourg le 149-e, pour garder mon parc d'artillerie et les équipages de l'Empereur. J'écris à Monsieur le comte Bourcier et au Général Bélliard de choisir sur le détachement d'Hannovre 400 bons cavaliers armés au dépens des autres et de les diriger vers Celles, Vilnsen et au delà pour éclairer le pays et couvrir Hannovre; de cette manière on ne sera pas obligé d'évacuer tous ces dépots, que je ne sais oû transporter; j'attends à cet égard les ordres de Votre Altesse en lui observant qu'Halberstadt ne peut pas recevoir d'avantage que ce qu'il a. Les 400 hommes qu'on enverrait sur Vilzen, Banneberg et d'Alhembourg, se lieraient avec la gendarmerie, les douanes de Lunebourg et le 3-me étranger, qui serait du côté de Banneberg; il n'y aurait que cette manière d'empêcher les partis ennemis de penétrer dans le Hanovre et soulever le pays. Les nouvelles de Hambourg portent que l'on dit les russes à Sshwern, mais le Général St. Cyr ainsi que le directeur Général de Police avaient des agens sûrs à Lentzen sur la route de Schwérin, qui devoient les avertir de suite et le 10 Mars il n'en avaient aucunes nouvelles. Le Général St.Cyr a fait garder par 200 douaniers 60 hommes d'infanterie et deux bouches à feu, la position de Bergsdorf, afin que son passage de Zollenspeiker ne soit pas intercepté. Il y a aussi sur ce point 3 barques canonnieres. La ville de Hambourg est tranquille en ce moment, mais l'arrondissement de Stade est toujours en insurrection. Comme les coups de vent ont cessés, il peut se faire que depuis la lettre du général St. Cyr du 10 Mars, il se soit passé des événements sur la côte.

Le lettre du 12 de Votre Altesse m'annonce la réception de la mienne du 11 et que celle que j'annoncais avoir envoyé la veille, n'était pas arrivée; il peut se faire qu'elle l'ait reçue depuis, parce que je l'avais envoyé sur Vittenberg ou je supposais encore Votre Altesse; cependant j'en suis inquiet, parce que d'après les renseignements que j'ai pris auprès du directeur de la Poste, il avoit laissé, malgré mes ordres contraires passè par Zerbst au lieu de Dessau.

J'avois prévenu ce directeur depuis l'évacuation de Berlin de ne plus rien faire passer sur la rive droite de l'Elbe et malgré mes ordres, non seulement celui la y a passé; mais ce sont les propres chevaux du Directeur, qui ont conduit le courrier jusqu'à Zerbst d'ou ses chevaux sont revenus, mais dumoins il aura peut être été arrêté entre Zerbst et Vittemberg. Ce directeur de l'estafette, nommé Rousseau, est fort insouciant, fort paresseux et peu intelligent pour ce service dont je ne suis nullement satisfait. Je prend le parti avec Votre Altesse de numéroter mes lettres.

Les rapports de mes postes portent que 4 cosaques ont été vus à Pekau à une lieue et demie en avant de Magdebourg. Le Général Lagrange qui est à Dessau me mande aussi qu'on en a vus du côté de Coswig; il n'y a rien d'étonnant à tout cela. Le Général Puthod me dit que d'après des rapports des habitants, l'ennemi avait toutes ses troupes entre Eirichoff et Burg, que tous les villages intermédiaires sont garnis de troupes de toutes armes; que l'ennemi a le projet de déboucher par le canal de Plauen avec 150 barques portants 150 hommes chacune; du reste il n'a rien vu; un agent que j'avois à Burg vient de revenir et n'y a vu que trois cosaques. Il n'a pas du tout entendu dire qu'il y eut d'autres troupes de ce côté que des cosaques repandus et il confirme ce que l'on disait que Czernichef est à Siezar. Mes postes de cavalerie se correspondent bien et j'ai fait placer des détachements qui peuvent se réunir promptement à Gribben, lieu où l'on peut craindre le passage. Au surplus, comme j'ai eu l'honneur de l'annoncer à Votre Altesse, je prends les mesures nécessaires pour y mettre obstacle. Je croyois avoir mandé à Votre Altesse, que la division du Général Lagrange a ses postes à Vorlitz, Vancroder, Barby, Schönberg et son quartier Général à Dessau. Tous les bacs et bateaux ont été détruits. Ce Général croit que l'ennemi doit tenter le passage par Dessau, mais il lui faut pour cela un équipage de pont.

Un bataillon du 21-e vient d'arriver, il est fort de 700 hommes.

J'envoie à Votre Altesse la copie de ma lettre du 10 Mars, que d'après ce qu'elle me mande je crois ne pas lui être parvenue.

N° 52. — Du même au même (1).

Monseigneur. Je suis de retour de Vansleben, on j'ai passé la revue de la grosse cavalerie du 2-ème corps, au lieu de 345 h. j'en ai trouvé 378 montés, parce que le 10 de cuirassiers qui n'y était pas porté, avoit reçu depuis l'état dressé 17 h. qui joints aux 16 h. le portait à 33 h. et 30, qui viennent de Wittenberg le porteront à 63, d'après cela il entre en ligne; les hommes sont forts beaux, les chevaux aussi, à l'exception du 8-me de cuirassers, qui a reçu les chevaux de son dépôt à Beauvais; ces chevaux sont très mauvais. Je passerai aujourd'hui la revue des deux divisions de cavalerie légère sur les glacis de Magdebourg. La 2-me division se rendra de là à Stendal pour se réunir à l'infanterie et éclairer l'Elbe; la 4-me division restera à Volmsstadt. J'envoye la division de grosse cavalerie à Hernstadt. La gendarmerie va se trouver entre Magdebourg et Wittemberg pour éclairer ce côté concuremment avec la division du général Lagrange; je viens de recevoir seulement la lettre de Votre Altesse en date du 6. J'avois reçu celle du 7 par Monsieur Marescot, apparement que la première sera allé à Leipsick pour venir ici; j'ordonne chaque jour au directeur de l'Estafette de diriger celle de Leipsick par Vittemberg, jusqu'à ce que j'apprenne l'arrivée de Votre

(1) Sans date, c'est probablement la copie de la lettre du 10 mars dont il est question dans celle du 13 mars, n° 51.

Altesse à Leipsick. Je prie Votre Altesse de me dire, si je ne ferai pas bien de continuer à la faire passer par Vittemberg, elle auroit de cette manière plus souvent des nouvelles de Vittemberg.

Dans les dispositions que j'avais prises tout se borne à empécher les partis de cavalerie de passer l'Elbe. Les bataillons sont réunis à portés de régiments. Lorsque Votre Altesse aura envoyé sur ce point les bataillons de Leipsick, je ferai un changement de front en arrière par la gauche. La 2-me Division ira de Stedal à Brunsvick (la 1-ère remplacera à Magdebourg) se rendra aussi à Hébustad. la 3-me appuyera sa droite à Bernburg et la 4-éme à Brunsvick ou à Halberstad ou Volfenbuttel, j'aurai alors toutes mes divisions réunies où à un jour de distance, je pourrai prendre au besoin la ligne de l'Aller, éclairer avec des colones mobiles le Bas Elbe avec l'infanterie Saxonne, que Votre Altesse envoye à Hambourg et la cavalerie Danoise je pourrai rapprocher mon 152 régiment et le reunir ensuite à sa division, lorsque les 6 bataillons que Sa Majesté Impériale fait diriger sur Hambourg seront arrivés entre Hambourg et Bremen.

Les troupes de mon corps s'exerce chaque jour aux manœuvres à la cible et exercice à feu.

J'ai en avant de Magdebourg un bataillon sous le canon de la place dans un village à droite et une ferme à gauche, je le presse à se bien garder, je le vois souvent et le fait relever par d'autres, il y à avec 200 chevaux.

Je prie Votre Altesse de me dire si elle approuve mes dispositions sur Brunsvick, lorsque les bataillons de Leipzick, m'auront relevé, afin que je prenne d'avance mes mesures pour les subsistances. Le 1 corps de cavalerie pourrait dans les cas se placer à Halberstad. Mes nouvelles de Hambourg ne parlent que de l'insurrection de l'arrondissement de Stadt, j'espère que le mouvement que j'ai ordonné est exécuté ou s'exécute actuellement; à Hambourg on est tranquille, mais la douane n'a plus d'action, la contrebande se fait ouvertement, lorsque l'ordre s'y remettra, on pourra saisir la contrebande facilement, si cependant elle ne s'est pas répandue dans l'intérieur.

Dans ce moment même je reçois des lettres de Hambourg, le pays est dans le même état, j'espère que le courrier de demain m'accusera la reception de mon ordre, dont l'éxecution devient de plus en plus nécéssaire. Les danois continuent à se bien conduire. Dans l'instant m'arrive le commandant d'un bataillon de marche de cinq cent un homme pour la 31 division, je le dirige sur Wittemberg par Dessau, j'y enverrai également les détachements de 11-ème et 79 regiments, qui ont fait l'expédition des bateaux sur l'Elbe (1).

N° 53. — *Du même au même.*

Magdeburg le 13 à 10 heures du soir.

Monseigneur. Je retarde le courrier pour envoyer à Votre Altesse le rapport que je viens de recevoir du g-al Puthod, établi à Steindal. Je crois qu'il y a de l'éxageration, cependant je la prie de me dire, ce qu'elle veut que je fasse, dans le cas ou ce serait vrai. Si l'ennemi se rend effectivement à Hambourg, tout le pays sera en insurrection. Hannovre à ce que me mande le g-al Bourcier, montre de l'agitation, Brunswick de même, on s'attend à voir les Russes et les Anglais. La manière, dont je suis placé ne me permet pas de remplir les intentions de Sa Majesté, qui sont de défendre le Weser. Je crois toujours, Monseigneur, qu'il n'y a qu'un seul parti, celui de tenir promptement la ligne de Brunswick derrière l'Aller pour attendre ce que sera l'ennemi. S'il était arrivé 6 bataillons pour Magdebourg, je serais tranquille, mais il n'en est entré encore qu'un. Je puis encore en appuyant ma droite à Magdebourg soutenir cette ville, jusqu'à ce qu'on l'abandonne à ses propres forces.

Le général Puthaud au général Lauriston.

Copie.

Mon Général, par ma lettre d'hier au soir j'ai oublié de faire connaitre à Votre Excellence, que l'ennemi a pour protéger

(1) Cette lettre est simplement signée par Lauriston. Le copiste était évidemment mauvais, car il n'y a aucune ponctuation. Nous l'avons quelque peu faite nous-même pour rendre la lecture intelligible. G'est signé : Pour copie conforme, LAURISTON.

ses entreprises et un débarquement sur le point de Gribben une très belle position, formant un plateau assez élevé sur la rive droite et à droite du village de Verben; que le 11 au matin, l'ennemi avoit montré sur ce plateau 8 pièces d'artillerie, dont un obusier, qui avoient fait feu sur un détachement de gendarmerie en reconnaissance sur la digue.

Dans la nuit dernière, j'ai reçu le rapport, que l'ennemi avait dirigé trois régiments de cavalerie par la route de Berlin sur Hambourg. A l'instant le colonel du 3-me régiment étranger me rend compte que son chef de bataillon lui annonce que le 11 au soir, deux mille cosaques avaient occupé Lentzen et qu'à Perleberg on lui avait assuré que l'ennemi était au nombre de 4,000 hommes de cavalerie à Lentzen et environs, ce qui paraitrait confirmer le premier avis, qui m'a été donné, que trois régiments se dirigeoient sur Hambourg.

Le même colonel du 3-e régiment étranger me rend compte, qu'un chef de bataillon du 79-e régiment, a pris et emmené tous les bateaux de passage, qui se trouvaient sur l'Elbe, à l'exception cependant de celui de Lentzen (sans me dire sur quelle rive il se trouve, mais je prèsume que c'est sur la droite).

Le même chef me fait le rapport, que l'Elbe parait étre totalement dégarnie de troupes et qu'aucune surveillance n'y est exercée depuis Wietz qui est son poste de gauche. Le point de Lauenbourg, mon général, me parait cependant de la plus grande importance, attendu que l'embouchure de la Licknitz s'y trouve et que par cette rivière tout transport de la Baltique, peut s'y faire jusqu'à Lauenbourg.

Dans la position, mon général, ou l'ennemi parviendroit par Hambourg sur la rive gauche de l'Elbe et se dirigeroit sur Magdebourg par Steindal, vous pouvez compter sur tous mes efforts, ma fermeté et mon courage pour arrêter sa marche.

Dans un second cas : si l'ennemi malgré toute ma bonne volonté, mes forces et ma résistance pervenait à effectuer un passage sur Griebben, ce que je ne prèsume pas (surtout si ce point est renforcée). Le 3-me régiment étranger, ses bataillons de Werben et de devant Sandow du 147-me auraient bien de la peine à me rejoindre, car ils sont bien éloignés. Dans la possibilité de l'un ou de l'autre de ces deux cas, veuillez, mon général, me donner des ordres et instructions.

N° 54. — Davout à Eugène.

Dresde 14 Mars 1813.

Monseigneur. J'adresse à Votre Altesse Impériale l'extrait d'une lettre du G-al Thielmann, et la note d'une conversation, que j'aie eue avec l'aide de camp du Roi de Saxe, qui m'a apporté une lettre de ce Souverain, dont vous trouverez cy joint la copie et enfin la déclaration d'un caporal du 84-e régiment, qui s'est échappé de Kovno et qui est arrivé à Dresde il y a trois jours. J'ai lieu de croire au rapport du Général Thielmann et qu'enfin les Prussiens ont levé le masque.

Les avantpostes Russes se sont encore montrés ce matin à une demi lieue d'ici sur la route de Stolpen, Radeburg et Koenigsbruck. J'ai envoyé des détachements d'infanterie de 200 hommes sur ces differentes routes, qui seront établis de manière à être à l'abris d'un coup de main et qui pourront toujours avoir leur retràite sur Dresde.

Je défendrai le terrain sur la rive droite, tout en évitant un engagement général. Ils comptent sur le pont de Dresde. Il est donc important de prendre des mesures pour le détruire, dans le cas ou je serais obligé d'évacuer la rive droite.

Les moyens employés par le Général Reynier en supposant qu'ils réusissent, ne rempliraient pas cet objet, puisqu'il ne détruirait qu'une arche et qu'avec les bois, qui sont ici en quantité, le dommage serait réparé en 24 h. J'ai reconnu le pont et après avoir entendu le seul officier du Génie, qui soit ici et sans sapeurs, je me suis convaincu, qu'il fallait faire sauter deux arches et une pile, et pour que cet ouvrage puisse être fait promptement et bien, il est nécessaire que Votre Altesse Impériale envoie ici en poste un officier du Génie et des mineurs.

En supposant qu'effectivement les Prussiens soient en mouvement, Votre Altesse a assez de forces pour empêcher l'ennemi de passer l'Elbe dans la saison où nous sommes; mais il est nécessaire que toutes ses troupes soient sur l'Elbe.

Si, sur tous les points Votre Altesse Impériale a l'annonce

que l'ennemi soit en mouvement et si la place de Wittenberg n'est pas à l'abri d'une vigoureuse attaque, je crois qu'il serait prudent d'évacuer ce poste et de brûler le pont, qui n'est bon d'ailleurs que pour prendre l'offensive. Cela donnerait de plus grands moyens pour faire échouer les projets, que l'ennemi aurait de passer sur la rive gauche.

L'ennemi, ayant pris le bac de l'Elster, il est nécessaire qu'on porte des troupes, infanterie, cavalerie et artillerie à Wartembourg et que l'on mette des postes d'observation le long le l'Elbe et entre Torgau et Wittenberg. J'en ai entre Torgau et Dresde.

J'envoie, au reste, un officier au Général Thielmann pour l'engager à ne rien négliger pour faire détruire ce bac.

Il me semble, Monseigneur, que si les nouvelles, que vous recevez, confirment un grand mouvement de l'ennemi sur Dresde, par la rive droite, il serait bon de faire rapprocher des troupes de ce côté, et surtout de la cavalerie.

Dans la note que m'a donnée Votre Altesse Impériale des pièces disponibles, il y en a 24 du 7-e corps, à qui il ne manque que le personnel, que vous m'avez annoncé envoyer sur Dresde. Je prie Votre Altesse de donner l'ordre au Général Sorbier de le faire partir de suite, en fournissant des moyens de transports, pour qu'il marche jour et nuit.

Je vous adresse, Monseigneur, copie d'une lettre que je viens de recevoir de Cassel. Je reponds que je la renvoie à Votre Altesse Impériale à qui elle a du être adressée, en ajoutant, que si j'avais été à la place du chef de la haute police du royaume de Westphalie, j'aurais arrêté tout transport de poudre, qui ne serait pas évidemment pour le service de la grande armée et mise en mouvement par le Gouvernement français, à qui il importe d'en être informé, pour qu'il soit pris des mesures à l'égard des poudrières du Grand Duché de Berg.

Il y a eu ici bien des sottises de faites et des officiers français insultés et maltraités. La commission de Gouvernement a fait arrêter et conduire à Koenigstein quelques individus coupables. Le général Reynier, ayant laissé prendre cette marche, j'ai jugé qu'il ne serait pas convenable de revenir sur cette affaire. Les habitants sont d'ailleurs bien convaincus de la sévérité, que je déploierais si pareil évenement m'arrivait.

Je suppose que vous avez donné connaissance à l'Empereur

des lettres interceptées, que j'ai laissé chez Votre Altesse et surtout de celle de l'envoyé de Darmstadt, lors de son départ de Berlin; elles sont fort intéressantes.

P. S. A l'instant le G-al Gérard me rend compte que le G-al Fressinet, qu'il avait envoyé sur la route de Koenigsbruck avec 2 ou 300 hommes d'infanterie, a rencontré 500 cosaques à une demie lieue d'ici, près du village de Klotscha. Ces cosaques ont voulu charger l'infanterie qui les a repoussés et a mis une quinzaine hors de combat, on a trouvé de l'argent sur quelques'uns Des paysans du village déclarent qu'à une lieue 1/2 plus loin, il y a dejà de l'infanterie arrivée et que beaucoup y est attendue, ce qui confirme la marche de l'ennemi sur Dresde. Quoiqu'il en soit, je suis en mesure de tenir assez longtemps sur la rive droite pour donner à Votre Altesse Impériale le temps de m'envoyer en poste les mineurs, que je lui ai demandés.

Torgau le 13 Mars 1813.

Copie d'une lettre de M-r le Général Thielmann.

J'apprends avec peine, que l'ennemi s'est emparé du bac à Elster, très près de Wittemberg. J'ai fait remonter, sous le canon de la place même les moulins qui se trouvêrent à 3 lieues d'ici.

L'on me mande, que des colonnes ennemies assez considérables viennent de passer Herzberg, se dirigeant vrs Mühlberg. J'ai d'abord envoyé pour vérifier le fait et je m'empresserai d'en faire parvenir le résultat à V. Exc.

L'avant garde prussienne est composée d'un corps de 6,000 hommes, sous les ordres du Colonel Zietten et d'un autre Corps d'armée de 26,000 hommes sous les ordres du Général Trauenzien. Le gros de l'armée ne s'ébranlera que vers le 20 du courant.

Jusqu'à présent il ne s'est montré de ce côté ci, depuis la première apparition de l'ennemi, que de faibles patrouilles le long de la rivière; mais toujours sur la rive droite.

J'ouvre ma lettre pour faire part à V. Exc. qu'il est passé hier par Schlieben, près de Herzberg, 8,000 hommes, dont 5,000 de cavalerie et 3,000 d'infanterie, se dirigeant à Corsdorf sur la route de Dresde. L'homme qui les à vus est un ancien officier, sûr, calme et connaissant le métier. J'espère en avoir demain des données détaillées.

Dresde le 14 Mars 1813.

Extrait de la conversation de M-r Heyneken aide de camp du Roi de Saxe.

Les dernières nouvelles de Breslau étaient du 3, l'Empereur Alexandre était à Vartemberg; il avait envoyé un officier pour faire connaître à Sa Majesté Prussienne son étonnement de ce que les préparatifs allaient si lentement et qu'il esperait que l'avantgarde se mettrait en marche le lendemain. L'avantgarde a du partir le lendemain sous les ordres du Colonel Zieten et se porter sur Lignitz. Un officier polonais, Vestphalien de naissance, venant de Breslau, a été rencontré, il y a cinq jours, par M-r Heyneken; il avait été envoyé prés M-r le comte de St. Marsan pour avoir des nouvelles. Cet officier a été insulté par le peuple et surtout par les officiers prussiens.

Le comte St. Marsan devait rester à Breslau, même comme particulier, dans le cas où la Prusse se déclarerait contre nous. Il est très bien vu à la cour, mais il ne peut jamais parvenir à avoir la moindre nouvelle, tout se traîtant dans le plus grand mystère.

Plauen le 12 Mars 1813.

Copie d'une lettre de S. M. le Roi de Saxe, à M-r le Maréchal Prince d'Eckmühl.

Mon Cousin. Les sentiments d'estime et de reconnaissance, que je vous porte depuis longtemps, m'ont fait apprendre avec plaisir que vous venez d'être chargé d'un commandement également important en ce moment, pour les interêts de la cause commune, et pour le bien de mes troupes et de mes Etats. Quoique le Général Baron de Thielmann et le Général de Langenau, ayent déjà été dans le cas de vous exposer mes désirs, par rapport à mes troupes, je me plais néanmoins à vous témoigner par la présente, que je charge mon aide de camp général, le Colonel Heineken, de vous remettre à Votre arrivée à Dresde la confiance entière que je mets dans les soins, que vous voudrez bien prendre pour faire diriger mes troupes vers les points où elles pourront servir le plus utilement, et pour préserver mes Etats, et surtout ma Capitale, des maux qui pourront en être écartés et parmi lesquels je placerais au premier rang la destruction d'une partie du pont de Dresde, dont on ne saurait même faire la démonstration, dans les circonstances actuelles, sans encourir les plus graves inconvéniens.

Signé Frederic Auguste.

Dresde le 14 Mars 1813.

Un sous-officier du 84-e Régiment s'est évadé de Kowno le 19 janvier; il a pris sa route de Kowno, en descendant le Niemen vers Labiau par Koenigsberg, Marienverder, Mewe, Stargard en Prusse, Konitz, Dramburg, Noremberg, Stargard en nouvelle marche, Landsberg sur la Wartha, Grunberg en Silésie, Neusalz, Goerliz et Dresde. Le jour de son départ de Kowno, il a vu environ 2,000 hommes, qui venaient du Bas Niemen par la rive droite et ont passé le Niemen sur le pont qu'ils ont reconstruit, mais peu solidement, il a devancé ces troupes.

Il a vu les troupes russes dans l'isle de la Nogat, Mewe, etc. qui étaient occupées au blocus de Dantzig. Il y avait des troupes Prussiennes, mêlées avec les Russes.

Vers Stargard, en nouvelle marche, il a rencontré les troupes Prusiennes, entre autre des hussards noirs; elles étaient stationnaires et il n'y avait pas de Russes avec les Prussiens.

A Landsberg où il était vers le 1 Mars, il a vu environ 40 pièces de gros calibre, que l'on disait destinées pour les sièges de Custrin et de Stettin et environ 12,000 h. d'infanterie, qui se sont dirigés de Landsberg par Grunberg et Neusalz, ou elles ont passé l'Oder sur un pont de bateaux, que les Russes y ont fait construire. De Neusalz, qu'il a quitté vers le 4 Mars à Dresde, il n'a plus rencontré que 500 Cosaques à Gorlitz, qu'il avait dejà vu vers Neusalz.

N° 55. — *Lauriston à Eugène.*

Magdebourg le 14 Mars 1813.

Monseigneur. Je viens de recevoir les deux lettres de Votre Altesse Impériale du 13 Mars, d'après les rapports du Général Puthod, du Colonel Lawlis, commandant le 3 Régiment étranger, j'ai cru devoir réunir toute la 2 Division à Stendal, sauf les bataillons qui sont entre Stendal, Tangermunde, Griebben et Bitkau. Je ne laisse sur les autres points, comme Schnakenbourg, Werben, Pzackrug, vis à vis Sandaw et Armburg, que des 1/2 compagnies du 3 étranger, dont le régiment sera à Osterburg. Le colonel de ce régiment a ordre de faire patrouiller continuellement et relever ces 1/2 compagnies tous les deux jours. J'ai ordonné aussi que des patrouilles de cavalerie lient tous les postes; de cette manière la surveillance continuera à être exercée.

Que l'annonce faite au général Puthod soit éxagerée, cela est fort possible, mais je ne puis mettre cette Division dans le cas d'être coupée et séparée de moi, si l'ennemi effectuait son attaque par Griebben. D'après mes dernières lettres, Votre Altesse aura vu que la division Rochambeau n'était pas allée à Brunswick. Je la fais venir au contraire à Wolmierstadt à l'éxeption d'un régiment qui restera à Halberstadt, jusqu'à nouvel ordre, Cependant, Monseigneur, tous mes convois d'artillerie arrivent par Brunswick. Si je ne les mets pas à couvert par des troupes, ils courent risques det (re?) enlevés; faut il les arrêter où ils seront? Faut il leur envoyer des troupes pour protéger leur passage? Le mouvement des Russes sur Lentzen, Perleberg, donne à croire, ou qu'ils veulent passer l'Elbe pour jetter des partis de troupes dans la Westphalie, ou qu'ils veulent aller à Hambourg, ou qu'ils veulent couper le Général Morand, qui suivant les nouvelles que je reçois de Hambourg est parti de Stralsund le 9 et auquel il faut 9 jours pour être à Hambourg. D'après tous les calculs il pourra les derniers jours de sa marche être harcelé par les Cosaques. D'après le temps qu'il fait, les Anglais vont, je n'en doute pas, jetter de leurs troupes sur la côte. Hambourg ne sera plus tenable, quoique la garnison de Stralsund réunie à celle de cette ville, forme un nombre suffisant pour résister à un parti assez considérable de Cosaques; mais non à une troupe d'infanterie; ce qui compromettrait tout à fait la garnison de Hambourg, obligée pour se retirer de passer un fleuve comme l'Elbe.

J'ecris au Général St. Cyr de faire passer sur la rive gauche mes bataillons du 152-e, aussitôt l'arrivée des sapeurs et de leur donner l'ordre de se preparer à me rejoindre, du moment ou les tètes des bataillons qui arrivent de France paraitront.

J'ai envoyé de tous côtés pour avoir des nouvelles de l'ennemi. J'ai envoyé aussi du côté du canal de Plauen, afin de connaître au juste ce que s'y trouve; j'attends les rapports de ces agents.

Je dois dire aussi à Votre Altesse, que les danois se conduisen assez mal. La crainte des Russes les a tout à coup refroidis et il craignent même que quelques familles françaises, qui se sont réfugiiés à Altona, ne les compromettent vis à vis des Russes.

Je prie Votre Altesse de prendre en considération la position de mon corps, qui par l'arrivage de son artillerie par les mouvements de l'ennemi; ceux que peut opérer sur la côte un nouvel ennemi, doit ce me semble être changée et portée vers Brunswick.

Je m'empresse de communiquer à Votre Altesse, l'avis que je viens de recevoir du G-al St. Cyr, qu'ayant appris que l'ennemi avoit couché à Lüpten le 11 et qu'il devoit être le 12 à Boitzembourg. Il s'étoit déterminé à partir de Hambourg avec la garnison pour se porter sur Bergedorf ou il doit prendre position. Il en a fait prévenir le G-al Morand qui devoit coucher le 12 à Wismar; le G-al se trouvera donc en retard de deux fortes marches. Mais je ne dois pas cacher à Votre Altesse mes craintes que le G-al St. Cyr n'ait passé sur la rive gauche avant l'arrivée du G-al Morand. Cependant comme tout fait croire que le nombre des cosaques ne peut pas être au delà de 1.000, le Général Morand étant prévenu, il lui sera facile de les repousser, mais difficile de trouver un passage, si le G-al St Cyr a été obligé d'abandonner Bergedorf. Il y a trois chaloupes canonières à Zollenspieker qui doivent servir à protéger le passage. Votre Altesse doit donc supposer que dans cet instant ou dans deux jours au plus tard, Hambourg est ou sera occupé par des Russes.

P. S. Si je ne me porte pas sur Brunswick je suis obligé de faire retourner à Cassel l'artillerie qui m'arrive. Sans cela elle serait compromise.

N° 56. — *Davout à Eugène.*

Monseigneur. J'ai eu l'honneur de vous informer hier, que j'avais envoyé 2 à 300 hommes d'infanterie sur la route de Königsbruck, et que cette infanterie avait rencontré l'ennemi au nombre de 1,000 à 1,200 chevaux à la hauteur de Klotschka. Cette cavalerie a fait trois charges avec vigueur, lesquelles ont été reçues avec calme, malgré que ces soldats voyaient le feu pour la premiere fois. On a tué 13 cosaques ou bachkirs et 12 chevaux. Le nombre des blessés doit être en proportion. L'ennemi a passè la nuit à Hernsdorf. J'ai fait faire aujourd'hui sur ce point une reconnaissance de 1,000 hommes d'infanterie, 4 pièces de canon et de 100 chevaux. On a rencontré l'arrieregarde ennemie, seulement de 200 chevaux à Hernsdorf, qui après trois coups de canon et quelques coups de fusil, s'est retiré précipitamment sur Königsbruck. Cette troupe appartient au Général Beckendorf, qui est venu des environs de Berlin, pour faire cette sommation au G-al Reynier. Ce corps a deux pièces de canon et point d'infanterie. Aucun parti ennemi n'a été apperçu du côté de Radenbourg et de Grossenhayn.

Des rapports annoncent aujourd'hui qu'une avantgarde ennemie a du partir de Bautzen. Demain, je ferai porter une forte reconnaissance d'infanterie et d'artillerie, ces petites affaires aguerissent les jeunes soldats, qui montrent en général beaucoup de zèle.

Le général Thielmann m'écrit du 14 de Torgau, sans me parler des colonnes prusiennes, qu'il dit avoir été vues en marche à Schlieben, se dirigeant sur Dresde.

On reçoit difficilement maintenant des nouvelles de la rive droite, les habitants étant effrayées des proclamations des chefs de partis ennemis, qui défendent toute communication sous peine de mort.

Les préparatifs pour faire sauter le pont de Dresde, si on y est obligé, continuent, mais vont lentement faute de mineurs; j'attands l'arrivée de ceux que j'ai demandé à Votre Altesse Impériale, nous sommes obligés de nous servir des habitants du pays et la plus petite faute peut faire manquer l'opération. Je terminerai cette lettre par renouveller à Votre Altesse, mes demandes de fonds. Des ordres ont été donnés pour que les officiers se montent et ils sont (sans?) argent; la troupe est sans solde depuis la retraite, elle manque de souliers, ce qui a déjà fait perdre beaucoup d'hommes dans la retraite depuis la Vistule.

Si l'ennemi se portait décidément sur l'Elbe et en particulier sur la droite je dois prévenir Votre Altesse Imperiale, qu'il n'y a qu'un bac à Wurtzen, qui serait certainement un des points de passage; il serait donc nécessaire d'y faire jetter un pont. Cela serait d'autant plus nécessaire que vraisemblablement vous y porteriez votre quartier général, puisque vous vous raprocheriez de Dresde, sans vous écarter de Wittemberg. Je ne dois pas cacher à Votre Altesse, que le séjour du quartier général à Leipzig, fait craindre à la cour de Saxe qu'on n'ait pas l'intention de défendre la passage de l'Elbe.

P. S. Le Général Fressinet à commandé les deux reconnaissances; le Général Gérard fera celle de demain.

Dans la petite reconnaissance d'aujourd'hui il y a eu un cosaque de blessé, qui est tombé en notre pouvoir, mais on lui a tant donné d'eau de vie, que je suis obligé de remettre à demain pour l'interroger. J'adresse aussi à Votre Altesse Impériale la declaration d'un habitant parti le 14 de Bautzen.

Pour ne pas retarder le départ de l'estafette, je n'ecris pas aujourd'hui à l'Empereur, je suppose au surplus que V. A. I. lui adressera copie de mon rapport.

N° 57. — *Lauriston à Eugène.*

Magdeburg le 16 Mars 1813.
huit heures du matin.

Monseigneur. J'ai l'honneur d'envoyer à Votre Altesse Impériale le rapport que je viens de recevoir du g-al St. Cyr. Comme il n'était plus inquieté à Zollenspiecker et que le g-al Morand n'était pas attaqué le 14, je m'imagine que l'ennemi aura craint de se placer entre le g-al Morand et le g-al St. Cyr.

Je reçois à l'instant la lettre de Votre Altesse en dâte du 15 Mars; depuis mes dernieres il paraitrait par tous les rapports que l'ennemi a de l'infanterie; il n'est pas possible de l'empêcher de passer l'Elbe avec le grand nombre de bateaux qu'il a à sa disposition dans les canaux de Plauen et du Havel et dans toutes les rivières, qui se jettens dans l'Elbe. Il n'a pas été possible de remonter toutes ces rivières; il eut fallu des forces imposantes dans le Mecklenbourg pour forcer les habitants à livrer ces bateaux. Il y a une trop grande distance entre le g-al St. Cyr et moi pour que je puisse le secourir au besoin; lors même qu'il serait réuni au g-al Morand, je ne le regarde pas comme assez fort et son parti le plus prudent sera de se retirer derriere le Weser, car l'ennemi jettant des partis au delà de l'Elbe les Anglais envoyant des troupes ou des armes et rien ne contenant plus le pays, les généraux St. Cyr et Morand se trouveraient en l'air et isolés.

Depuis la marche des Russes, il est toujours resté à Lentzen des troupes d'infanterie et de cavalerie et elles y réunissent des bateaux; ce qui me ferait croire qu'il n'y a effectivement que des cosaques ou des Prussiens que sesoient dirigés sur Hambourg.

La position que je proposais à Votre Altesse de me laisser prendre sur Brunswick n'était pas une retraite, mais, au contraire, une position menaçante, pouvant par les embranchement de route me porter partout et en force. Cette position ne devait se prendre que lorsque les troupes du Duc de Bellune auraient été arrivées à Magdebourg.

Les rapports, que j'ai reçu hier, sont vrais ou faux. S'ils sont faux, le mouvement que j'ai fait faire au g-al Puthod, pour se placer à une marche de Magdebourg, n'est pas inutile puisqu'il peut toujours surveiller de là ses postions sur l'Elbe.

Si ces rapports sont vrais, ce mouvement était nécessaire. Il ne faut à l'ennemi que vingt de ces énormes bateaux des canaux pour jetter un pont dans un endroit comme celui de Gribben très favorable pour le débarquement et dominé par la rive droite. La sortie de ces bateaux du Canal est très facile, chacun peut porter 200 hommes; il a donc fallu non seulement réunir des forces sur ce point, les y faire arriver à temps, mais encore empêcher l'ennemi de couper au général Puthod sa retraite sur Magdebourg. J'ai en consequence placé sa réserve à Burnstall, deux régiments de la division Rochambeau sont à Wolmerstadt. Il y a actuellement six bataillons en garnison; ce qui me fera retirer en arrière de Magdebourg les deux régiments de la division Maison. J'aurais bien désiré connaître l'intinéraire des bataillons, qui sont en marche pour Magdebourg, cela est important pour mes mouvement.

J'ai l'honneur de proposer à Votre Altesse un mouvement qui peut produire un bon effet. En laissant l'ennemi sans crainte et tranquille, on lui donne les moyens et le temps de combiner quelque attaque.

Je propose donc à Votre Altesse, actuellement qu'il y a une garnison à Magdebourg, de faire une marche ou deux en avant sur Burg et sur Mockern, menaçant ses établissement du canal de Plauen. J'aurai naturellement ou quelques prisonniers ou quelques renseignements positifs dans le pays et je saurai à quoi m'en tenir sur leur infanterie, cavalerie et artillerie.

Je marcherais avec les deux régiments de la division Maison, les deux de la division Rochambeau et la cavalerie légere, je me porterai avec cela et deux batteries sur Burg. Le général Puthod, qui me suivrait avec trois régiments, la division de Cuirasiers et une baterie se tiendrait vers Mockern et Gommern, protégeant la retraite et m'empêchant d'être tourné. Si le même jour le général Grénier fait quelques démonstrations du côté de Wittemberg, il contiendrait l'ennemi dans cette partie. Ce mouvement pourrait avoir des résultats et surtout des conséquences avantageuses pour la tranquilité de ce pays. Ma troisiéme division serait prévenue. Le troisième étranger viendroit à Grieben et Bitkau. La gendarmerie le soutiendrait et le lierait avec Magdebourg.

Si Votre Altesse adopte ce projet et qu'elle m'écrive je suppose le 17 au soir, je recevrai sa dépêche le 18 au matin et le 19 des 2 h. du matin je ferai mon mouvement; le général Grénier serait prévenu pour le même jour.

Il est trop tard pour que la colonne mobile puisse joindre les généraux St. Cyr et Morand. J'y ai en conséquence pourvu par de la cavalerie, en demandant au général Bourcier de former un corps de 5 à 600 chevaux pour l'envoyer au g-al St. Cyr. Il ne m'a pas encore répondu. Tant que l'ennemi restera à Lentzen; il est nécessaire d'y avoir quelques troupes, s'il en part, je tacherai de le faire suivre. Ma ligne commence à se rapprocher, mais j'étais trop étendu et disseminé. L'Empereur m'écrit que je reprenne mon 152--e régiment, j'ai envoyé le général Avril pour le chercher.

N° 58. -- *Du même au même.*

Monseigneur. Je pars à l'instant pour Grieben et Bitkau, tout me fait présumer que l'ennemi tentera le passage demain ou au plus tard après demain 20. J'ai sur ce point cette nuit les 3 régiments de la division Puthod et deux de la 1-re division Rochambeau, le 149-me qui en fait partie est resté à Halberstad et Brunswick pour mon parc et mon convoi d'artillerie.

La division du g-al Maison se rend ce soir à Volmirstad avec 2 régiments, le 3-e est avec le g-al St. Cyr.

Je fais partir une batterie de 8 bouches à feu pour le g-al Rochambeau, une autre partira demain pour le g-al Maison, le g-al Puthod a la sienne, c'est un emprunt que je fais et que je rendrai, lorsque mes batteries seront arrivées et organisées.

J'écris au g-al la Grange de s'entendre avec le g-al Grenier pour que ce dernier presse son mouvement avec quelques bataillons du moins, afin que le g-al la Grange puisse enmener la division le plus tôt possible.

Je vais donc demain, Monseigneur, essayer mes troupes; nous verront ce qu'elles veulent faire; si cela va bien nous jetterons l'ennemi dans l'Elbe. Ci cela va mal, nous nous replierons sur Magdebourg pour nous réunir au 11-e Corps et manœuvrer ensemble. Le genéral St. Cyr est trop loin de moi, je désirerais que Votre Altesse lui envoyat des ordres, il doit être près de Lunebourg. Il serait nécessaire d'en envoyer aussi au g-al Bourcier qui est à Hanovre.

Le grand embarras que nous allons éprouver est pour les vivres, on ne peut toucher à l'approvisionnement de la place. Je pars à l'instant.

Magdebourg, le 18 Mars à midi.

P. S. Veuillez, Monseigneur, envoyer copie de ma lettre à Sa Majesté.

N° 59. — Davout au Prince Eugène.

Dresde le 16 Mars 1813.

Monseigneur. Je recois à l'instant Votre lettre du 15 Mars. Je vous ai fait connaître hier le résultat des deux reconnaissances sur la route Koenigsbruck, d'où le Général Benkendorf est parti hier soir pour Helsterda, c. à dire reprenant le chemin par lequel il était venu.

Aujourd'hui, j'ai fait pousser une reconnaissance sur la route de Botzen, où était le corps de partisans de Brundel.

J'ai parlé à un individu de Koenigsbruck, qui a confirmé la perte que les cosaques ont faite dans les deux reconnaissances du Général Fressinet.

Je vous adresse, Monseigneur, des renseignements d'un membre de la commission du Gouvernement et l'extrait d'un repport du Général Bavarois, qui est de sa personne à Strehla. Il est chargé avec son Corps d'observer l'Elbe depuis Belgern jusqu'à Zehren; il a avec lui 6 pièces de canon.

J'ai à Meissen 800 hommes et 2 pièces. Toutes les mesures, je le répéte, ont été prises pour détruire ou conduire à Torgau jusqu'aux moindres nacelles, qui existent sur la rive droite. J'ai déjà fait partir par eau deux ou trois patrouilles, pour surveiller et completter l'éxécution de ces ordres.

Les postes d'observation entre Torgau et Dresde sont suffisants pour que je sois prévenu; et le tems qu'il faudrait à l'ennemi pour effectuer le passage de l'Elbe, me donnerait mathématiquement celui de tomber sur lui avec 3 fois plus de monde qu'il ne pourrait en passer.

Il me parait important, Monseigneur, d'empêcher l'ennemi de passer l'Elbe et avec une bonne répartition des troupes et de la decision, Votre Altesse Impériale a plus de forces qu'il ne lui en faut pour le combattre avec toutes les chances de succès. Déjà l'occupation de Dresde, par des forces importantes, a produit une très grande sensation, et chaque jour les esprits se rassurent.

Un mouvement du quartier général sur l'Elbe, outre qu'il nous mettrait plus en mesure, acheverait de produire cet effet. Le peuple allemand réfléchit et il lui faut du matériel. Le mouvement retrograde sur Leipzig lui a fait croire que nous abandonnions le pays jusqu'au Rhin et le mouvement sur Dresde lui a donné de l'incertitude; elle sera, je le repéte, completement dissipée, lorsque Votre Altesse Impériale aura porté son quartier général en avant.

En le portant, soit à Duben, soit à Eulenbourg, ou à Wurtzen cela produira ce résultat. Votre droite, Monseigneur, étant presque sans Cavalerie, il serait à désirer que la votre fût placée près d'Ahlen, de Chilla et d'Ochatz.

Suivant les nouvelles du membre de la Commission de Gouvernement, il semble que les Russes ont porté beaucoup de leur infanterie du côté de Magdebourg, mais tout le Corps qui est avec l'Empereur Alexandre parait être encore en Silésie, ainsi que l'armée Prussienne, ou en marche seulement depuis quelques jours.

Quelques rapports de paysans parlent de réquisitions de chevaux faites sur la rive droite et qui doivent se diriger sur Botzen, pour le transport de l'artillerie Russe. La reconnaissance que j'ai fait faire sur ce point donnera des renseignements.

Enfin quelques soient les mouvements de l'ennemi, il lui faut un temps très considérable pour reunir tout ce qu'il faut pour passer l'Elbe, et nous aurons assez de temps pour réunir des forces suffisantes, et l'attaquer avec avantage.

Suivant les ordres de Votre Altesse Impériale, j'ai donné au général Thielmann celui de faire diriger sur Wittemberg les munitions et l'artillerie.

Quant à la nouvelle de ce Général, je lui ai écrit il y à 48 heures de faire arrèter l'individu qui la lui avait faite, si elle était fausse, comme tout paraît l'annoncer.

J'ai appris que le comte de Gottolp, ci-devant Roi de Suède, était ici. Je lui ai fait insinuer qu'il manquait à cette occasion d'esprit de conduite, et qu'il devait s'éloigner du théatre de la guerre. C'est le chef d'état Major qui a été chargé de cette commission. Demain je vous enverrai son rapport.

Les mineurs, que Votre Altesse Impériale m'a annoncés, ne sont pas arrivés. Je les attends avec impatience pour m'assurer que le travail a été conduit avec intelligence et produira son effet.

Votre Altesse Impériale me parlant de l'ordre donné au général Grénier de se replier sur Duben et Eilenbourg, si ce général y prononce d'une manière positive que les Russes ont passé, cet ordre peut donner lieu à des malentendus, qui peuvent entrainer les plus facheuses conséquences. Il me semble que l'ordre donné au général Grénier, à moi et à tout autre, est de marcher, pour s'opposer au passage, ce qui certes donnerait le temps à Votre Altesse Impériale d'arriver, surtout si elle se rapproche, et de donner des ordres suivant les circonstances. Pardonnez moi, Monseigneur, la franchise de ces observations, vous aurez trop de dévouement pour notre Souverain, pour ne pas les apprecier.

N° 60. — *Du même au même.*

Wittemberg le 23 Mars 1813.

Monseigneur. J'ai reçu au moment de mon arrivée à Wittemberg, la lettre que Votre Altesse Impériale m'a fait l'honneur de m'écrire le 22 Mars.

Les 6 Bataillons du 1 Corps sont arrivés ici à 7 h. du matin et ont relevés les troupes, que le Général Grenier avait laissées. Ces dernières se sont mises en marche avant midi.

J'ai visité la place et ses dehors. J'ai été étonné de tous les ouvrages qu'on y a fait depuis 10 à 12 jours; elle est plus qu'a l'abri d'un coup de main.

Des soldats travailleurs vont être mis dès demain à la disposition du commandant du Génie, pour que l'on continue à y travailler avec la même activité, afin que les intentions de l'Empereur soient remplies.

Vous me dites, Monseigneur, que sa Majesté désire que cette place soit armée de 25 à 30 bouches à feu: mais il n'y a que vous qui puissiez, à cet égard, mettre à exécution les intentions de l'Empereur. Vous n'obtiendrez pas une seule pièce de canon de Torgau. J'ai fait des démarches, ainsi que je vous l'ai mandé, auprés du Général Langenau, je n'ai eu aucune réponse. Jen ai parlé au Général Thielmann à Torgau, ou il a réellement un luxe de canons, puisque, de son propre aveu, il y a 280 bouches à feu. Ce Général m'a positivement fait connaître qu'il ne sortirait pas une pièce de canon de la place, à moins d'un ordre formel du Roi, et j'ai tout lieu de croire, d'aprés la manière dont il s'est exprimé, que cet ordre ne sera pas donné.

Je prie donc Votre Altesse Imperiale de donner des ordres pour que les bouches à feu, les projectiles et le personnel soient envoyés sans délai à Magdebourg.

Il n'y a dans Wittemberg que 6 pièces Polonaises de campagnes, qui ont été envoyées de Torgau. Il serait surtout nécessaire d'en avoir du 12.

Dans votre lettre du 22, vous me dites, Monseigneur, que l'on pourrait destiner pour la garnison définitive de Wittemberg l'infanterie du Général Dombrovski, en y ajoutant 2 ou 4 bataillons du 1 corps.

Je ne puis que réitérer à Votre Altesse Impériale, ce que je lui ai mandé de cette Infanterie du Général Dombrovski elle n'est ni habillée, ni armée, ni soldée.

Je vous ai proposé dernièrement la seule mesure à adopter pour employer cette Infanterie, si on veut en faire usage. Il faudrait donc ne laisser ici que des bataillons du 1 corps.

Je prie Votre Altesse impériale de me faire connaître à combien Elle veut porter la force de la garnison de Wittemberg. Il n'y à ni officier, ni payeur, ni fonds, désignés pour cette place.

Dans sa lettre du 19, Votre Altesse me charge de recommander au Général Thielmann d'être plus sévère sur les communications d'une rive à l'autre. Toute recommandation sera parfaitement inutile : la correspondance est trés active avec le pays Saxon sur la rive droite; les observations que j'ai faites à cet égard m'en ont convaincu. Le Général Thielman prend les choses sur un ton assez haut, et certes il doit avoir des instructions pour cela.

Informé qu'il y avait dans la forteresse de Torgau un Major Russe fait prisonnier du coté de Varsovie, qui avait la liberté de se promener dans la ville, et que l'on traîtait avec beaucoup d'égard. Le General Thielmann sur les observations, que je lui ai faites, que cela était contre tous les usages, m'a répondu que (*sic*) qu'il était leur prisonnier et qu'il était maître d'en agir comme ils le jugeraient à propos. Cependant, il a fini par m'annoncer qu'il l'èvacuerait sur Leipzig et de là en France.

J'ai été généralement extrêmement mécontent de l'esprit de ce Général : non seulement il voit tout en noir, mais il se plait à acueillir et à répéter toutes les absurdités répandues par les malveillants. A l'instant je reçois une lettre de lui, dont je joins ici Copie. Le contenu m'en paraît extraordinaire et mérite attention. Le langage que l'on fait tenir au Roi de Saxe, est different de celui qu'il a tenu jusqu'à ce jour, et en outre, la démarche de retirer les troupes Saxonnes de Dresde, peut faciliter à l'ennemi le passage sur ce point, puisque tout le Haut Elbe va être dégarni de troupes.

Il est à observer que les Saxons se concentrent auprés de Torgau : ils nous montrent sur cette place un défiance très marquante.

Il n'y laisse entrer aucun détachement français, et lorsque la division Gérard a fait sa retraite de ce point sur Francfort, on a jetté un pont exprés pour la faire passer, pour lui faire éviter Torgau.

J'observerai encore que le point de l'Elbe qui me parait le plus important à conserver, va se trouver totalement à découvert. C'est celui de Zehren, entre Riesa et Meissen. C'est une des grandes communications de Leipzig par la route de Koenigsbruck. L'accés en est facile, la rive ennemie domine. Je crois, Monseigneur, qu'il serait nécessaire que vous envoyassiez un de Vos aides de camp pour que les Saxons portent sur ce point 5 à 600 hommes d'infanterie, quelques pièces de canon, une centaine de chevaux et qu'on y fasse quelques épaulements.

Si Votre Altesse Impériale a des informations que l'ennemi

se porte sur l'Elbe, il n'y a pas un moment à perdre pour faire des dispositions. Si elles n'empêcheraient pas l'ennemi de passer, elles le forceraient au moins à amener ses équipages de pont et à perdre un temps considérable.

Au dessus de Dresde les ponts de Pirna et Pilnitz sont à observer. On ne peut amener les pontons que par de très mauvais chemins, et il serait facile, en établissant quelques pièces qui battraient les chemins, qui descendent la montagne, si non d'empêcher, au moins de retarder beaucoup le passage.

Comme aucun moyen de passage n'a été laissé à l'ennemi entre Dresde et la frontière de Bohême, il serait nécessaire que l'on prit des mesures pour l'empécher de recevoir des bateaux par la Bohême. On remplirait cet objet en plaçant entre la frontière de Bohême et Koenigstein, où l'Elbe est trés étroite, des postes d'infanterie avec ordre de ne rien laisser passer.

J'ai reconnu toute la rive gauche de l'Elbe et une partie de la rive droite depuis Dresde; l'embouchure de l'Elbe me parait devoir être observée. Je fais établir en face de cette embouchure des épaulements pour mettre de l'artillerie et de l'infanterie à l'abris du feu de l'ennemi. Cela lui rendra très difficile de faire déboucher par ce point des bateaux ou radaux.

Il n'y a pas d'autres cavalerie détachée avec le Corps que je commande, qu'une centaine de Polonais de nouvelle formation. Je prie Votre Altesse Impériale de faire mettre encore à ma disposition quelques centaines de chevaux. Cela me donnera plus de moyens d'exécuter ses ordres.

Dans quelques jours, j'irai m'établir à Dessau suivant Vos intentions.

P. S. L'extrait de la gazette de Berlin, qu'annonce le Général Thielmann, n'etait pas joint à sa lettre.

P. S. A l'instant je recois une lettre du G-al Thielmann contenant l'extrait de la Gazette de Berlin. J'envoie à Votre Altesse Impériale ces deux pièces en original.

Copie d'une lettre de M-r le Général Thielmann à S. Ex. M-r le Maréchal Prince d'Eckmühl.

Torgau le 23 Mars 1813.

S. M. le Roi de Saxe a trouvé bon de retirer ses troupes des environs de Dresde, pour les faire approcher de Torgau, et d'observer en même temps l'Elbe de Riesa jusqu'à Belgern.

La ville neuve est occupée par l'ennemi à la suite d'une capitulation, signée par le Général Durutte.

J'ai l'honneur de vous fair passer c'y joint l'article de la gazette de Berlin relatif à la justification du Général Yorck.

Le poste de communication avec V. Exc. est établi à Dommitsch.

P. S. Depuis avanthier, personne de mes observateurs du côté de Grossen Hayn et Meissen n'y est rendu; ce qui me fait présumer qu'ils sont retenus par l'ennemi.

Torgau le 23 Mars 1813.

Monseigneur. C'est par inadvertance de mon état major que l'incluse a été oubliée. Mes patrouilles rapportent que des paysans, venant de Mühlberg, ont dit que l'ennemi faisait des preparatifs de passage à Merschwitz à peu près vis-à-vis de Riesa, en faisant venir toutes les petites barques de l'Elster, par un nouveau canal qui ne se trouve pas sur la carte de Petri, mais qui effectivement donne dans l'Elbe près du village de Groedel; la grande route de la Lusace est aussi celle de Merschwitz; cependant ce n'est qu'un bruit vague et j'attends d'un moment à l'autre le retour de quelques personnes, que j'ai envoyé depuis avanthier.

N° 61. — Lauriston au Prince Eugène.

Au quartier-général de Koenigsbern
le 25 Mars (probablement).

Monseigneur, j'ai mandé ce matin à Votre Altesse, que j'avais visité les positions depuis Vehlitz, Canty (?) Wahlitz Neuen-

Cluss, Gubs, denz et Alt-Koenigsborn. Hier soir j'ai visité Woltersdorf. D'après mes observations, j'avais l'honneur de lui faire les suivantes, sur la lettre que je viens de recevoir d'elle en date du 24 Mars.

Votre Altesse parle des débouchés qui de Neu-Koenigsborn, de Vaalitz et de Altercluss, conduisent à Magdebourg, parce que Vahlitz et Altercluss se réunissent à Neuencluss où est le commencement de la grande chaussée. J'ai cherché une communication de Vaalitz à Gubs; elle existe bien pour l'infanterie, mais non pour l'artillerie. On pourrait la rendre praticable pour la cavalerie en jettant quelques petits ponts, pour l'artillerie il faudrait Whalitz et Altercluss ne fussent indiqués que conduisant à Neusluss. Comme Woltersdorf Neuen Koenigsborn et Menzacomme conduisant à Alt-Koenigsborn.

Je trouve la position de Niedlitz bien éloignée de la seconde position et des débouchés, ce que me fait donner la préférance à la deuxième manière que Votre Altesse propose qui est de placer comme avant-garde mes divisions entre Hiedlitz et Caritz, deux autres en avant de Neu-koenigsborn, Wahlitz et Altercluss, et 4 autres 1Rune à Wahlitz et Neuencluss, s'étendant vers Kalembarg une autre à Menze et Gubs, une troisième à Neuen et Alt Koenigsborn et une 4-ème à Woltersdorf et Biederitz. Ces 3 legoes dont la 1-re et la 3-e seraient couvertes par des redoutes, ainsi qu'une partie de la seconde sur la droite, présenteraient à l'ennemi de grandes difficultés, et la seconde ligne mobilisée, se porterait pour soutenir la 1-re, soit pour aller en avant soit pour la retraite, qui se ferait tranquillement, sous la protection des batteries et positions occupées par la c-e ligne. Si Votre Altesse s'en tient à cette 2-e manière, je la prie de me le faire connaitre, afin que j'ordonne de suite le barraquement en faisant prendre les positions.

En me rendant hier à Woltersdorf, j'ai passé au moulin de Klappern, c'est l'eau d'un étang qui le fait tourner, l'ennemi, suivant ce que j'ai vu, ne pourrait y passer, mais j'établirai sur le rideau entre Budken et Woltersdorf, les batteries que prendraient en flanc nos deux premières lignes. C'est donc nécessaire d'occuper Woltersdorf par quelques bataillons, qui se relieraient par le pont du moulin, de construire des redoutes entre Niedlitz et Koenigsborn pour battre la position au delà de l'étang, et surtout d'en construire sur une hauteur. à la gauche d'Alt-Koenigsborn, cette hauteur dominante découvre bien tout le pays. C'est au pied de cette hauteur qu'est le chemin qui conduit à Biederitz, qu'il faudrait aussi occuper.

Je dirigerai les reconnaissances comme Votre Altesse me l'indique, je n'ai pu encore envoyer qu'un seul off. du génie, sur la droite vers Kalemberg. J'attendais le chef de bataillon Murion pour la gauche, mais on m'annonce que le g-al Reynier vient de le retenir pour le grand quartier général, les autres ne sont pas encore arrivés. Je placerai demain la division Maison comme l'ordonne Votre Altesse, et la division Lagrange occupera Wahlitz, Altercluss et aura 2 bataillons dans les bois en arrière de Gommern.

Les sapeurs ont construit deux ponts à Alt-Koenigsborn, l'un pour servir de touts temps à l'infanterie et à la cavalerie, et l'autre à l'artillerie. Ces deux ponts conduisent à la même chaussée qui va à Magdebourg, j'ai envoyé des sapeurs réparer tous les ponts et combler tous les terrains creux, quant aux petits fossés qui interrompent les communications d'un village à l'autre il y aura des petits ponts faits avec des indicateurs, ces ponts seront faciles à lever.

Toutes ces choses, Monseigneur, sont faciles à faire, mais ce qui ne l'est pas, est de pourvoir à la subsistance du soldat et aux fourrages. Les moyens de transport même sont enlevés. Le général Maison, s'il nî rien de nouveau, demain matin, enverra vers Gommern pour faire arriver des fourrages et des vivres, mais ce ne sera que l'affaire d'un jour. La discipline tient à cela. Je compte prendre les mesures les plus sévères contre l'officier et le soldat lorsqu'ils seront barraqués. Je les occuperai beaucoup, mais il faut des vivres pour les empêcher d'en aller chercher dans les villages. J'ai envoyé l'ordre de me faire venir les commissaires des guerres adjoints, employés, car ils me sont tous nécessaires. Si il y a quelques ressources ils faut qu'elles se prennent avec régularité. Il est douloureux de commencer sans avoir rien d'organisé, le soldat que j'ai se portera au bien avec autant de facilité qu'au mal. J'ai encore 15 à 20 officiers à renvoyer par régiment, nonobstant les places vacantes. Votre Altesse voit par là ce qui m'en manque de bons. Ceux qui devraient arriver le 12 par la poste, venant de France, ne le sont pas encore. Je donne l'ordre de m'envoyer mon artillerie à mesure qu'elle arrivera, afin que je rende celle qui ne m'appartient pas; il faut de suite construire des redoutes, nous avons besoin de haches et d'outils, aussitôt les réparations des ponts je réunirai les sapeurs et nous travaillerons.

Je suis, etc.

M-r Marchand l'ordonnateur en chef vient d'arriver, je vais aviser avec lui aux moyens des subsistances.

N° 62. — *Lauriston à Eugène.*

Magdeburg, le 26 Mars 1813.

Monseigneur. Je reçois une lettre de Sa Majesté qui me reproche d'avoir écrit en date du 15 Mars à Votre Altesse que d'aprés la nouvelle de mes agents, qui m'annonçait que les Russes voulaient passer l'Elbe, je rappelais apparemment à Magdebourg, la Division Puthod. Je ne conçois rien à cette interprétation, j'ai pu donner à la réserve de la D-on Puthod, une position plus rapprochée du point que je supposais être le point d'attaque, sans pour cela la rappeler.

J'attendais aujourd'hui une lettre de Votre Altesse pour mes positions, n'en ayant pas reçu et me trouvant d'accord avec les G-aux Rogniat et Guilleminot, je fais barraquer la D-on Rochambeau partie en avant de Koenigsborn en partie sur la hauteur tirant vers Bredavitz. Voltersdorf sera occupé comme poste; quant à la D-on Maison, elle est en avant, j'attends les ordres de Votre Altesse à son égard. La D-on la Grange barraque devant Menz, Wahlitz et Alterkluss.

Mes reconnaissances sur Corbalitz et Wormalitz ont apperçu une quinzaine de Cosaques.

Le G-al Maison n'en a pas vu; comme ils pourraient avoir envie d'attaquer les flancs, j'ai fais faire ce soir de nouvelles reconnaissances et ordonner de la surveillance, il serait désagréable d'avoir quelque homme enlevé. Je voudrais pouvoir donner quelque bonne nouvelle à Votre Altesse au sujet des vivres, mais les réquisitions, que j'ai faites on produit des boeufs, mais peu de pain ou farine. Il y a 8 voitures de grain qu'il faut faire moudre. En avant le G-al Maison ne trouve rien, il a été obligé d'envoyer à Gomern ou j'avais envoyé de mon côté et l'on n'a pu avoir que 1,000 rations de pain. Cette pénurie est dangereuse en ce que le soldat quitte son cantonnement, ses baraques pour aller chercher des pommes de terre, il va au loin sans gibernes, ni fusils. On les fait rentrer autant que possible, mais il s'en echappe toujours; avec un peu plus de cavalerie on pourrait s'étendre.

Bremen le 26 Mars 1813
à 5 heures du soir.

Copie du rapport adressé à S. Exc. le Ministre de la Police générale par le Directeur général de haute police de la 32-e Division mil.

Monseigneur. Je m'empresse de rendre compte à Votre Excellence des bonnes nouvelles, que me transmet M-r Trumeau, commissaire spécial, lequel accompagne la Colonne mobile partie de Bremen pour chatièr son arrondissement.

Cette colonne est arrivée hier matin à 11 h. à Bremerlehe. Cette place et la batterie de Carlsbourg ont été emportées après une vive résistance, de la part de 2,000 paysans insurgés, soutenus par quelques anglais et des canoniers garde-côtes ou soldats de la 7-e cohorte, deserteurs.

Les résultats de cette affaire sont :

19 anglais et un de leurs officiers tués.
14 anglais, dont le commandant, pris.
1 drapeau } anglais pris.
1 canon }
150 paysans tués (rapport du major commandant).
80 paysans fusillés, pour avoir eu les armes à la main (rapport de M-r Trumeau).
12 canoniers ou soldats de cohortes, trouvés dans le fort, fusillés.

La colonne s'est ensuite remise en marche après avoir encloué les pièces de la batterie, noyé les munitions, brûlé la canonière, dont les révoltés s'étaient emparés.

M-r Trumeau annonce un détachement de 200 Anglais, venant de Cuxhaven et quelques cosaques, appelés de Stade avec lesquels, il espère qu'on se mesurera avant de rentrer à Bremen.

Il a entendu une vive fusillade sur la rive gauche. Cette colonne-ci étant plus éloignée de Bremen, je n'ai point encore le rapport de M-r Coste, qui l'accompagne. Mais on sait déjà, que la batterie de Blexen a été reprise.

Le Major du 152-e régiment fait le plus grand éloge du chef de bataillon Hardouin et de toute la jeune troupe sous ses ordres.

J'ose espérer, que V. E. sera satisfaite du zèle des commissaires spéciaux de Varel et de Bromerlehe.

Les rapports originaux, plus détaillés, sont envoyés à M-r le comtè de Réal.

N° 63. — *Davout au Prince Eugène.*

Stendal le 28 mars 1813.
à 11 heures du soir.

Monseigneur. J'ai rencontré votre aide de camp le Général Gifflenga à 2 lieux de Stendal : il vous aura rendu compte de l'opération du Général Montbrun. A mon arrivée ici j'ai appris que ce Général et le Général Roussel s'étaient retirés avec leurs détachements sur Stendal; ils n'ont pas été suivis par l'ennemi. Il est nécessaire d'occuper le pont de Werden. Demain j'y envoie le Général Roussel avec 3 bouches à feu, quatre bataillons du Général Ferrière, les deux bataillons du Régiment étranger. Le général Poinsot échelonnera ce Général, en occupant Arnebourg, Tangermunde, et le point vis-à-vis Sandow.

Aussitôt que le Général Puthod aura reçu ses pièces, je le ferai venir à Stendal. Je me porterai sur Werden pour avoir des renseignements positifs sur les mouvements de l'ennemi sur le bas Elbe. Les rapports sont contradictoires sur les forces, qui ont passé l'Elbe et sur celles qui s'y trouvent encore. La cavalerie est insuffisante; il n'y a ici que 4 à 500 chevaux, encore la plupart de jeunes gens, qui au reste se sont très bien conduits. J'ai fait questionner par le Général Laville un des officiers Russes pris. Je vous adresse, Monseigneur, le rapport du Général Laville. J'ai parlé à cet officier; il paraitrait que l'armée Russe serait divisée en trois Corps, la droite, commandée par le Comte Wittgenstein, le centre par Barclay de Tolly et la gauche par Koutousoff. L'amiral Tzitchakoff est disgracié. C'est un Général Doirenberg qui commande les différents Corps de partisans. Il a sous ses ordres Teleborn, Schernizew et Bekendorf; ce dernier doit se trouver à Hambourg.

Je prie Votre Altesse Impériale de me faire connaître ce qu'elle sait des généraux Morand et Cara St. Cyr; je ne négligerai rien pour communiquer avec eux.

N° 64. — Du même au même.

Stendal, le 29 mars 1813 à 2 heures après midi.

Monseigneur. J'ai appris ce matin que ma lettre d'hier avait été retardée, le Général Roussel n'ayant pas pu trouver un officier. J'ai fait partir ce matin ce Général avec 300 chevaux, 3 bouches à feu et 4 bataillons du Général Ferrière, pour Werben, parce qu'il est important d'occuper ce point, qui était certainement celui destiné pour un passage de l'Elbe; la déclaration ci-jointe d'un gendarme Westphalien le confirme. J'ai chargé particulierement le Général Roussel d'examiner les travaux que l'ennemi a fait sur ce banc de sable. Il enverra des reconnaissances et prendra des informations pour connaître la direction qu'ont prise les troupes ennemies, que le Général Montbrun a chassées de Werben.

J'envoie ce Général avec les 200 chevaux qui restent à Bertkau, à l'embranchement de la route d'Osterbourg à Arnebourg.

Le Gènèral Poinsot avec 4 bouches à feu, et 4 bataillons appuie ce mouvement.

Demain le Général Montbrun partira avec ses 200 chevaux et les 300, qui sont à Werben, pour Seehausen; je mettrais aussi à sa disposition le régiment étranger, un bataillon français et 4 bouches à feu. Mais, Monseigneur, je vous répète qu'il faudrait 6 ou 700 chevaux de plus et quelques bons bataillons d'infanterie pour en faire une colonne pour la porter sur Luneboourg; on ne peut commettre les bataillons des 1-er et 2-e

Corps, parce qu'ils ne savent même pas charger leurs armes et qu'en outre ces derniérs sont destinés pour la garnison de Magdebourg, on ne peut donc pas les éloigner par ce motif.

J'ai fait arrêter hier soir une estafette apportant des lettres de Saltzweden, je vous envoie l'extrait de ces lettres, elles annoncent un assez mauvais esprit, surtout celles adressées au Président Schultz.

Parmi les prisonniers, faits par le Général Montbrun à Werben, il y a un officier et un sous-officier, je vous les envoie. Le sous officier est un jeune homme de famille et un petit impudent, l'officier est polonais. J'espère en tirer parti, après le départ de l'autre.

Les dragons prisonniers ne portent qu'à 5 ou 600 chevaux, ce qui a passé, 2 bataillons Russes très faibles et deux régiments d'infanterie prussienne, ainsi que quatre bouches à feu.

Il ne paraitrait pas que toute l'armée fut en mesure de passer; d'ailleurs ils sont obligés de laisser trop de troupes pour observer les places, pour supposer que de grandes forces puissent passer dans le bas Elbe. Leur but est de jetter des partis dans le pays, pour y fomenter des troubles à la faveur des intelligences qu'ils y ont.

Il est à observer que le Général, qui commande les troupes qui ont passées, est ce même Dornberg, qui a commandé la Garde Westphalienne et qui a trahi en 1809.

Le capitaine d'Houdetot vient de rentrer, il m'a annoncé vous avoir informé que les Russes avaient passé à Pilnitz et à Strehla. D'après sa déclaration, l'allarme était dans tout le pays; il y a certainement beaucoup d'exagération puisque sur ces points, les Russes auraient été obligés d'amener des pontons et qu'il faut du temps pour les jetter. Je ne doute point que si la reconnaissance de Werben eut été commandée par un mauvais officier, tout le pays serait maintenant sans dessus dessous, et cependant il n'y a que 3 ou 4 mille hommes qui ont passé sur ce point. Au surplus Votre Altesse a bien le temps de se retourner; il est important de faire occuper la Saale, même depuis le pont d'Iena et mettre tous les ponts sur cette rivière à l'abri d'un parti ennemi; l'infanterie dans tous les cas, ne peut pas y être rendue de sitôt. Le sous officier russe m'a dit que le Roi de Prusse était arrivé à Berlin.

Je joins ici la traduction d'un rapport d'un des officiers

russes pris, au Général Benkendorf, qui prouverait qu'il n'y a pas eu de passage du côté de Domitz, puisque c'était de Seehausen, qu'on se proposait d'attaquer le détachement français, qui était à Schnakenbourg.

Je n'ai personne pour questionner les prisonniers russes. Je prie Votre Altesse de me faire envoyer un interprête.

Je prie aussi Votre Altesse Impériale de donner l'ordre au Général Sorbier de m'envoyer les 8 bouches à feu et leurs caissons, attelés des chevaux venus de Wittemberg, ainsi que des pierres à feu. J'ignore si les 16 bouches à feu que Votre Altesse m'a annoncé être envoyées au Général Puthod, lui sont arrivées. Je laisse ce Général dans la position où il est jusqu'à ce que j'aie du nouveau.

Poniatowski au Prince Eugène.

Cracovie le 29 Mars 1813.

Monseigneur. J'ai l'honneur d'accuser à Votre Altesse Impériale la réception de la lettre qu'Elle a bien voulu m'adresser le 19 de ce mois, et je m'empresse de La remercier des détails qu'Elle a bien voulu me donner sur la position actuelle. Je n'ai pas manqué de rendre compte successivement des changements arrivés dans la mienne jusqu'au (1).... de ce mois inclusivement. Depuis cette époque, M-r le Général Frimont m'a fait connaître qu'un Corps Russe se portant en Silésie pour couvrir Gleywitz et observer en même temps la frontière du Duché; il avait pris le parti de faire occuper par ses avantpostes la ligne suivante.

De Szczekociny en remontant le ruisseau à Sadowiebiala, Prodla, Kroczyce, Mrzyglod, Poremba le long de la Czerna, Siewerz, Bendzyn, Modrzeiow et de là, le long de la frontière, jusqu'à la Vistule.

En me faisant part de ces détails, M-r le Général Frimont ajoute, qu'il a tout lieu de croire qu'il pourra soutenir la ligne

(1) Interruption dans l'original.

désignée, qu'il est bien intentionné de le faire et qu'il espère que ses cantonnements ne seront pas inquiétés.

Ce mouvement des troupes Autrichiennes, achevant de resserrer les cantonnements de ma cavalerie, je me suis vu dans le cas de la porter vers Cracovie.

Votre Altesse Impériale trouvera ci-joint les extraits des derniers rapports, qui me sont parvenûs.

M-r le baron de Bignon m'aiant fait connaître, que l'intention de Sa Majesté l'Empereur était, que le dépôt du Régiment de chevaux légers Polonais de la Garde Impériale, qui se trouve ici, fût sous mes ordres, je me suis empressé d'en passer la revue et je vais m'occuper activement de prendre les mesures nécesaires pour que ce qui s'y trouve soit en état le plutôt qu'il sera possible.

C'est avec beaucoup de plaisir, que j'ai trouvé dans la dépêche de Votre Altesse Impériale, l'annonce des fonds qu'Elle a bien voulu nous expedier par la Bohême; ils ne sont cependant pas encore arrivés ici. Dans l'extrême pénurie où nous nous trouvons, ce secours ne pourra qu'être de la plus grande utilité pour continuer d'habiller et d'équiper les troupes, ainsi que pour quelques à comptes sur la solde bien nécessaires pour des hommes nouveaux, qui ne peuvent s'habituer que par degrès aux privations et à l'assujetissement et aux officiers, qui aiant tout perdu dans la dernière campagne, n'ont eu aucune espêce d'indemnité.

J'ai l'honneur de mettre sous les yeux de Votre Altesse Impériale, la situation des troupes polonaises à l'époque du 25 de ce mois.

N° 66. — Berthier à Eugène.

Paris le 29 Mars 1813.

Monseigneur. J'ai l'honneur de prévenir Votre Altesse Imperiale que pour donner la plus grande activité à nos communications avec l'armée, un nouveau service d'Estafette vient d'être établi sur la ligne de Paris à Magdeburg par Wesel; cette Estafette servira ainsi pour la correspondance avec le Général

Vandamme à Osnabruck et le Général Bourcier à Hanovre, et d'Osnabruck un embranchement sera établi sur Breme, chef-lieu actuel de la 32-e division militaire.

L'estafette de Paris à Magdebourg, par Mayence, Francfort, Cassel et Brunswick continuera aussi d'être expédiée tous les jours; cette Estafette servira pour la correspondance avec le Duc de Valmy à Mayence et avec la Garde Impériale à Francfort; de là un service d'embranchement sera établi sur Hanau et Wurzburg pour correspondre avec le Duc de Raguse et le Prince de la Moskowa et, de Cassel, un autre embranchement sera établi pour le service du commandant d'Erfurt, du ministre de l'Empereur à Weymar et des commandants et agents de l'administration qui sont à Leipzig; ceux ci de leur côté expedieront, quand il y aura lieu, des Estafettes de retour sur Cassel; je prie Votre Altesse Impériale de vouloir bien faire donner, à cet égard, les avis nécessaires.

N° 67. — *Davout à Eugène.*

Stendal, le 30 Mars 1813 à 2 h. après midi.

Monseigneur. L'officier d'état major Scarbeck, était porteur d'un ordre du Général Monthion pour le Général Puthod, de se rendre à Stendal; l'adresse portait : *au général Puthod à Stendal;* ce n'est que par un hasard que je viens d'apprendre que cet officier d'état major avait apporté cette lettre jusqu'ici et l'avait encore dans sa poche. Je suppose cependant que le Général Puthod se sera mis en marche sur la lettre que je lui ai écrite ce matin, mais elle supposait qu'il en avait reçu l'ordre du chef de l'état major général. Quoiqu'il en soit l'officier repart pour remettre cette lettre au Général Puthod, mais en vérité ces balourdises d'état major peuvent avoir de grands inconvénients; je ne pourrai donc me mettre en marche que demain pour Osterbourg.

Je n'ai point reçu de nouveau rapport du Général Roussel; je ne pourrai pas en avoir du Général Montbrun auparavant demain.

Je joins ici des rapports sur les partis ennemis. Un officier d'état major m'a dit qu'en 1807, il avait passé sur un pont de bateau, qui avait été jetté sur l'Elbe vis à vis d'Artlenbourg au dessous de Lauenbourg; des habitants du pays m'ont confirmé ce fait, ils m'ont assuré que 30 bateaux avaient suffi pour faire ce pont. J'aurais cru beaucoup plus de largeur à l'Elbe dans cette partie.

Au surplus quel que soit le nombre de bateaux qu'il leur faudra, le canal de Stecknitz et les bateaux qu'ils ont fait descendre de la Havel, leur donneront toutes les facilités possibles.

Si tous les rapports confirment que l'ennemi se porte sur sa droite, il n'y a pas un moment à perdre pour m'appuyer.

Le Général Lauriston a négligé entièrement les premières regles du métier, qui sont en défendant une rivière, d'enlever à l'ennemi tous les moyens de passages; ils ont tous été laissés non seulement au dessous, mais au dessus de Magdebourg entre cette place et Cosswitz; mon aide de camp le Major Brosset, que j'avais chargé de s'assurer, si ces mesures avaient été exécutées de Vittemberg à Magdebourg, a ramené à Magdebourg, il y a deux ou trois jours 36 bateaux ou bacs.

N° 68. — *Du même au même.*

Stendahl le 31 Mars 1813, 8 heures du matin.

Monseigneur. J'ai l'honneur d'adresser à Votre Altesse Impériale les derniers rapports des Généraux Roussel et Montbrun.

Le Général Puthod est arrivé ici hier soir. Je le fais porter à Osterbourg avec la moitié de son Infanterie et de son Artillerie. La Cavalerie du Général Sebastiani n'arrivant qu'après midi, je la ferai reposer 3 ou 4 heures et je partirai ensuite avec elle pour Osterbourg et avec le reste de la troupe du Général Puthod.

Je m'arrêterai à moitié chemin; demain matin à la pointe du joir, je partirai avec toutes les troupes du Général Puthod pour Seehausen. Je laisserai à Stendahl deux bataillons du Général Poinsot pour conserver cette communication. La ville est environnée de murailles; il y a bien quelques brêches, mais je l'ai fait mettre en état d'être à l'abri d'un coup de main et surtout d'un parti de Cavalerie.

Le reste des Régiments du Général Poinsot occupera Verben, Osterbourg et Arnbourg.

Les 4 Bataillons du Général Ferrière occuperont depuis Tangermunde jusqu'à l'embouchure de l'Ora. Je recommanderai particulièrement de garder les bouches du canal de Plauen.

Ce ne sera qu'à Seehausen et d'après le résultat de la reconnaissance du Général Montbrun, que je pourrai avoir des nouvelles positives de l'ennemi.

Tous ces gens ci sont terrorifiés ou animés d'un mauvais esprit; on ne peut rien en obtenir.

V. A. I. trouvera des proclamations, qui sont jointes au rapport du G-al Roussel; il serait bon que S. Majesté le Roi de Westphalie, en eut connaissance, pour y répondre et prévenir ses sujets.

N° 69. — *Du même au même.*

Stendahl, le 31 Mars 1813. 10 h. 1/2 du matin.

Monseigneur. J'ai appris vaguement que l'armée du Prince de Vitgenstein, qui a sous ses ordres les généraux Yorck et Bulow, était en marche; se porte-t-elle sur le bas Elbe, ou entre Magdebourg ou Torgau, c'est sur quoi je n'ai et ne puis avoir aucune donnée; il est possible que tout ce qu'ils font sur le bas Elbe, ait pour but de nous donner le change; c'est ce que j'espère savoir positivement dans 48 h., mais Votre Altesse Impériale, qui reçoit des rapports de tous côtés doit avoir du positif. Je lui rappele les questions de l'officier russe au mâitre de poste de Wollmirstaedt sur Vittemberg. Il me parait bien important que l'on occupe les ponts de la Saale et qu'on les détruise lorsqu'on sera attaqué par des forces supérieures et que de suite on détruise tous les bateaux, bacs, etc.

Il y a sur la Mulda et en particulier à Dessau beaucoup de bateaux, que l'on devrait faire brûler, pour éviter que l'ennemi en profite pour faire des ponts. On gagne du temps en donnant ces obstacles, et c'est ce qu'il faut dans les circonstances actuelles.

N° 70. — *Du même au même.*

Osterbourg le 1 Avril 1813.
4 h. du matin.

Monseigneur. J'ai l'honneur d'adresser à Votre Altesse Impériale le rapport que je reçois à l'instant du Général Montbrun. Il est à observer que le corps du Général Czernichew n'a point passé à Seehausen, mais plus bas. Il avait d'abord passé de sa personne à Werben; mais lors de la première arrivée du Général Montbrun, il avait repassé. Les déclarations des deux officiers russes pris, s'accordent sur ce point.

En outre, tous les bruits du pays sont que des troupes russes, autres que celles de Werben, ont passé l'Elbe plus bas, du côté de Lentzen et de Lunebourg.

Demain je poursuivrai vivement ces troupes et j'espère que nous en détruirons une grande partie, si elles n'ont pas jetté des ponts. J'ai reçu la lettre de Votre Altesse Impériale du 31 Mars à 2 h. du matin, où vous me dites de m'etablir à Werben. La plupart des dispositions, que cette lettre renferme, sont en raison des circonstances inexecutables; j'agirai suivant les circonstances et les nouvelles de l'ennemi.

La copie d'une lettre au Général Vandamme, que me transmet le Général Monthion me fait connaître que j'ai le commendement de toute la ligne de l'Elbe, depuis Magdebourg et la 32-e D-on M-re; Votre Altesse Impériale m'en avait déjà parlé verbalement; je la prie de me faire connaître les troupes mises à ma disposition pour ce commandement.

Les 4 bataillons du 2-e Corps commandés par le Général Ferrière, partent aujourd'hui de Werben et se rendent en 4 jours à Magdebourg, en passant par Stendahl, Tengermunde et Grieben.

J'ai chargé le Général Poinsot, avec les 10 Bataillons du 1 Corps d'observer l'Elbe depuis Tangermunde jusqu'à la hauteur de Seehausen. Jusqu'a ce qu'il n'y ait plus d'ennemis sur la rive gauche, il tiendra à Stendahl, Osterbourg et Seehausen un Bataillon. Ces endroits sont fermés et on y est à l'abri d'un parti ennemi. Ces dispositions seront d'ailleurs changées lorsque l'ennemi n'aura plus personne sur la rive gauche.

Il parait, par la lettre de Votre Altesse Impériale, que les 6 Bataillons du 1 Corps commandés par le Général Pouchelon, seront chargé de la deffense de l'Elbe depuis Tangermunde jusqu'à Magdebourg.

Je crois, Monseigneur, qu'il serait bon qu'il eut son quartier général à Grieben, à cause de l'embouchure du canal de Plauen, qui est le point le plus important à conserver. Ce Général devra s'adresser au sous-préfet de Stendahl pour les subsistances.

Je vais envoyer de nouveau à la recherche du Général Morand; les émissaires que j'avais envoyés n'ont pas pu penetrer, les partis ennemis les ayant empêchés.

Quant au Régiment étranger, il est avec le Général Montbrun à la tête des troupes, qui sont à la poursuite de l'ennemi, qui a passé l'Elbe. Ce serait occasionner une grande perte de temps que de le retirer maintenant.

Aussitot que cette affaire sera terminée, je le dirigerai sur Stendahl.

Lorsque j'ai demandé à Votre Altesse Impériale ou il fallait diriger les prisonniers de guerre, c'est qu'un officier de l'Etat Major avait dit qu'un officier était parti pour faire établir le quartier général entre Brunswick et Magdebourg; mais j'ai appris depuis que cela avait été changé. C'est ce motif qui m'a fait faire cette question, car je n'ignore pas que c'est toujours sur le quartier général qu'on envoie les prisonniers.

Le Général Montbrun au Maréchal Davout.

Werben. Le 30 Mars 1813. à 9 h. du soir.

Monseigneur. J'ai l'honneur de vous informer que je suis arrivé à Werben à six heures. La Brigade de Cavalerie, qui s'y trouvait, étant extrêmement fatiguée ainsi que le 3-e Reg.

Etranger qui formait la ligne des avant postes, j'ai jugé à propos de les faire relever par la Brigade de Cavalerie et le bataillon que j'avais amenés de Berkau. L'ennemi occupait un village à une demi-lieue sur la route de Seehausen. Ce village m'était nécessaire pour faire vivre ma troupe; j'ai résolu de l'en chasser, ce que j'ai fait sans beaucoup de difficulté, cependant avec une résistance qui m'annonce que l'ennemi doit avoir des forces sur ce point là. Demain je marche à lui, droit à Seehausen, où je prendrai position pour la journée par deux raisons: d'abord parceque la troupe que je prends à Seehausen est très fatiguée; en second lieu, parce qu'il me semblairait imprudent d'aller plus loin, sans être sûr que je suis appuyé sur le point d'Austerbourg, point extrêmement essentiel pour couvrir ma gauche, et l'empêcher que je ne sois jetté sur l'Elbe. Je ne reviendrai point sans avoir forcé l'ennemi à se déployer devant moi et me montrer son infanterie et son artillerie.

J'aurai l'honneur de vous donner souvent de mes nouvelles par des guides du pays, que je payerai, s'il le faut, j'enverrai des Duplicatas de mes lettres. Je me conformerai à vos intentions relativement à la manière de m'exprimer, afin que l'ennemi ne puisse pas profiter de ce que j'aurai l'honneur de vous écrire, en cas qu'il parvienne à intercepter mes lettres. Je suis convenu de certaines tournures de phrases avec votre aide de camp pour des cas imprévus dans votre lettre. On ne peut obtenir dans ce pays aucun renseignement certain de la part des paysans, ce qui fait que nous sommes toujours dans la même ignorance.

Le bataillon français, que j'ai avec moi, me parait d'assez bonne volonté, mais ils ont été peu exercés d'après tout ce que m'ont dit les officiers. Si le Général Puthod se trouvait n'être pas trop éloigné de moi, et que Votre Excellence voulût m'envoyer un bataillon de cette Division, je pense qu'ayant dejà fait l'exercice à feu et connaissant mieux le maniement des armes, je pourrais de temps en temps l'employer à soulager le 3-e Régiment étranger qui pourrait bien se rebuter, si on l'employait constamment et s'il n'avait de temps en temps un peu de relâche.

N° 71. — *Davout à Eugène.*

Copie d'une lettre du Prince d'Eckmühl, datée de Lukow, du 8 avril au soir.

Monseigneur. J'ai l'honneur d'accuser réception à V. A. I. de sa lettre du 7, où Elle m'informe qu'Elle porte le 8 son quartier général à Stasfurth, en ajoutant que je dois commencer mon premier mouvement sur Salzwedel, pour me rapprocher d'Elle. Elle aura vu par ma lettre de ce matin, que Ses intentions sont remplies. Je serai demain matin de très bonne heure à Salzwedel avec le régiment étranger, deux régiments de la Division Puthod, deux escadrons de cavalerie légère et la grosse Cavalerie du Corps du Général Sébastiani.

Le Général Montbrun part demain de Lunebourg et sera le même jour à Uelzen avec 500 chevaux, un régiment de la Division Puthod et 4 bouches à feu.

D'après les rapports de cette nuit, il n'y avait pas encore d'ennemis sur la rive gauche entre Hiltzacken et Haarbourg.

Une cinquantaine de cosaques se sont encore présentés cette nuit devant Dannenberg.

Des rapports disent qu'ils ont fait déjà passer quelques troupes du côté de Domitz, où ils doivent avoir réuni beaucoup de moyens de passage.

On parle de Suédois; mais je crois que c'est prématuré, attendu que, par une Gazette récente de Hambourg, il n'y avait pas longtemps que l'avant-garde était arrivée à Stralsund.

Je dois rappeler votre attention, Monseigneur, sur la lettre de Tettenborn, que je vous ai adressée. Elle fait connaitre le plan de nos ennemis. Czernichew, avec son parti, devait agir pour soulever le pays de Brunswick, embarrasser par là les approvisionnements et les communications. Quoique Tettenborn ne parlât pas du point où il devait agir, j'ai quelques raisons de croire que c'est sur Hanovre.

L'évacuation de Lunebourg découvre entièrement cette partie. Il est donc important que l'on en fasse partir les dépôts et les malades; et qu'on ne laisse que les hommes montés à Hanovre.

Il me parait important aussi que le Roi de Westphalie envoie des forces commandées par des personnes sûres sur Celle et qu'il se mette en communication avec le G-al Vandamme. Si le Gouvernement Westphalien ne prend pas promptement des mesures dans le pays de Brunswick et de Hanovre, pour arrêter l'esprit de sédition, il éclatera de manière à nous donner beaucoup d'embarras pour les subsistances et les communications. L'exemple de Lunebourg prouve que des gens influens par leur fortune et leur rang, sont les directeurs de ces séditions.

J'ai annoncé à Votre Altesse que je n'avais pas traduit à une Com-on mil-re le nommé Erns, porteur de la lettre de Tettenborn et l'un des chefs d'insurrection du pays de Brunswick, parce qu'il faisait des révélations.

J'en joins ici une expédition, parce qu'elles seront nécessaires au Gouvernement Westphalien, à qui je pense que V. A. I. les communiquera. Elles sont nécessaires aussi à notre Gouvernement, parce qu'elles font connaître les insurrecteurs de Hambourg.

J'ai chargé le Général Montbrun de faire connaître notre mouvement au Général Vandamme. Cela était d'autant plus nécessaire que pour se lier avec nous, il portait des troupes en avant entre le Weser et l'Elbe.

Je prie V. A. J. de me faire connaître d'avance quelle sera ma direction, afin que je prenne des mesures pour faire assurer les subsistances, chose extrémement difficile.

Il serait important qu'on gardât le secret sur ces hommes et sur ces déclarations, parce que le Gouvernement Westphalien pourrait en tirer parti. Au surplus je le garde avec moi.

Lukow le 8 avril 1813.

Copie de la lettre de M-r le Maréchal Prince d'Eckmühl à M-r le général de D-on Comte Vandamme.

Je reçois à l'instant Votre lettre du 7 avril. Lorsque mon chef d'état major a écrit au général St. Cyr, je ne croyais pas votre arrivée aussi prochaine et je l'ai apprise avec beaucoup de satisfaction pour le service de notre Souverain, à qui les hommes de votre trempe sont bien nécessaires dans les circonstances où nous nous trouvons.

Je dois vous donner connaissance de l'état actuel des choses. J'ai été envoyé le 29 du côté de Stendahl, pour me mettre à la poursuite des partis russes, qui avaient passé l'Elbe et qui inondaient le pays. Le 1 avril, on a mis à ma disposition pour cet objet la division Puthod. Quelque diligence que j'aie faite, il ne m'a pas été possible de prévenir le malheureux contretemps de Lunebourg, que j'ai appris le 3, à mon arrivée à Dannenberg. C'est là aussi que j'ai reçu une lettre du major général, qui m'annonçait que la 32-e D-on M-re était mise en état de siège, que Sa Majesté la mettait sous mon commandement et que je devais me conformer aux instructions que le Vice Roi devait m'adresser. Non seulement, elles ne me sont pas parvenues, mais je n'ai pas encore reçu une réponse aux différentes lettres, que je lui ai écrites à cet égard.

J'ai continué ma marche sur Lunebourg, et j'ai poursuivi les troupes russes et prussiennes, qui ont repassé l'Elbe le 3 à Breckéde. Toute la rive gauche de l'Elbe, depuis Magdebourg jusqu'à Zollenspicker, était bien nettoyée et bien observée. J'avais le projet, en me concertant avec les troupes de Bremen, d'achever la prompte occupation de la partie de la 32-e Division M-re située entre l'Elbe et le Weser. Dans ces entrefaites, j'ai reçu l'ordre de S. A. I. le Prince Vice Roi, qui m'a été réitéré, de me rapprocher de lui; en commençant mon mouvement pour me réunir à Salzwedel, où je recevrai probablement l'ordre de me diriger sur Brunswick.

Ce qui a donné lieu à ces dispositions, c'est que l'ennemi a jetté des ponts à Dessau. Le Vice Roi défendra le terrain pied à pied, et a l'intention de concentrer ses troupes dans les environs de Brunswick.

Demain ou après, toutes les forces qui étaient sur la rive droite passeront sur la gauche, ayant de grands moyens d'embarcation à Domitz et Boitzenbourg.

J'ai chargé le général Montbrun de faire connaitre à son départ de Lunebourg cet état de chose à m-r le général St. Cyr.

L'essentiel, àprésent, est donc de se maintenir sur le Weser.

Les mesures que vous avez prescrites, si elles sont bien executées, rempliront cet objet. On ne peut y travailler avec trop de célérité.

Il faut faire occuper par vos troupes les différents ponts, que nous avons sur le Weser, en y faisant construire des têtes de pont pour mettre ces jeunes troupes à l'abri des insultes de l'ennemi. Pour la destruction des bateaux, bacs et nacelles, il n'y a nul doute que les habitants se soustrairont à cette mesure. Il n'y a qu'en envoyant par eau, depuis le point ou le Weser porte bateaux, différents détachements commandés par des officiers intelligents et actifs, que vous pouvez espérer d'obtenir ce résultat; alors il sera impossible à l'ennemi de jetter des troupes sur la rive gauche pour fomenter des troubles.

Au commencement de mon arrivée dans la 32-e Division M-re, j'avais ordonné le désarmement de tous les habitants; cela avait produit 30 à 40.000 armes, qui ont été transportées à Lunebourg; ils étaient, il est vrai, de la mauvaise espèce, mais enfin ce sont des armes qui tuent.

Je ne doute pas que les habitants ne s'en soient procurées depuis cette époque et que même les Anglais n'en aient jetté une grande quantité sur les côtes. Il faut sommer les habitants d'apporter dans les chefs lieux de leurs departements et dans un temps proportionné aux distances, toutes les armes de quelqu'espèce qu'elles soient. Ce qui reste du Dep-t de l'Elbe devra envoyer ses armes à Bremen.

Au surplus, mon cher général, toutes ces observations sont oiseuses, puisque personne mieux que vous, n'est en état de prendre de bonnes mesures pour le service de notre Souverain, selon que les circonstances l'éxigeront. Ainsi, le veritable objet de cette lettre est de vous faire connaître l'état des choses et je continuerai à vous instruire.

J'ai prescrit au général Montbrun de faire connaître au général St. Cyr le contenu d'une lettre de Tettenborn à Czernicheff. Je vous en adresse la copie. Je présume qu'il doit agir du côté de Brunswick et de Hanovre.

Au surplus, dans ces derniers jours, il y avait très peu de Russes à Hambourg. On y organisait des troupes; mais elles ne seront pas bonnes de longtemps.

La première colonne des troupes Suédoises, débarquées en Poméranie, y était annoncée.

N° 72. — Ney à Eugène.

Wurzburg, le 9 Avril 1813.

Monseigneur. J'ai reçu la lettre que Votre Altesse Impériale m'a fait l'honneur de m'écrire le 5 de ce mois; je la prie d'agréer mes remerciements pour les renseignements qu'Elle veut bien me donner.

Je pense comme Votre Altesse Impériale qu'il faut se tenir en garde contre les rapports, sans cependant négliger de recueillir aucun de ceux qui se presentent; en voici deux, que je viens de recevoir et dont je ne garantis pas la véracité.

Le 1-r est du général Durutte, qui mande de Eisleben en dâte du 6, que les généraux Yorck et Wittgenstein viennent de passer l'Elbe près de Dessau, avec 40,000 hommes èt semblent vouloir se reunir derrière la Mulde aux troupes arrivant de la Silèsie.

L'autre rapport m'est transmis par le général Doucet, commandant à Erfurt et l'Intendant de cette province; il porte que le maitre de poste d'Auerstädt donne avis, par estafette, qu'un corps Russe s'était montré le 7 à Kötten sur la Saale non loin d'Auerstädt, du côté de Naumburg, que le chemin de Gera était intercepté et qu'un quartier général Prussien était annoncé à Penning.

Le M-al Victor, duc de Bellune, au G-al Monthion.

Grande Armée.

2-e Corps.

Rapport du 9 Avril.

Depuis le moment où j'ai quitté S. A. I. le Prince Vice-Roi, il ne s'est rien passé de très intéressant sur la ligne. Quelques partis de Cavalerie continuent à se montrer sur la rive droite, notament entre Calbe et Gr. Rosenburg; une reconnaissance partira de Bernburg entre trois et quatre heures pour se porter à quelques lieues en avant dans les directions de Cöthen et de Cönnern.

Monsieur le Général Durutte mande que le parti ennemi, qui s'est montré ce matin à Gerbstädt, après avoir passé la Saale au dessus de Rothenberg, s'est retiré devant le détachement, que le Général Durutte a fait sur lui, par la même route qu'il avait suivi le matin et a repassé la Saale. Son bivouac, dit le G-l Durutte, est établi un peu au dessus de Rothenburg. Ce parti est de 300 chevaux, que l'on croit cosaques. Le poste d'Infanterie, que nous avons devant Rothenburg, a tiraillé toute la matinée avec l'ennemi, mais sans perte de notre part. M-r le G-al Durutte annonce qu'ayant reçu l'ordre de renvoyer le Corps Bavarois, qui est avec lui sur le Haut Mein pour se réorganiser, il ne lui est plus possible de faire le service, qui lui a été prescrit sur la droite de l'Armée avec les 500 hommes, qui vont lui rester. En effet il serait bien difficile à M-r le G-al Durutte de garder Alsleben, Rothenburg, Sandersleben et d'éclairer en même temps les routes de Halle et de Mersburg avec si peu de monde. S. A. I. sentira la nécessité ou de faire remplacer tout à fait M-r le G-al Durutte par une B-de d'Infanterie et une de Cavalerie du 5 Corps ou d'augmenter ses forces.

Le service, que nous devons faire dans ce moment à la droite de l'armée dans les directions précitées, est de la plus haute importance, et il convient que S. A. I. soit instruite fréquément de ce qui s'y passse, autrement les colonnes ennemies, qui déboucheraient de Halle et de Mersbourg, pourraient arriver en trois marches et sans être vues à Quedlinburg par Eisleben, Leimbach, Harkeroda et Ballenstedt. Cette circonstance génerait d'autant plus S. A. I., qu'il serait très possible que d'autres colonnes fort nombreuses, se montrassent devant lui en même temps que les premières se rendraient maitresses de nos communcations avec Braunsvieg et le Weser. Cette pensée, que je prends la liberté de soumettre à S. A. I. me fait désirer qu'Elle sache très positivement et aussi fréquemment ce qui se passe sur les routes indiquées.

Leimbach me semble être le point d'où l'on peut bien observer les mouvements des ennemis de ce côté. Harkeroda en est un autre, mais il est trop éloigné relativement à la position de l'armée.

Au quartier Général à Neu-Gattersleben le 9 Avril 1813.

N° 73. — Berthier à Eugène.

Paris, le 10 Avril 1813.

J'ai l'honneur d'informer Votre Altesse Impériale et Royale, que d'après les intentions de l'Empereur, je viens de donner l'ordre à M-r le Maréchal Duc de Tarente de se rendre par Wésel à Magdebourg, où il devra arriver le 16 de ce mois pour y prendre le commandement du 11-e Corps d'armée. Je prie Votre Altesse Impériale de donner des ordres pour que M-r le Maréchal Duc de Tarente soit mis en pouvoir du commandement, que S. Majesté lui a confié.

L'Empereur, en assignant ce poste à M-r le Duc de Tarente, a voulu l'opposer au G-al d'Yorck.

Rapports du Maréchal Victor au Général Monthion.

Grande Armée.

1-er Rapport du 14 Avril 1813 à 8 h. du matin.

2-e Corps.

L'ennemi ne s'est pas montré aujourd'hui sur la ligne de la Basse Saale. Il est parti des reconnaissances de Bernburg dans les directions de Cöthen et de Gröbzig pour avoir des nouvelles.

Une femme de Cöthen, arrivée ce matin à Bernburg avec des denrées, a été conduite chez M-r le Général Brun pour être interrogée. Elle a déclaré avoir vu et entendu de grands mouvements de troupes durant toute la nuit dernière et que ces troupes paraissaient se diriger sur Halle. Je suis porté à croire que ce rapport est vrai, attendu que les ennemis maneuvreront avec plus d'avantage sur nous en agissant par notre droite.

Il convient, je pense, que l'on se garde fortement dans les directions d'Eisleben et de Gerbstäde.

On peut supposer que les armées alliées présenteront un petit corps devant S. A. I. pour masquer le mouvement qu'elles feraient en force sur le Prince de la Moskowa, ou qu'elles feront un détachement sur le Prince de la Moskowa pour attaquer S. A. I. le Vice-Roi avec leurs masses. Il me parait très important d'employer tous les moyens possibles pour connaître les véritables projets de l'ennemi.

Dans la première hypothèse, il serait sans doute necessaire que S. A. I. marchât sur le corps ennemi resté devant Elle et que le Prince de la Moskowa refusât le combat; comme il conviendrait dans la seconde hypothèse, que S. A. I. appuyât son armée aux montagnes du Hartz pour annuller les grands moyens que l'ennemi compte déployer en cavalerie, en même temps qu'Elle engagerait M-r le Prince de la Moskowa à maneuvrer de manière à faire une diversion qui nous fût favorable.

Au Quartier Général à Neu-Gattersleben le 14 Avril 1813.

Du même au même.

2-ème Corps.

1 Rapport du 15 Avril 1813.

Différentes reconnaissances ont été poussées ce matin de Bernburg sur les routes de Cöthen, Gröbzig, Halle et dans la direction de Grena. Celle sur la route de Gröbzig, qui était la principale, était composée de 150 chevaux et d'un Bataillon d'Infanterie. Nos éclaireurs ont trouvé les vedettes ennemies sur les hauteurs de ce côté ci du village de Poley, avec lesquelles ils ont engagé un feu très vif qui a duré à peu près quatre heures; à leur approche l'ennemi a placé un Bataillon à gauche du village; le reste de ses forces sur ce point, ainsi que plusieurs pièces d'artillerie, ont fait un mouvement sur notre gauche pour se porter sur la route de Cöthen; peu de temps après nos flanqueurs sur ce point ont aperçu ceux de l'ennemi et lorsque le brouillard qu'il fesait a été tombé, on a vu dans la plaine une masse d'environ 2,000 hommes d'Infanterie et 400 chevaux se dirigeant sur Dröbel. On peut évaluer la totalité des forces que l'ennemi a déployée à 2,500 hommes d'Infanterie, 600 chevaux et trois pièces de canon.

M-r le Général Brun a parlé au Bailli de Roschewitz, qui lui a réitéré ce qu'il avait dit hier à l'officier envoyé en reconnaissance sur ce point; que l'ennemi a des forces considerables dans les environs de Dessau, Cöthen, Poley et Balberg, ajoutant que le Général Yorck est à Cöthen, le comte Wittgenstein à Dessau et que le Général Blücher doit être arrivé à Leipzig venant de Dresde. Une jeune fille de Munche-Nieburg, qui a quitté Dessau hier matin, dit que le Comte Wittgenstein s'y trouvait encore et qu'elle a appris en route, que le Général Yorck était à Cöthen; ses déclarations confirment les nouvelles données par le bailli de Roschewitz. Les reconnaissances envoyées sur les routes de Halle et de Grena n'ont fait aucune rencontre, celle sur la route de Dröbel a aperçu 2,000 à 2,500 hommes venant de Poley et se dirigeant diagonalement sur Dröbel. La Cavalerie ennemie a suivi la reconnaissance lorsqu'elle s'est retirée, jusqu'au près de Bernburg, sans cependant oser la charger.

Le Bataillon, qui était à Alsleben, a pris position à Aderstedt. Les troupes prussiennes qui étaient devant Calbe ont été remplacées par des troupes russes.

Dans la nuit dernière les ennemis ont enlevé du village de Tröpitz une grande quantité de planches et autres objets propres à la construction d'un pont, qu'ils ont chargés sur des voitures et dirigés sur Gros et Klein Rossenburg.

Depuis deux heures du matin on a entendu un grand bruit et remarqué un grand mouvement dans les villages de Gros et Klein Rossenburg, des voitures ne cessaient d'aller et venir et à la pointe du jour, on a entendu à une portée de fusil au dessus de Gros Rossenburg remuer des planches avec un grand fracas, comme si on les jettait de très haut. Un second rapport du commandant de bataillon qui est à Verkleitz annonce que l'ennemi réunit des forces à Gros Rossenburg et qu'il croit qu'il a l'intention de forcer le passage sur ce point.

Ce rapport est contradictoire, en ce qui concerne le mouvement des ennemis à celui de hier, mais je suis toujours porté à croire, que si nous devons être attaqué ce sera par la droite et que l'ennemi ne fera que des démonstrations sur la Basse Saale.

N° 74. — *Davout au Prince Eugène.*

Gifhorn, le 15 Avril 1813.
à 1 h. du matin.

Monseigneur. Je reçois votre lettre du 13 Avril d'Achersleben, où vous me mandez que vous apprenez par hazard et avec étonnement mon mouvement sur Gifhorn, m'ayant écrit que dans le cas d'un mouvement rétrograde, je devais vous rejoindre sur l'Aller ou sur l'Ocker, que rien n'annonce que j'aie eu en presence un ennemi considérable, que dans ce cas, vous seriez étonné, que je ne vous en eusse pas écrit directement, et que dans le cas contraire, je n'eusse pas du prendre l'initiative dans ce mouvement.

Monseigneur, je vous avoue que le contenu de cette lettre m'a peiné. Je me bornerai pour vous expliquer ce que j'ai éprouvé, à vous rappeler les faits.

Le 9, en me portant sur Salzwedel, en vertu de vos ordres bien positifs, renfermés dans votre lettre du 7, je vous ai fait connaitre, qu'informé par le Général Poinsot, qu'en vertu des ordres de Votre Altesse Impériale, il devait se retirer sur Magdebourg et que ce mouvement était nécessité par le passage de l'ennemi à Dessau, je croyais devoir, à moins d'ordres contraires, me porter sous 48 heures sur Gifhorn, puisque par ce mouvement, un intervalle de 32 lieues de pays, dans les points les plus favorables au passage de l'ennemi se trouvait entièrement à découvert et que le résultat serait d'intercepter toute espèce de communication entre Votre Altesse Impériale et moi et de favoriser tous les projets de l'ennemi d'insurger le Hanovre et Brunswick, projets dont Votre Altesse a eu la preuve matérielle par la lettre du Général Tettenborn au Général Czernicheff, que j'ai l'honneur de vous faire passer.

Je vous prévenais, Monseigneur, que dans les 48 heures j'exécuterais ce mouvement, ce tems étant suffisant pour recevoir vos ordres.

Le 11, Votre Altesse Impériale à répondu à ma lettre. Mon aide de camp Beaumont m'a rejoint entre Salzwedel et Brome, et Salzwedel n'a été evacué que le lendemain. Votre réponse ne me donnait aucun ordre contraire : il était alors évident que Votre Altesse Impériale donnait son assentiment à ce mouvement, qui seul pouvait maintenir nos communications et couvrir Brunswick et Hanovre, où tous nos établissemens précieux de Cavalerie étaient; et sans ce mouvement tout le pays serait maintenant tourmenté par les partis ennemis, puisque toutes les troupes disponibles de Votre Altesse s'étaient portées sur la Saale; et qu'enfin ayant une fois quitté l'Elbe pour exécuter vos ordres et tout le pays depuis Magdebourg, Dannenberg et Schnackenbourg étant dégarnis de troupes, il devenaient impossible d'empêcher les partis ennemis de passer.

Maintenant, Monseigneur, faites vous rendre compte de toutes les lettres que m'a écrites le Général Monthion et j'ose croire que vous regretterez Votre lettre du 13, qui n'a pu échapper que dans un de ces moments où, étant surchargé d'affaires, il est facile d'oublier des ordres donnés, et de recevoir de fausses imprétions.

Je me serais regardé comme coupable d'après votre lettre du 7 dans laquelle Votre Altesse Impériale, croyant la totalité de l'armée ennemie passée à Dessau et se portant sur Brunswick, desirait que je me rapprochasse d'elle avec la D-on Puthod et le 2 Corps de réserve de Cavalerie pour prendre part à une affaire générale sur l'Ocker, si elle devait enfin avoir lieu, si je n'avais fait ce mouvement.

L'amour de mes devoirs, mon dévouement sans bornes pour mon Souverain, seront dans toutes les circonstances de ma vie, ma seule règle, et j'y sacrifierai tout; et j'ose croire que l'Empereur en aura une nouvelle preuve si Votre Altesse Impériale lui donne connaissance de sa correspondance et de celle du Général Monthion avec moi, et de la mienne dans ces dernières lettres.

Je profite de cette circonstance, Monseigneur, pour vous rappeler les différentes lettres par lesquelles je réclamais à Votre Altesse Impériale les instructions pour le commandement que Sa Majesté m'a confié dans la 32 D-on M-re et dont le Prince de Nêuchatel m'a donné avis par sa lettre du 29 Mars, en me faisant connaître que Votre Altesse Impériale me ferait passer des instructions à cet égard. Toutes mes lettres à ce sujet étant restées sans réponses.

Je joins à cette dépêche le dernier rapport du Général Maurin.

Je vais établir une colonne mobile entre Celle et Gifhorn, pour empêcher les partis ennemis de passer la rivière sous ma présence ici. Les parcs d'artillerie venant de Magdebourg, passant par Brunswick et se dirigeant sur Minden, seraient bien à découvert et seraient enlevés par les partis ennemis.

L'ennemi s'est montré plusieurs fois dans la journée à nos avant postes; mais c'était de très faibles partis.

Le général Morin au Maréchal Davout.

Celle, le 14 Avril 1813, 8 heures du matin.

Monseigneur. Je viens de recevoir votre dernière dépêche de hier à 6 h. du soir. Je me conformerai à son contenu. Par la lettre ci-incluse du major du 12 de ligne, vous verrez que les ponts de Werden et de Koethen seront détruits ce matin. Ainsi il sera inutile que j'envoie les 25 hommes de cavalerie, qui auraient été bien exposés et qui n'auraient pu me rejoindre de quelques jours. J'ai donné les ordres que vous m'avez prescrits aux autorités civiles, mais je ne dois pas compter beaucoup sur leurs rapports, d'abord il y en a comme celle de Valsodia, qui sont déjà en insurrection ou aidant l'ennemi de tous leurs moyens.

J'ai envoyé ce matin des reconnaissances sur mes flancs et en avant; celle qui a été à Wienhausen a été informée par les paysans, que 50 cosaques y avaient paru et qu'ils avaient passé la rivière, le gendarme, porteur de votre dépêche, me confirme le même rapport. Je vais y envoyer un escadron pour rechasser ce parti sur la rive gauche et rétablir ma communication avec vous, qui du reste court le risque d'être troublée à chaque instant, mais si j'envoie toutes les fois que l'ennemi le fera une portion de ma cavalerie, je serai bientôt réduit à rien.

Je serai bien circonspect à cet égard, pensant que ce que j'ai de mieux à faire, est de rester réuni avec mon corps, afin de faire repentir l'ennemi de sa temérité, s'il osait venir l'attaquer. L'ennemi n'a pas encore paru sur mon front, j'ai toujours pensé qu'il inquiéterait là mes flancs avant.

Je fais reconnaitre bien l'embranchement des routes de Brunswick et Giffhorn et d'après le rapport de l'officier, la cavalerie qui y serait, courait le risque d'être enlevée. Je me bornerai à y envoyer fréquemment.

Je ne chercherai point à connaître les dispositions générales de notre ligne de déffense, mais je crois qu'il est de mon devoir de vous observer, Monseigneur, que mon corps est à une bien grande distance du votre et que ma communication avec vous se fesait lentement et avec peine; l'ordonnance que je vous adresserais pour vous instruire de l'attaque de l'ennemi sur moi venant à être prise, l'ennemi pourrait, dis-je, tout tenter sur moi sans craindre vos mouvements. Néanmoins, Monseigneur, soyez tranquil sur le parti, que je prendrai; ce ne sera qu'à la dernière extrémité et forcé à le faire par de l'artillerie et de l'infanterie, que j'abandonnerai Celle. Le gendarme porteur de votre dépêche de 6 heures du soir, ne m'est arrivé ici qu'à 8 heures du matin. Quant à ma communication avec Nienbourg, il y a 12 ou 14 lieues, je vois avec peine que nous sommes obligés d'être aussi disséminés.

Je vous expédie celle ci, Monseigneur, par un Capitaine du 11 d'hussards, qui désire joindre son régiment, je le dirige par Meinersen, et je le fais marcher avec l'escadron, que j'envoie sur cette route.

Je ne vous parle pas des rapports ridicules que me font des hommes, envoyés par les autorités civiles, ils parlent de Suédois, de Russes par 10 ou 20 milles marchant contre nous. Ces gens là sont tout frappés de frayeur et ne peuvent pas nous être d'aucune utilité. Ce qu'il y a de mieux à faire je pense, c'est de me bien garder et eclairer, et de me tenir toujours et sans cesse réuni.

Je vous ai expedié là tous les paquets quiètaient ici à la poste par deux gendarmes.

Nº 75. — Davout au Prince Eugène.

Copie d'une lettre du Prince d'Eckmühl, dâtée de Gifhorn, du 16 avril 1813.

Monseigneur. Hier, après midi ayant vu l'ennemi établir des postes de cavalerie sur la route d'Ueltzen en avant de nos avant postes, j'ai fait faire une reconnaissance : le Général Sébastiani est parti avec 2 Bataillons, 200 chevaux et 3 bouches à feu. J'avais recommandé de passer vivement les avant postes ennemis de manière à faire des prisonniers; cela nous a réussi. L'ennemi a été attaqué vigoureusement, on en a sabré une vingtaine; l'officier commandant le détachement a été pris avec un cosaque. Je vous envoye la declaration de ces deux prisonniers. Celle de l'officier est très importante en ce qu'elle annonce que le 28 Mars, Kutusow, avec son armée, était encore à Kalisch, Barclay de Tolly à Glogau, qui n'était pas encore assiégé et que rien n'anonçait encore un mouvement.

Il paraitrait qu'il n'y a encore dans ce pays-ci que le corps des partisans Czernicheff, Tettenborn, Dornberg et Benkendorf. Je le ferai interoger de nouveau et le ferai partir ensuite pour le Quartier Général.

Je prie V. A. I. de me faire connaître si Elle peut se passer du corps que je commande, parce qu'en m'éloignant d'ici, il ne faut plus compter sur lui, puisque nos communications seront entièrement interceptées par des partis.

Il serait même bon que le Général Dubois, qui est à Brunswick se mit en mesure pour couvrir cette place contre les partis ennemis, qui d'ailleurs ne seraient pas considerables.

J'adresse à V. A. I. une lettre que je reçois du Général Vandamme. Mon intention était de vous demander de la cavalerie pour ce Général. Je vous prie de mettre à sa disposition la Cavalerie disponible, qui peut se trouver avec le Général Dambrowski et même ce qui peut compter avec le G-al Gobrucht. Cela est d'autant plus indispensable, qu'il parait qu'il aura à faire bientôt avec une expédition Anglaise.

Déclaration d'un officier Russe prisonnier, datée de Githorn du 15 Avril.

L'officier russe qui a été fait prisonnier se nomme Goetz, né en Russie et d'origine Saxonne. Il n'est que depuis 3 jours au Corps de Czernichow. Il arrive du Quartier Général de l'Empereur, qui était à Kalisch le 28 Mars, date de son passeport. Il était capitaine près du Général Strobrokoff, chargé du logement du Quartier Général Impèriale, Mécontent de cette place, qui le tenait toujours en arrière, il a demandé à servir dans les cosaques, il a été envoyé au corps de Czernichow.

Il a laissé ce Général à Uelzen hier matin. Il commande 3,000 hommes de cavalerie, dont deux régiments de hussards, 2 de dragons et le reste de cosaques. Ils ont avec eux 6 pièces de canons, et pas du tout de Prussiens. S'il y a de l'infanterie Russe, elle n'est qu'en très petit nombre. Tout le corps était réuni hier matin à Uelzen, quand il est parti avec son régiment, 300 hommes sont restés dans le village et le piquet de 100 hommes s'est placé en avant.

De Kalisch, il s'est dirigé vers le G-al Witgenstein, il a assisté à l'affaire en avant de Magdebourg, après laquelle le G-al Witgenstein l'a envoyé au Général Czernichow, qui était à Domitz. C'est à ce point qu'il a passé l'Elbe, avec tout le corps. De Domnitz il est allé à Dannenberg, d'où il s'est dirigé sur Uelzen. Entre Magdebourg et Domitz, il n'a rencontré aucune troupe.

Il n'a pas ouî parler des Suédois. Il ignore où se trouvent les Généraux Dornberg et Benckendorff. Le Corps de Kutusow est à Kalisch et doit être fort de 40,000 hommes — celui de Barclay, ci devant Tschischakoff, est à Glogau.

Rapports du maréchal Victor au général Monthion.

Grande Armée.

1 Rapport du 16 Avril, à 10 h. du matin.

2-ème Corps.

Tout est parfaitement tranquille ce matin sur la ligne de

la Basse-Saale, et on peut en conclure que tous les préparatifs, que l'Ennemi a fait sur plusieurs points, pour passer cette rivière, n'avaient pour objet que de détourner notre attention de ses operations principales. Je persiste toujours à croire qu'il n'a laissé qu'un détachement devant S. A. I. le Vice-Roi pour porter ses efforts sur les corps de l'armée Impériale, qui sont en marche dans les directions de la Saxe; la conviction de ce mouvement serait d'une haute importance, S. A. I. y trouverait de grands moyens de rompre les desseins de l'ennemi et peut être une chance favorable pour ouvrir heureusement cette campagne. La manière la plus assurée de savoir bientôt à quoi s'en tenir à ce sujet, serait, ce me semble, de faire de fortes reconnaissances, par les deux rives de la Saale, pour pousser tous les partis ennemis qu'elles rencontreraient, jusqu'à ce qu'elles aient obtenus des renseignements positifs sur la marche des alliés. Si j'avais ici des troupes en état de combattre en pays ouvert, comme l'est celui-ci, je demanderai l'autorisation de passer la Saale avec 6,000 hommes et du canon pour aller reconnaître Cöthen, Gröbzig et Connern où je recevrais assurement des nouvelles positives sur la marche des armées ennemies. Mais les bataillons, dont je dispose, ne sont pas encore assez instruits pour faire ce service. Ils sont d'ailleurs en trop petit nombre et je n'ai pas assez de cavalerie. Je pense que M-r le G-al Latour-Maubourg pourrait aussi avoir de bons renseignements à Eisleben.

Les inquiétudes que j'ai manifestées hier eussent été ridicules si j'avais connu l'etablissement de M-rs les Généraux Latour-Maubourg et de Lagrange à Leimbach, mais l'ignorant absolument, elles étaient fondées. Les généraux commandants les corps d'armée, n'en auraient jamais de semblables s'ils étaient instruits du service que chacun doit faire toutes les fois qu'il y a des mouvements à l'armée.

Du même au même.

Grande Armée.

1-er Rapport du 17 Avril.

2-ème Corps.

Si les ennemis n'ont pas l'intention d'attaquer les troupes du

2-e Corps, sur la basse Saale, ils s'attachent du moins beaucoup à nous faire croire qu'ils l'ont et que leur entreprise sur nous doit être prochaine. Ils ont réuni à Gr. Rosenburg un grand nombre de barques et tous les matériaux nécessaires à la construction de plusieurs ponts; ils ont travaillé hier tout le jour à percer des embrasures dans la digue de leur rive et à ouvrir les rampes où ils démontrent vouloir établir leurs ponts. Ils font tous ces apprêts à la faveur de la digue, derrière laquelle les canons ne peuvent pas les atteindre. Ils ont montré hier, sur se point, une colonne d'infanterie, que l'on a jugé être de 3 à 4,000 milles hommes, suivi de plusieurs pièces de canons et d'un assez gros corps de cavalerie. L'officier supérieur que j'ai à Werkleitz avec deux bataillons et 4 pièces de canon, se dispose à contrarier l'ennemi, le plus qu'il pourra, s'il tente le passage.

M-r le G-al Brun me rend compte que les démonstrations offensives des ennemis n'ont pas lieu seulement à Gr. Rosenburg, mais sur toute notre ligne et notament en face d'Alsleben, où elles témoignent le projet d'établir un autre pont sur ce point. On y a vu arriver hier des barques et autres objets nécessaires à cet établissement, ainsi qu'un bon nombre de troupes de toute arme. Malgré tous ces mouvements et ces préparatifs, je suis toujours persuadé que l'ennemi a d'autres vues que celles d'agir contre nous par la basse Saale, mais il me paraît aussi qu'il pourrait nous obliger à quitter momentanément Bernburg pour se rendre maître de la Ville haute et par conséquent du pont qui en est commandé. Il n'aurait pour cet effet qu'à faire passer un gros détachement par Alsleben ou plus haut et le diriger sur cette ville. M-r le G-al Brun serait obligé de la lui céder et il n'aurait gagné sur nous, dans trois ou quatre heures et sans risque, un avantage qu'il nous serait difficile de recouvrir. Je voudrais pour les empêcher de faire cette entreprise, que Güsten fut occupé par 4 bataillons et du canon de la division Maison. Cette mesure couvrirait le trop long espace, qui sépare la gauche de l'armée de la droite des bataillons du 2 Corps, en imposerait à l'ennemi assez pour le contenir derrière la Saale et ne dérangerait en rien les dispositions de S. A. I. relativement à son projet de s'appuyer au besoin des montagnes du Harz.

Au Quartier Général à Neu-Gattersleben le 17 Avril 1813.

N° 76. — Berthier à Eugène.

Mayence, le 17 Avril 1813.
à 3 heures du matin.

Monseigneur, l'Empereur me charge de vous écrire pour vous prévenir de son arrivée à Mayence. S. M. desire que vous la teniez bien au courant de tout ce qui se passe de Votre côté.

L'Empereur vient de me prescrire de rappeler près de moi, tout ce qui appartient à l'Etat Major Général et qui peut se trouver à l'armée de l'Elbe; j'invite Votre Altesse à vouloir bien former de suite son Etat Major. Si Elle desire le Général Guilleminot, je le lui enverrai. Cet officier se trouve à Francfort. S. A. sentira combien il m'est nécessaire d'avoir près de moi le Général Monthion, mes bureaux et tous mes officiers.

N° 77. — Le Maréchal Victor au Prince Eugène.

Monseigneur. Il est de l'intérêt des ennemis de manœuvrer de manière à pouvoir combattre avec la majeure partie de leurs forces, les premières troupes Impériales, qui se présenteront pour descendre la Saale et d'occuper Votre Altesse par des démonstrations. Ils ont le même intérêt à commencer par combattre Votre Altesse, mais puisqu'ils ne l'ont pas fait jusqu'à ce moment, il est permis de croire que ce sera par leur gauche qu'ils agiront et il me parait que Votre Altesse Impériale a parfaitement jugé leur intention, et qu'en portant sa droite en avant dans la direction de Querfurth, elle se met en mesure de faire sa jonction avec l'Empereur, sans que l'ennemi puisse s'y opposer, ou d'attirer une partie de ces forces sur elle et par ce moyen, faire une diversion favorable aux Corps d'armée, qui sont en marche.

Ainsi que je l'avais prévu l'ennemi s'était préparé à Alsleben pour faire un mauvais parti aux Bataillons du 2-me Corps, mais l'armée du Général Maison les a obligés à abandonner leurs projets et à repasser la Saale. Cette division est tres bien placée sur ce point et d'autant mieux, qu'elle va se trouver parfaitement en ligne d'après le mouvement que Votre Altesse fait faire à sa droite.

Je vais employer tous les moyens possibles pour avoir des renseignements sur les projets de l'ennemi. Je m'empresserai de les transmettre à Votre Altesse Impériale.

à Neu-Gattersleben le 20 Avril 1813.

N° 78. — *Lauriston à Eugène.*

Ashersleben, le 20 Avril 1813.
à 8 heures du soir.

Monseigneur. M-r de Sinelly, mon aide de camp, vient d'Asleben et de Plotzkau où il a trouvé le G-al Maison. Il n'y avait rien de nouveau, les pièces de canons qui étaient sur la hauteur au dessus de leur pont et les 4 qui étaient en bas près le pont, ne paraissent plus; on ne voit au delà du ravin d'Asleben que quelques postes de cosaques. On ne voit de l'autre côté de la Saale que quelques postes de cosaques, aucune infanterie, ni cavalerie régulière. Il faut qu'il yait eu de l'inquiétude parmi les cosaques. Contre leur ordinaire, les vedettes ont été continuelement à cheval. M-r de Sinelly n'a pu rien savoir sur ce qu'étaient devenus Witgenstein et Jork et leurs projets présumés, il n'a pu avoir que des renseignements sur ce que l'ennemi avait à Alsleben avant notre arrivée.

C'était un G-al Russe, qui y commandait les Russes et les Prussiens, il logeait au moulin, le meunier prétend n'en pas connaître le nom. Il y avait 2 colonels russes, 4 compagnies conaître le nom. Il y avait 2 colonels russes. 4 compagnies de chasseurs russes ont été placées hier dans les batteaux, elles étaient destinées pour Wettin, on les a arrêté un moment hier, elles ne sont plus en présence aujourd'hui. Il y avait aussi 1,500 cosaques, 800 dragons de Poméranie (prussien), 50 hussards noirs, 2 Bataillons de fusilliers prussiens, tout cela a filé hier, 3 ou 4 comp. de chasseurs prussiens sont restés au pont. Ils paraissent diminuer, mais on les y croit encore en partie.

Le Prince Royal de Prusse a dit-on son quartier général à Grobzig, entre Coethen et Coennern.

On n'a pu recueillir d'autres renseignements. Le G-al Maison avait reçu son ordre et faisait placer ses troupes à Shuksted, Shakentrut etc.

Nos postes de Mehringen n'ont rien vu. La cavalerie légère de la 3 Division était arrivée.

Il n'y a pas eu un coup de fusil de tiré. J'enverrai demain de bonne heure à l'observation.

Minden le 20 Avril. 1813.

Copie d'une lettre de M-r le Général Bourcier à M-r le Maréchal Prince d'Eckmühl.

Votre Excellence m'ordonne de lui faire connaître les circonstances, qui me mettent dans l'impossibilité de remplir les intentions de S. A. I. le Prince Vice-Roi, qui a annoncé à V. Exc., que je recevais l'ordre de mettre à sa disposition 800 chevaux sous les ordres du Général Beurmann et que bientôt ce nombre s'éleverait à 1,200.

Je crois donner à V. Exc. les renseignements qu'elle demande sur la situation des 17-e et 19-e Régiments des lanciers Lithuaniens et 9-e de chevau-légers; elle jugera par l'exposé, que je vais avoir l'honneur de lui faire, des causes qui ont empêché que ces régiments n'eussent le nombre d'hommes montés disponibles, qui est annoncé par S. A. I. le Prince Vice-Roi.

Les 17-e et 19-e Régiments de lanciers Lithuaniens sont arrivés à Hannovre le 13 et 14 Mars, et comme cette ville dont toutes les ressources étaient absorbées par la présence du dépôt Général et par les commandes faites par Son Exc. le M-tre Directeur de l'administration de la guerre et par moi, n'offrait aucun moyen à ces corps, de pourvoir aux confections d'habillements, equipements et harnachements qui leurs étaient nécessaires, je les fit partir pour Hildesheim; mais le 17 Mars ils fûrent obligés de quitter cette ville par suite de l'ordre que j'ai reçu de M-r le Général Lauriston, qui me prescrivait de diriger sur Cassel les troupes non disponibles du dépôt Général et, aussitôt que l'état des choses parut plus rassurant, je les envoyai à Minden, pour qu'ils eussent plus de facilité à s'occuper de leurs confections. Ces régiments étaient dans un dénuement absolu de toutes choses. Les hommes n'étaient ni habillés, ni équipés; il n'existait pas un seul harnachement au 17-e Regiment et le 19-e n'avait que 150 sans schabraques; les chevaux etaient tous blessés grièvement, et dans un état de maigreur qui exigeait un lonq repos.

Il avait été accordé à chacun de ces corps une avance de 100,000 francs pour faire face aux dépenses de première mise; mais le colonel du 17-e Régiment avait été pris avec l'ordonnance de 100,000 francs de son corps; le 19-e Régiment avait touché 70,000 francs sur son ordonnance de 100,000 et se trouvait par conséquent en mesure de s'occuper avec succès de ses confections.

Le 15 Mars j'avais écris à M-r l'Intendant G-ral pour le prier d'expédier par duplicata l'ordonnance du 17-e Regiment, qui avait été perdue, et pour lui demander un Sous-Inspecteur, qui fut spécialement chargé de la police des deux Régiments Lithuaniens pour hâter leur organisation, établir les bâses de leur comptabilité et diriger toute leur administration. M-r l'Intendant G-al me répondit, qu'avant d'expèdier le duplicata de l'ordonnance, il avait besoin de connaître la situation du 17-e Régiment, tant au personnel, qu'au matériel et jusqu'à ce jour ce corps n'a rien reçu, en sorte qu'il est toujours dans le même état de dénuement; c'est ce qui me décida à lui faire payer l'avance de 40 francs par homme, accordée par l'arrêté de S. A. I. le Prince Vice-Roi en dâte du 10 Mars.

Le 19-e Régiment ayant les moyens de travailler à ses confections, j'avais donné des ordres pour qu'il eut un escadron de 250 hommes prêts à entrer en campagne pour le 25 de ce mois; mais d'un côté, les ressources dont il a pu disposer, n'ont pas répondu à mon attente; de l'autre voulant seconder les efforts du Régiment, qui n'avait pu faire confectionner que 150 selles sans schabraques, je lui avais donné un ordre pour recevoir cent selles complêtes et les 150 schabraques, qui leur manquaient, et qui pouvaient être prises sur celles qui ont été tirées de Dantzig au nombre de 500; mais le garde-magasin de Magdebourg a refusé d'acquitter le bon des 150 schabraques, quoi qu'il fut revêtu de mon ordre, et que M-r l'Intendant G-al m'eut annoncé qu'il l'avait visé pour autoriser la délivrance.

Il résulte de toutes ces circonstances que malgré tous mes efforts et mes soins le Régiment ne pourra avoir pour le 29 de ce mois, les 250 chevaux disponibles sur lesquels j'avais compté.

Le 28 Mars dernier, en suite des ordres de Sa Majesté, j'ai fait choix dans chacun des Régiments Lithuaniens de 125 hommes destinés au Régiment de chevau-légers Lanciers de la Garde-Impériale et je les ai dirigés sur Francfort. Ces Régiments ayant un excèdent de chevaux, j'en ai retiré 116 au 17-e Régiment et 120 au 19-e et je les ai fait distribuer aux différents dépôts de cavalerie légère.

Le 9-e Régiment de chevau-léger devait recevoir des Départements des bouches du Weser et de l'Elbe, de l'Eur supérieur, de la Lippe, de la Frise, des bouches de lyssel et de la Meuse, ainssi que de la conscription, savoir :

671 hom., 621 chev. et 272.246 fr.
Il n'avait reçu au 10 Avril que 352—541 et 22.000 fr.

J'ai constamment pressé les confections de ce Corps; j'ai prescrit au Colonel de prendre toutes les mesures nécessaires pour avoir un escadron de 250 hommes en état d'entrer en campagne au 25 avril, en le prévenant que si les rentrées de fonds, qu'il attendait des Départements, où il avait envoyé des officiers, n'étaient pas assez promptes pour qu'il pût faire face à toutes les dépenses, j'y pourvoirais au moyen des fonds, que j'ai à ma disposition.

La Colonel de ce Régiment m'ayant annoncé qu'il avait reçu l'avis de S. Ex. le M-tre de la Guerre que l'armement de son Régiment était en route, je lui ai prescrit d'envoyer un officier pour en presser l'arrivée et pour hâter surtout l'envoi des armes nécessaires aux 250 hommes à cheval pour l'époque indiqueé. Mais je puis, dès aujourd'hui, mettre à la disposition de Votre Exc. 50 hommes montés de ce Régiment et sous deux ou trois jours 100 chevaux du 17-e Régiment Lithuanien seront disponibles.

Je charge M-r le G-al Beurmann de surveiller et d'activer

par tous les moyens possibles les confections des deux Régiments sous ses ordres, afin de les mettre promptement en état d'entrer en campagne.

L'effectif des 9-e Régiments de chevau-legers et 17-e de Lithuaniens d'après les situations remises par les Corps; etait à l'époque du 16 de ce mois, savair :

Celle du 9-e de chevau-legers 559 hommes dont 495 en état de servir et de 579 chevaux, dont 500 disponibles, et celle du 17-e Lithuanien de 540 hommes, dont 359 en état de servir et de 632 chevaux dont 471 disponibles.

Votre Exc. jugera d'après cet exposé qu'il n'a pas dépendu de moi que ces Régiments offrissent en ce moment le nombre d'hommes en état de combattre, sur lesquels j'avais cru devoir compter. Les fréquents déplacements de ces Corps et l'insuffisance des ressources qu'offre ce pays, tant en matières premières, qu'en ouvriers pour les confections de tout genre, sont des obstacles qu'il m'était impossible de vaincre, malgré le vif désir que j'ai de mettre le plus promptement possible en état de combattre toutes les troupes de cavalerie qui s'organisent près des dépôts généraux.

N° 29. — *Davout à Eugène.*

Minden, le 21 Avril 1813.

Monseigneur. J'ai l'honneur de rendre compte à Votre Altesse Impériale qu'à mon arrivée à Minden, j'y ai trouvé le parc d'artillerie commandé par le colonel Lavoie, qui était sur le point de rétrograder sur Wesel. J'ai pensé qu'il était utile au service de l'Empereur d'employer cette artillerie, d'autant plus que le Général Vandamme, ayant à peu près 35 bataillons, n'a avec lui que 3 pièces de 3.

J'ai divisé ce parc d'artillerie en trois parties :

1) Une batterie de 8 bouches à feu, dont un obusier, avec 12 caissons de munition et 8 caissons d'infanterie, matériel et personnel. J'ai attaché cette batterie à la Division Dumonceau, elle est partie hier 20 pour Niembourg.

2) Je laisse à Minden, pour l'armement de la place, 6 canons

de 12, 12 canons de 6 et un obusier. 9 caissons de 12, 18 caissons de 6, 3 caissons d'obusier et 7 à 8 caissons d'infanterie.

3) Et enfin, je dirige sur Osnabruck 12 canons de 12, 37 canons de 6, 4 obusiers, 3 affuts de rechange de 12, 1 caisson d'infanterie, 11 chariots de munitions et 40 à 50 caissons de modèle autrichien.

Comme je n'ai trouvé dans les chevaux du train de l'artillerie de ce parc, et dans ceux qu'a délivré le G-al Bourcier, que le nombre suffisant pour atteler la batterie partie pour Niembourg et 32 chevaux seulement, en état de partir, sur les 92 qui restent, je me suis décidé à frapper une réquisition de 100 chevaux sur l'arrondissement de Minden et de 50 sur la principauté de Schaumbourg-Lippe, lesquels chevaux completent le service des pièces que je laisse à Minden.

Quant aux pièces dirigées sur Osnabruck, j'ai frappé une réquisition de trois cent (300) chevaux sur le Département de l'Enns supérieur et 80 sur la principauté de Lippe Detemote.

Ces chevaux seront livrés au Général Bourcier à Osnabruck du 1-er au 5 Mai et payés par lui, 440 francs, les harnais compris.

Le colonel Lavoie écrira par mon ordre au directeur de l'artillerie à Wesel, afin qu'il lui soit envoyé les munitions nécessaires pour completter l'approvisionnement des pièces, que je laisse à Minden et de celles que je dirige sur Osnabruck.

Par ces mesures, j'espère que sous 15 jours, j'aurai le nombre de chevaux nécessaires pour l'attelage de toute cette artillerie et à moins d'ordre contraire, je ferai prendre la dessus pour completer toute l'artillerie affectée au 1 Corps, ce qui est d'autant plus nécessaire que le Général Vandamme, ainsi que j'ai eu l'honneur de le dire à Votre Altesse Impériale, a réuni près de 40 bataillons et qu'il n'a qu'une pièce de 3 et une de 4.

J'attends une batterie du 1 Corps de 8 pièces que j'ai amenée de Gifhorn; ainsi j'espère que sous peu je serai parfaitement organisé sous ce rapport et il ne me manquera que de la cavalerie.

Le Général Bourcier après avoir passé une revue sévère de ce qu'il avait de disponible dans le 9-e régiment de chevaux legers, n'a pu y trouver que 50 chevaux, et tant que nous serons sur la rive gauche de l'Elbe, on ne peut pas compter sur ce régiment, composé pour la plupart d'hommes de ce pays.

Les 17-e et 19-e de lanciers Lithuaniens ne pourront rien fournir d'ici à quelque temps : tout leur manque, ils ne sont ni habillés ni équipés. Je demande de nouveau à Votre Altesse Impériale de m'autoriser à disposer des 600 chevaux qu'a le Général Maurin à Celle, et qui pourraient être remplacés par les 600, que le Général Dubois a à Brunswick.

Je me suis occupé depuis mon arrivée à Minden des travaux de la tête de pont du Weser, qui n'étaient pas du tout avancés. J'ai mis à la disposition du commandant du Génie 200 travailleurs, pris sur les bataillons que j'ai ici, et j'espère que les palissades de la tête de pont seront plantés sous 48 h.

J'ai arrêté l'armement de la place et j'ai désigné l'emplacement des bouches.

Je réitère à Votre Altesse Impériale la demande, que je lui ai faite sur la nécessité d'envoyer promptement des fonds au commandant du Génie à Minden, sans quoi les travaux seront arretés. Il lui faut au moins 60 à 80,000 francs pour mettre la place en état. Il n'a pas un sapeur, il serait nécessaire qu'on y en envoyat au moins une demi compagnie pour diriger les paysans travailleurs.

J'envoie à Votre Altesse Impériale la copie d'un rapport du Général Bourcier, qui lui fera connaître la situation de la Brigade Beurmann, composée du 9-e chevaux legérs et de 17-e et 18-e de lanciers Lithuaniens, dont l'incorporation est faite. Je dirige ces régiments à Bremen, où ils aurons plus de facilité pour leur habillement et équipement, étant sous mes yeux.

Je fais réunir sur Bremen la presque totalité des bataillons que je commande, pour me porter sur Lunebourg et Haarbourg, aussitôt que je saurai que le Général Sebastiani marche sur les divers partis ennemis, qui se trouvent sur la rive gauche de l'Elbe. Ce général ayant dû vous faire son rapport sur sa reconnaissance à Uelzen et sur la rentrée du Général Maurin à Celle, je m'abstiendrai de vous en parler.

N° 80. — *Lauriston à Eugène.*

Ashersleben, le 21 Avril 1813.

Monseigneur. J'ai l'honneur d'adresser à Votre Altesse Impériale, le rapport que je viens de recevoir du G-al Maison.

M-r de Marescot, mon aide de camp, est de retour, il n'a rien apperçu. Les postes de cosaques ne se montrent même pas.

Copie du rapport du Général Maison.

Bründel, le 21 Avril 7 h. du matin.

M-r le Comte. Il n'y a rien de nouveau devant Alsleben. L'ennemi est dans la même position où votre aide de camp l'a vu hier; on voit peu de feux. Pour savoir s'il avait du monde et s'il craignait pour son pont, j'ai fais faire cette nuit quelques dispositions pour l'inquièter; il a aussitôt commencé un feu de file, sur les hommes que j'avais sur la rive; on a entendu rouler des voitures, venant du revers de la montagne, qui étaient sûrement d'artillerie. Il y avait des nageurs prèts à passer l'eau et ramener à Alsleben le bac, qui est sur l'autre rive, si l'ennemi n'eut pas été en mesure de le défendre. J'envoye à Gros-Wierschleben où il y a un bac coulé, pour le faire relever si l'on peut, afin d'inquiéter de plus en plus l'ennemi et de l'obliger à montrer du monde s'il en a.

La cavalerie légère est allée se promener à Gusten; je n'en ai eu de nouvelles qu'à 9 h. du soir et pour me demander à y rester. Elle en part ce matin pour venir ici. Je la placerai à Schakstädt, Gros-Wierschleben et Alsleben. Le Général Guyon m'a écrit que les 300 chevaux étaient sur les dents. Je verrai à placer leurs postes et à les faire soutenir par de l'infanterie, afin qu'ils ne deviennent pas la proie des cosaques.

N° 81. — Berthier au Prince Eugène.

Mayence, le 22 Avril 1813.

Monseigneur. L'Empereur est encore aujourd'hui 22 à Mayence. Le Corps du Prince de la Moskowa ne pouvant être entierement réuni que le 24, il est nécessaire que Votre Altesse occupe Querfurt, afin que la communication soit directe avec le Prince de la Moskowa, qui va faire occuper les hauteurs de Naumbourg. Vous devez, Prince, détruire les ponts que l'ennemi avait sur la Saale près Lettin, occuper Haal et Mersebourg, comme têtes de pont et mettre ces places à l'abri des cosaques, en pallissadant les portes. Occupez d'abord Halle et après Mersebourg. L'intention de l'Empereur est de garder toute la Saal et d'empêcher l'ennemi de jetter aucun parti sur la rive gauche de cette rivière. Vous devez être sur le qui vive et très allerte pour marcher sur l'ennemi, s'il voulait prendre l'offensive par Jéna et Naumbourg.

Aussitôt que vous croirez le danger suffisament passé du côté du Weser, l'Empereur désire que vous fassiez rentrer le G-al Bourcier à Hanovre.

N° 82. — Lauriston au Prince Eugène.

Alsleben, le 24 Avril 1813.

Monseigneur. J'avais donné hier soir l'ordre à un B-on et aux 100 chevaux, que j'ai ici, de prendre les armes à 3 heure pour faire une reconnaissance. Les cosaques, qui étaient hier en vue, sur les hauteurs d'Asleben, à la rive gauche, s'en étaient allés à 4 heure après midi. Vers 2 3/4 heure du matin ils sont revenus faire un houra sur nos vedettes, qui se sont repliés; ils pouvaient être 40 à 50, on a tiré deux coups de fusil sur eux. Le bataillon et l'escadron, qui devaient partir, ont été de suite sous les armes, je me suis mis en marche et me suis dirigé sur Nauendorf. Les paysans, que j'ai questionnés, m'ont dit qu'hier vers les 4 à 5 h. les cosaques au nombre de 150, étaient partis pour aller à Rumpin, puis qu'à minuit ils étaient revenus avaient pris des guides dont l'un était présent lors (1) qu'ensuite ils étaient repassés, par Nauendorf, que les guides les avaient conduits jusqu'au village de Rumpin en avant de Vettin, qu'ils ne les avaient pas laissés entrer dans le village, que leur force n'y est pas plus de 600 h., parce que Rumpin est un petit village. Ces derniers rapports sont faits par les guides. Ordinairement les

(1) Illisible.

cosaques ont une grande garde à Nauendorf et Zöllwitz. Je me suis rendu à Zöllwitz, j'ai questionné les habitants, ils ignoraient le passage des cosaques pendant la nuit; le guide qu'ils y ont pris était le veilleur de nuit, nous l'avons rencontré revenant. Il nous a dit que les cosaques l'avaient maltraité parce qu'il ne voullait pas aller vite, qu'il les avait conduits jusqu'à Rumpin où il était entré, que les habitants lui ont dit qu'ils étaient 200. Je mes suis arrêté à Zöllwitz et Zickevitz et ai fait fouiller ce dernier village, où il y avait encore trois cosaques, qui se sont échappés et ont rejoint 30 des leurs, qui étaient sur les hauteurs à Friedbourg, separés de Zickevitz par un grand ravin, je suis resté quelque temps en position et suis revenu par Nölben, Gnölbzig le long de la Saale, les cosaques n'y ont jamais eu de poste, mais ils s'y rendaient pour prendre du fourage et des vivres. A Nauendorf, Zölwitz, Nölben, Gnölbzig, ils m'ont dit que lundi il avait passé par leurs villages et environs de 4 à 5,000 hommes de cavalerie, russes et prussiens, dragons, chasseurs, hussards, hulans et cosaques; qu'en se retirant, ils avaient pris la direction de Gerbzstaed, qu'ils ignorent ou est actuellement cette cavalerie. L'un m'a dit avec assurance, qu'il y avait au pont de Vettin 2 bataillons prussiens, et qu'il croyait la cavalerie du côté de Gerbstaed.

En rentrant à Asleben j'ai vu qu'un parti de cosaques avait attaqué les postes, que j'avais de l'autre côté et garnissaient les hauteurs. Ils occupaient aussi le village de Laublingen. L'on m'a rendu compte en même temps, qu'ils avaient fait un (1)..... que 3 compagnies d'infanterie, 2 pièces d'artillerie et 400 chevaux étaient entrés dans le village de Laublingen; persuadé que ce rapport était exagéré, j'ai envoyé de l'autre côté de la Saale 4 comp., dont une garde le moulin, et 25 chasseurs. L'infanterie est entrée dans le village de Laublingen au pas de charge, ce qui a fait sortir de ce village tous les cosaques et prussiens, au nombre de 100, à peu près; ils ont voulu charger les 25 chasseurs, mais ceux ci les ont laissé venir, se sont retirés au pas et bien unis sur notre infanterie, qui a fait un feu assez nourri sur les ennemis. Ils doivent avoir éprouvés des pertes, car j'ai aperçu un cheval sans ca-

(1) Illisible.

valier et deux cosaques conduits par les autres, nous avons pris un dragon prussiens; il est sorti du village de Trebitz à ce que je crois, un autre peloton de 50 hommes. On se tiraille toujours. Nous avons les hauteurs, mais la cavalerie ennemie est en plaine et pied à terre. Son nombre est actuellement de 200 h., mais sans infanterie, ni canon.

Dans tous les cas j'ai fait porter 4 pièces pour protéger nos barques, qui sont rendues à Gross-Wirshleben; j'ai donné l'ordre à mon commandant du Génie de réunir tout ce qui sera nécessaire pour la construction d'un pont, afin de pouvoir le jetter partout ou Votre Altesse le désirera.

Je reçois le rapport du G-al La Grange sur la reconnaissance envoyée à Gerbstad. Elle était de 2 bataillons, elle a trouvé l'ennemi en position, fort de 2,000 chevaux, d'après le rapport des habitants. En rentrant, cette reconnaissance a été suivie, mais de loin par 6 à 700 chevaux.

J'avais fait faire ce matin par le G-al Valin avec 300 chevaux et b-on une reconnaissance, partant de Shakstaed. Elle a passé par Beleben, sur Nauendorf; il y avait à Beleben 17 cosaques, qui en sont partis à 3 h. du matin; cette reconnaissance n'a rien vu.

Demain je ferai faire la reconnaissance ordonnée sur Gerbstad par la division Maison, je crois que ce général ne pourra la faire, il est souffrant d'une chute de cheval.

Si comme le croit le G-al Chanier, il y a 1800 à 2000 chevaux à Gerbstad, il serait à désirer qu'on pût les pousser un peu.

J'envoye à Votre Altesse le dragon prussien; il est difficile d'avoir de lui des réponses très satisfaisantes, cependant il parait sûr qu'il a 6000 h. d'infanterie et cavalerie, tant Russes que prussiens à Gröbzig, que le gros de l'armée est derrière Coethen; il prétend que l'armée russe est entre Vittenberg et Magdebourg. Il y a à Gröbzig 6 ou 7 batteries prussiennes de 4 pièces chaque; il ignore le nombre de batteries russes.

P. S. Pour communiquer avec le G-al La Grange, je suis obligé de faire un grand détour; il faudrait occuper Gerbstad pour bien faire.

N° 83. — Berthier à Eugène.

Erfurt le 27 avril 1813 à 10 h. du soir.

Monseigneur. L'Empereur reçoit Votre lettre du 26. Sa Majesté suppose qu'aujourd'hui 27, vous aurez occupé Querfurt, que vous avez fait Votre jonction avec le Prince de la Moskova, qui depuis hier 26 est à Nauembourg avec les 5 Divisions de son corps d'armée. Avant tout, Monseigneur, il faut opérer Votre jonction, afin que les ordres puissent se transmettre promptement et que les mouvements des differents corps d'armée ne fassent avec l'ensemble nécessaire aux opérations.

N° 84. — Berthier à Eugène.

Eckartsberg le 28 avril 1813. 9 h. de soir.

Monseigneur. L'Empereur reçoit Votre lettre; Sa Majesté trouve que Hall est inattaquable par la rive gauche, puisqu'il y a 5 à 6 ponts, mais aussitôt que vous serez à Marienbourg. l'ennemi évacuera Hall.

L'Empereur couche ici, et sera vraisemblablement demain à Naumburg; le Prince de la Moskowa marche sur Weissenfels et ne sera plus qu'à 6 lieue de Leipzig. Sa Majesté désire donc qu'après demain 30, vous puissiez déboucher de Mersebourg avec le plus de monde possible et particulierement en cavalerie pour vous porter sur Leipzig, dans le temps que toute l'armée du Mein partira de Naumburg pour se porter également sur Leipzig de sorte que plus de 200 mille hommes se porteront sur cette ville par les deux routes et culbuteront tout ce qu'ils rencontreront.

N° 85. — Berthier à Eugène.

Duplicata.

Naumburg le 29 avril 1813. 6 h. du soir.

Monseigneur. L'Empereur a reçu la lettre de Votre Altesse du 29 à 4 heures du matin. Sa Majesté trouve que ce qui est arrivé à Hall est tout simple et que cette ville est inattaquable par la rive gauche. Sa Majesté attend l'avis de Votre arrivée à Merseburg; le Prince de la Moskova est à Weissenfels et l'Empereur est ici.

L'intention de Sa Majesté est que vous réunissiez à Merseburg le 11ᵉ Corps, le 5ᵉ et toute Votre armée, que vous jettiez plusieurs ponts sur la Saal et que vous débouchiez dans l'un et l'autre sens; du côté de Weissenfels pour vous réunir au Prince de la Moskova et du côté de Hall pour couper la route de Hall à Leipzig, ce qui obligera sur le champ l'ennemi à évacuer Hall.

Le Général Ricard a marché par la rive gauche, de Freiburg à Weissenfels, ainsi vous devez être en communication avec lui.

Nº 86. — *Berthier à Eugène.*

Naumburg le 30 avril 1813. 6 heures du matin.

Monseigneur. L'Empereur me charge d'envoyer à Votre Altesse le duplicata ci-joint de l'ordre que je lui ai adressé hier pour se porter à Merseburg et y réunir toute son armée. Le Prince de la Moskowa qui est à Weissenfels a eu une très belle affaire dans laquelle le Général Souham a culbuté la division Lanskoi forte de 6 à 7.000 hommes d'infanterie et Cavalerie; nos jeunes soldats se sont couverts de gloire dans ce combat. L'intention de Sa Majesté, Monseigneur, est que vous attiriez tout sur Merseburg; aussitôt que l'ennemi aura évacué Hall, nous le garderons comme tête de pont, mais l'intention de l'Empereur est de manœuvrer sur la rive gauche de l'Elster et non sur la droite, la droite étant reconnue comme plus favorable à la Cavalerie.

TABLE DES MATIÈRES

CHAPITRE I

Pages.

CHAPITRE II

CHAPITRE III

CHAPITRE IV

CHAPITRE V

Marc Imhaus et René Chapelot, imprimeurs, Nancy et Paris.

A LA MÊME LIBRAIRIE

Le maréchal Pélissier, *duc de Malakoff*, par le général Derrécagaix. 1911, vol. in-8 avec 3 planches et 2 cartes hors texte . . . . 10 fr.

Récits d'Afrique. — **Yusuf,** par le général Derrécagaix. 1907, in-8 avec portrait . . . . 5 fr.

Mémoires militaires du lieutenant-général comte François Roguet, colonel en second des grenadiers à pied de la vieille garde, pair de France. (Campagnes de 1792, 1793, 1794, 1795, 1796, 1797 en Italie. Expédition d'Egypte. Expédition contre la Suisse (1798). Campagnes de 1798, 1799 et 1800 en Italie. Garnison de Paris (1800, 1801, 1802, 1803). Camp de Boulogne (1804) Campagnes de 1805 et de 1806 en Allemagne. Campagne de 1807 en Pologne. Campagne de 1808 en Espagne. Campagne de 1809 en Espagne et en Allemagne. Campagnes de 1810 et 1811 en Espagne. Campagne de 1812 en Espagne et en Russie. Paris, 1862, 4 vol. in-8 . . . . 30 fr.

Un général de Sambre-et-Meuse. — **Mémoires militaires du général Jean Hardy** (1792-1802). La Meuse. — La Moselle. — Le Rhin. Paris, 1883. 1 vol. in-8 de 280 pages avec portrait et 4 cartes. . . . . 7 fr.

Publié sous la direction de la Section historique de l'état-major de l'armée. — **Mémoires et correspondance du général Leclaire (1793).** Avec une notice sur la famille Leclaire. 1904, in-8 avec carte et planche . . . 5 fr.

Mémoires du maréchal Suchet, duc d'Albuféra, sur ses campagnes en Espagne, depuis 1808 jusqu'en 1814, écrits par lui-même. 2e édition. Paris, 1834, 2 vol. in-8 avec un atlas grand in-folio de 15 planches gravées. . . . . 35 fr.

Le maréchal Niel (*1802-1869*), par le commandant J. de la Tour, chef de bataillon d'infanterie breveté. 1912, vol. in-16 avec un portrait du maréchal. 3 fr. 50

La vie d'un soldat. Impressions et souvenirs de 1844 à 1903, par le colonel Thomas. Paris, 1903, 1 vol. in-8 . . . . 5 fr.

Wolf, intendant général. — **Mes souvenirs militaires.** — Ecole polytechnique; école de Metz; au régiment; en Algérie; les deux expéditions de Constantine; expédition du Mexique. Paris, 1886. 1 vol. in-8 orné du portrait de l'auteur. . . . . 7 fr. 50

Le colonel Cassagne, aide de camp du général Pélissier, d'après sa correspondance et celle de ses amis. Afrique - Crimée. par le capitaine Cassaigne, du 34e de ligne. Mont-de-Marsan. 1900, 1 vol. in-8 . . . . 4 fr. 50

Un soldat d'Afrique. — **Le colonel Mathieu Butet,** par Louis Mézière. 1909, broch. in-8 avec gravures . . . . 2 fr.

Écrivains et penseurs polytechniciens, par Gaston Pinet, 2e édition. 1902, in-12. . . . . 3 fr. 50

www.ingramcontent.com/pod-product-compliance
Ingram Content Group UK Ltd.
Pitfield, Milton Keynes, MK11 3LW, UK
UKHW021102220726
13924UKWH00005B/2193